社交礼仪（第二版）

SOCIAL ETIQUETTE

微课版

主　编◎文智辉
副主编◎罗成军　彭文喜　姜丽芳
参　编◎冯泽宇　陈晓露　夏晓龙　袁旖旎

华东师范大学出版社
·上海·

图书在版编目(CIP)数据

社交礼仪/文智辉主编. —2版. —上海：华东师范大学出版社，2022
ISBN 978-7-5760-3180-5

Ⅰ.①社… Ⅱ.①文… Ⅲ.①社交礼仪 Ⅳ.①C912.12

中国版本图书馆 CIP 数据核字(2022)第 154180 号

社交礼仪(第二版)

主　　编　文智辉
责任编辑　李　琴
项目编辑　孔　凡
责任校对　刘伟敏　江小华
装帧设计　卢晓红

出版发行　华东师范大学出版社
社　　址　上海市中山北路 3663 号　邮编 200062
网　　址　www.ecnupress.com.cn
电　　话　021-60821666　行政传真 021-62572105
客服电话　021-62865537　门市(邮购)电话 021-62869887
地　　址　上海市中山北路 3663 号华东师范大学校内先锋路口
网　　店　http://hdsdcbs.tmall.com

印　刷　者　上海龙腾印务有限公司
开　　本　787 毫米×1092 毫米　1/16
印　　张　13.25
字　　数　259 千字
版　　次　2022 年 9 月第 1 版
印　　次　2025 年 8 月第 6 次
书　　号　ISBN 978-7-5760-3180-5
定　　价　36.00 元

出 版 人　王　焰

(如发现本版图书有印订质量问题，请寄回本社客服中心调换或电话 021-62865537 联系)

序

  中国是历史悠久的文明之国,在几千年的灿烂文化中,形成了具有中国气息的道德准则、礼仪规范,被世人称为"礼仪之邦"。中国古代《周礼》就对礼仪有了详尽的分类、严格的要求。引为经典的"孔孟之道"实为做人的礼仪之道。"有朋自远方来,不亦乐乎?""己所不欲,勿施于人。"等名言名句几乎家喻户晓、耳熟能详。中国政府的外交部有专门的礼宾司,中国军队有专门的仪仗队,天安门前每天要举行升国旗仪式,每逢重大节日要举行"国宴"等,说明礼仪受到国家的重视。中国民间历来注重礼尚往来,婚庆寿诞等往往与鼓乐喧天、张灯结彩、高朋满座相伴随,礼仪已成为人们日常生活不可或缺的一部分。

  社交礼仪是一门学问,是一门关于生存与生活的学问,是一门关于幸福与快乐的学问,是一门使人聪明让人有尊严的学问。是学问,就得有人去探究,去钻研,去归纳,去总结。《社交礼仪(第二版)》一书就是编著者潜心研究归纳总结的结果,而且总结得全面、具体、生动、实用。

  人,不仅是自然人,更是社会人。作为自然人,必须解决衣食住行、生老病死的问题。作为社会人,必须解决社会交往问题。每个人在家庭在单位在社会都会扮演多重、多种角色,在交往过程中都希望获得理解、尊重、包容与支持,都可能遇到这样或那样的具体问题,都想把自己最阳光最优秀最美好的一面展现出来。比如,如何使自己的穿着打扮更加端庄得体?如何使自己的言谈举止更好地被对方或他人所接受?如何出席一场重要的宴会或舞会?凡此种种,《社交礼仪(第二版)》一书就是一把好钥匙,开启你的智慧之门,教会你应对方法,让你在社交中游刃有余。

  作为教材,《社交礼仪(第二版)》一书不仅思想健康而且有一定高度。它弘扬中华传统美德,加强家庭家教家风建设;推动明大德、守公德、严私德。不但吸收了中华文化社交礼仪的精华,有传统的也有现代的,还吸收了西方社交礼仪的有益成分,更有拓展阅读部分让学习者自主欣赏、辨别和选择。本次修订新增了微信礼仪、微课讲解视频等内容,使教材与时俱进。

作为教材,《社交礼仪(第二版)》一书的内容丰富连贯,布局谋篇严谨。绪论部分介绍了礼仪的含义及特征、原则与功能和礼仪修养。除绪论外,全书共六章,即个人礼仪、交往礼仪、通联礼仪、餐饮礼仪、公共礼仪和家庭礼仪,每章分三到五节具体阐述。内容几乎涵盖了人生社交礼仪的方方面面,虽不能说是一本社交礼仪大全,也算得上是一本周全周到的社交礼仪工具书。

作为教材,《社交礼仪(第二版)》一书严肃端正。引经据典有出处有说明,具体操作有案例有图解,语言文字力求做到中国化、大众化、通俗化,便于记忆,便于理解,没有故弄玄虚和假装高深难测之嫌。

作为教材,《社交礼仪(第二版)》一书具有较强的针对性与实用性。本人认为不仅可以作为高等院校的教材使用,也可以作为中等专业学校的教材使用,还可以作为企事业单位的培训教材使用。该书的使用范围是极其广泛的,高层成功人士与平民百姓都可阅读欣赏,都可以受到启发和教益。

我认真拜读了《社交礼仪(第二版)》一书,受益匪浅。确实很有推荐的必要,为该书写下几段不是溢美之辞的文字,是为序。

蒲彦君

2022 年 5 月 18 日

目录

绪论 ··· 1
  第一节 礼仪的含义及特征 ·· 1
  第二节 礼仪的原则与功能 ·· 6
  第三节 礼仪修养 ·· 11

第一章 个人礼仪 ·· 19
  第一节 仪容礼仪 ·· 19
  第二节 服饰礼仪 ·· 27
        * 微课讲解 男士领带温莎结系法 ···································· 39
  第三节 仪态礼仪 ·· 39
        * 微课讲解 标准站姿 ·· 40

第二章 交往礼仪 ·· 55
  第一节 介绍礼仪 ·· 55
  第二节 称呼礼仪 ·· 59
  第三节 握手礼仪 ·· 64
        * 微课讲解 握手礼仪 ·· 64
  第四节 名片礼仪 ·· 68
        * 微课讲解 名片礼仪 ·· 68
  第五节 交谈礼仪 ·· 74

第三章 通联礼仪 ·· 84
  第一节 书信礼仪 ·· 84
  第二节 电话礼仪 ·· 90
        * 微课讲解 电话形象礼仪 ·· 94
        * 微课讲解 微信礼仪 ·· 98
  第三节 馈赠礼仪 ·· 100
        * 微课讲解 礼品礼仪 ·· 106

第四章 餐饮礼仪 ·· 115
  第一节 中餐礼仪 ·· 115
        * 微课讲解 宴请礼仪 ·· 115

第二节　西餐礼仪 …………………………………… 127
　　第三节　自助餐礼仪 ………………………………… 137
　　第四节　酒水礼仪 …………………………………… 147
　　　　＊微课讲解　敬酒礼仪 ………………………… 151

第五章　公共礼仪 ………………………………………… 161
　　第一节　出行礼仪 …………………………………… 161
　　　　＊微课讲解　出行礼仪 ………………………… 161
　　第二节　舞会礼仪 …………………………………… 176
　　第三节　旅游礼仪 …………………………………… 182

第六章　家庭礼仪 ………………………………………… 187
　　第一节　做客与待客礼仪 …………………………… 187
　　第二节　家庭成员之间的礼仪 ……………………… 191
　　第三节　邻里之间的礼仪 …………………………… 198

参考文献 …………………………………………………… 205
后记 ………………………………………………………… 206

绪　　论

1. 了解礼仪的含义及特征。
2. 掌握礼仪的基本原则。
3. 掌握礼仪的主要功能。
4. 了解礼仪修养的途径。

中国是历史悠久的文明古国,几千年来创造了灿烂的文化,形成了高尚的道德准则、完整的礼仪规范,被世人称为"礼仪之邦"。中国古代《周礼》就有记载,周人把礼分为五类:祭祀之事为吉礼,冠婚之事为嘉礼,宾客之事为宾礼,军旅之事为军礼,丧葬之事为凶礼。五礼的范围相当广泛,从反映人与天、地、鬼神关系的祭祀之礼,到体现人际关系的家族、亲友、君臣上下之间的交际之礼;从表现人生历程的冠、婚、丧、葬诸礼,到人与人之间在喜庆、灾祸、丧葬时表示的庆祝、凭吊、慰问、抚恤之礼。可以说是无所不包,由此也充分反映了中华民族的尚礼精神和礼仪文化的源远流长。

第一节　礼仪的含义及特征

一、礼仪的含义

中国素有"礼仪之邦"之称,中国人也以彬彬有礼的风貌而著称于世。礼仪文明作为中国传统文化的一个重要组成部分,其内容十分丰富,对中国社会历史发展起到了广泛而深远的影响。但在古代"礼"和"仪"实际上是两个不同的概念。《说文解字》释"礼"为"礼,履也,所以事神致福也"。可见,礼的最初本意是祭祀祖先和神灵,祈求祥福。而在我国古代的典籍中,"礼"主要包含有三层意思。

第一,我国奴隶社会和封建社会的等级制度,以及与之相适应的一整套礼节仪式。如《论语·为政》:"殷因于夏礼,其损益,可知也。"《礼记·曲礼上》:"礼不下庶人,刑不上大夫。"

第二，表示尊敬和礼貌。如《左传·襄公二十二年》："执事不礼于寡君。"

第三，礼物，即赠送的物品。如《晋书·陆纳传》："及受礼，唯酒斗，鹿肉一。"

古代的"仪"也有多项含义：

第一，指仪态、容貌、外表和风度。如《诗经·大雅·烝民》："令仪令色，小心翼翼。"《人物志》："心质平理，其仪安闲。"

第二，指礼节仪式。如《玉台新咏·古诗为焦仲卿妻作》："十五弹箜篌，十六知礼仪。"

第三，指规范、准则和法度。如《国语》："所以宣布哲人之令德，示民轨仪也。"

第四，指表率。如《荀子》："上者，下之仪也。"《九章·抽思》："望三五以为像兮，指彭咸以为仪。"

可见，我国古代的"礼"侧重指制度、规则和伦理规范，"仪"则侧重指符合"礼"的精神的外在表现方式。古代的"礼仪"，更多时候其实就是"礼"，泛指古代社会"别等差""序人伦"的社会规范和道德规范，从本质上更侧重于政治体制上的道德教化。

而在西方，"礼仪"一词源于法语（etiquetee），其原意是"法庭上的通行证"。古代法国为了保证法庭中活动的秩序，将印有法庭纪律的通告证发给进入法庭的每个人，使其作为遵守的规矩和行为准则。后来进入英文，演变为"礼仪"的含义，成为人们交往中应遵循的规矩和准则。

但在现代社会中，"礼"的含义并没有古代那么宽泛。《现代汉语词典》对"礼"的解释是：① 社会生活中由于风俗习惯而形成的为大家共同遵守的仪式：婚礼，丧礼。② 表示尊敬的言语或动作：礼节，敬礼。③ 礼物：送礼，千里送鹅毛，礼轻情义重。可见，现代意义的"礼"是表示敬意的通称及表示敬意的仪式、言语、行为或礼物。

现代对"仪"的解释是：① 人的外表：仪表、仪容、威仪。② 礼节，仪式：即礼节的具体表达形式和仪式。③ 礼仪器物：即表达敬意或寄托特定意义的一些物品。此外，"仪"还有典范、表率的意思，如礼仪小姐、礼仪先生，其中的"仪"就有典范、表率的含义。

从以上的分析来看，现代社会中的"礼仪"，就是人们在社会活动和社会交往中表示相互之间的敬意、尊重、友好和关心的礼节、礼貌、仪式等的统称，侧重指社会生活和交往中由于共同的风俗习惯而形成的维护和协调人们之间相互关系的社会行为规范或准则。其目的是用来规范人们在社会生活和社会交往中的秩序和行为，以此确立、维护、协调和发展相互之间的关系，维持一定的社会秩序，并推动社会文明发展。

由此，我们可以对"礼仪"的概念作如下归纳与总结：

礼仪指的是一定地区、民族、国家或群体在共同的社会生活和社会交往中所形成的，为人们所认同和共同遵循，并以确立、维护和协调人们之间相互关系、维持一定的社会秩序为目的的各种符合礼的精神及要求的社会交往方式、行为准则、价值观念、道德规范以及与之相适应的典章制度、器物、标志、服饰、象征等的总和。它是人类逐步摆脱愚昧、落后,走向文明、进步的标志和见证,体现人类的文明程度和文化修养水平的高低;是人们用以沟通思想、联络感情、促进了解的一种行为规范;是人际交往中不可缺少的润滑剂。

二、礼仪的特征

与其他学科相比,礼仪具有一些自身的特征。主要表现在规范性、差异性、传承性、发展性四个方面。

第一,规范性。礼仪是人们在社会活动和社会交往实践中所形成的一定的礼仪关系的概括和反映,是人们在社交场合待人接物时必须遵守的行为准则。这种行为准则,不仅约束着人们在一切交际场合的言谈话语、行为举止,使之合乎礼仪;而且也是人们在一切社交场合必须采用的一种"通用语言",是衡量他人、判断自己是否自律、敬人的一种标尺。总之,礼仪是约定俗成的一种自尊、敬人的惯用形式。因此,任何人要想在社交场合表现得彬彬有礼、大方得体,都必须对礼仪无条件地加以遵守和践行;如果在行动中违反这些行为准则,则是失礼的。所以规范性是礼仪的一个极其重要的特征。

第二,差异性。礼仪作为一种约定俗成的行为规范,虽然具有普遍性,但在运用时受到时间、地点和环境的影响,同一礼仪会因时间、地点或对象的变化而有所不同。这就是礼仪差异性的特点。这种差异性首先表现为地域的差异。常言道"五里不同风,十里不同俗"。不同国家、地区和民族,因文化传统、地理环境、宗教信仰等各有不同,礼仪也存在差异。比如同是见面礼,就有着不同的表现形式,如信奉佛教的泰国,见面时往往低头问候,并将双手合十于胸前,在欧美、中东及南美洲常见的见面礼则是拥抱。礼仪的差异性还表现为个性差异,每个人因其地位、秉性等因素的不同,在使用同样的礼仪时会表现出不同的形式和特点。比如同是出席招待会,男士和女士要有不同的表现风格。除了以上两者外,礼仪的差异性还表现为礼仪等级的差别。礼仪规范要求对不同身份、地位的人士礼宾待遇有所不同。在社会生活中,人们往往用长幼之分、男女之别来规范每个人的受尊重程度。而在官方交往中,则要确定官方礼宾次序,确定官方礼宾次序的主要依据是担任公职或社会地位的高低。这种礼宾次序带有某种强制性,不同的人因此而得到不同的礼宾待遇,但这并不意味着尊卑贵贱,而是现代社会正常交往秩序的表现,反映了各级公务人员的社会身份和角色规范。礼仪的等级性在社会交往中还表现为双向对等性,即在不同地区、不同组织的交往中,双方人员在公职身份和社会地位上要相近,业务性质要相似,以此来表示对对方的尊重。双方的交往还应当是一种尊重互换、情感互动的过程,在礼节上要有来有往、相互对等。这是工作需要与礼仪要求的结合统一。礼仪的这种差异性要求我们必须明确,当所处场合不同、所具有的身份不同时,所要应用的礼仪往往会因此而各有不同,有时甚至还会差异很大。礼仪的差异性特点,要求我们在社交和礼仪活动中,既要注意各民族、国家、地区文化的共同、共通之处,同时又应十分谨慎地处理相互间的文化差异,这样才能更有利于相互之间平等友好的交往。

第三,传承性。礼仪是一个国家、民族传统文化的组成部分。任何国家的礼仪都具有自己鲜明的民族特色,任何国家的当代礼仪都是在本国古代礼仪的基础上继承、发展而来。离开了对本国、本民族既往礼仪成果的合理传承、扬弃,就不可能形成当代礼仪,这就是礼仪传承性的特定含义。作为一种人类的文明积累,礼仪是人们约定俗成的行为规范,大都没有刻意传播,它是在人们相互交往中传播、继承、相沿成习而积淀下来的。在这个过程中,传统礼仪的那些繁琐的、保守的、过时的内容不断被摒弃,只有那些体现了人类的精神文明和社会进步、代表着民族传统文化本质和主流的礼仪,才得以代代相传,并被不断完善和发扬。

第四,发展性。世界上任何事物都是发展变化的,礼仪虽然有较强的相对独立性和稳定性,但也随着时代的发展而发展变化,随着社会的进步而不断丰富和完善。从本质上讲,礼仪可以说是一种社会历史发展的产物,总是体现着时代要求和时代精神,具有鲜明的时代特点。一方面,它是在人类长期的交际活动实践之中形成、发展、完善起来的,不可能凭空杜撰,或一蹴而就,完全脱离特定的历史背景。另一方面,随着社会的发展、历史的进步,由此产生了众多社交活动的新特点、新问题,这就要求礼仪有所变化,有所进步,有所改善,推陈出新,与时代同步,以适应新形势下的新要求。与此同时,随着世界经济的国际化进程加快,各个国家、地区和民族之间的交往日益密切,礼仪文化也将随之不断地相互影响、相互渗透、相互取长补短,不断地被赋予新的内容。

拓展阅读

中国礼仪的起源与发展

礼仪作为代表中国传统文化渊薮和基质的文化现象,其发端久远、内涵丰富、影响深广。礼仪的形成和发展,经历了一个从无到有,从低级到高级,从零散到完整的渐进过程。

1. 礼仪的起源时期(公元前21世纪前)

礼仪起源于原始社会时期,在长达100多万年的原始社会历史中,人类逐渐走向文明。在原始社会中、晚期(约旧石器时期)出现了早期礼仪的萌芽。当时的礼仪较为简单和虔诚,诸如明确血缘关系的婚嫁礼仪;区别部族内部尊卑等级的礼制;为祭天敬神而确定的一些祭奠仪式。像生活在距今约1.8万年前的北京周口店山顶洞人,就已经知道用穿孔的兽齿、石珠作为装饰品,挂在脖子上。距今约五千年的半坡人已经注意尊卑有序、男女有别。如长辈坐上席,晚辈坐下席;男子坐左边,女子坐右边等礼仪日趋明确。

2. **礼仪的形成时期(公元前21世纪～前771年)**

人类进入奴隶社会,统治阶级为了巩固自己的统治地位把原始的宗教礼仪发展成符合奴隶社会政治需要的礼制,礼仪被打上了阶级的烙印。在这个阶段,中国第一次形成了比较完整的国家礼仪与制度。以殷墟为中心展开活动的殷人,在公元前14世纪至前11世纪活跃在华夏大地。他们建造了中国第一个古都——殷都,而他们在婚礼习俗上的建树,被其尊神、信鬼的狂热所掩盖。推翻殷王朝并取而代之的周朝,在礼仪上建树颇多。特别是周武王的兄弟、辅佐周成王的周公,对周代礼制的确立起了重要作用。他制作礼乐,将人们的行为举止、心理情操等统统纳入一个尊卑有序的模式之中。全面介绍周朝制度的《周礼》,就是中国流传至今的第一部礼仪专著。

3. **礼仪的变革时期(公元前771年～前221年)**

到西周末,王室逐渐衰微,诸侯纷起争夺霸权。承继西周的东周王朝已无力全面恪守传统礼制,出现了"礼崩乐坏"的局面。

而春秋战国时期是我国的奴隶社会向封建社会转型的时期。在此期间,相继涌现出孔子、孟子、荀子等思想巨人,发展和革新了礼仪理论。这一时期,学术界形成了百家争鸣的局面,以孔子、孟子、荀子为代表的诸子百家对礼教进行了研究和发展,对礼仪的起源、本质和功能进行了系统阐述,如孔子主张"非礼勿视、非礼勿听、非礼勿言、非礼勿动"等,孟子则把"礼"作为基本的道德规范,而荀子指出"人无礼则不生,事无礼则不成,国无礼则不宁"。这些礼仪思想构成了中国传统礼仪文化的基本精神,对中国礼仪文化产生了深远的影响,为中国礼仪文化的传承与发展奠定了基础。

4. **礼仪的强化时期(公元前221年～公元1911年)**

秦统一"六国"之后,实行中央集权,奠定了封建体制的基础,中国由此进入了长达2000多年的封建社会,尽管不同时期的礼仪文化具有不同的特征,但却有一个共同点,就是一直为统治阶级所利用,礼仪是维护封建社会的等级秩序的工具。这一时期的礼仪的重要特点是尊君抑臣、尊夫抑妇、尊父抑子、尊神抑人。在漫长的历史演变过程中,它逐渐变成妨碍人类个性自由发展、阻挠人类平等交往、窒息思想自由的精神枷锁。

纵观封建社会的礼仪,内容大致有涉及国家政治的礼制和家庭伦理两类。这一时期的礼仪构成中华传统礼仪的主体。

5. 现代礼仪的发展

辛亥革命以后,受西方资产阶级"自由、平等、民主、博爱"等思想的影响,中国的传统礼仪规范制度受到强烈冲击。五四新文化运动对腐朽落后的旧礼教进行了扬弃,符合时代要求的礼仪被传承,那些繁文缛节则被抛弃,同时接受了一些国际上通用的礼仪形式。新的礼仪标准、价值观念得到推广和传播。新中国成立后,逐渐确立以平等相处、友好往来、相互帮助、团结友爱为主要原则的具有中国特色的新型社会关系和人际关系。改革开放以来,随着中国与世界的交往日趋频繁,西方一些先进的礼仪、礼节陆续传入我国,同我国的传统礼仪一同融入社会生活的方方面面,构成了社会主义礼仪的基本框架。许多礼仪从内容到形式都在不断变革,礼仪的发展进入了全新的发展时期。诸多礼仪书籍也相继出版,各行各业的礼仪规范纷纷出台,礼仪培训、礼仪讲座日趋红火。人们学礼、重礼、讲礼的热情空前高涨。今后,随着社会的进步、科技的发展和国际交往的增多,讲文明、讲礼貌定会蔚然成风,礼仪必将得到新的完善和发展。

第二节 礼仪的原则与功能

在人们不断践行的过程中,礼仪逐渐形成了自身的原则,也具有相对稳定的功能。

一、礼仪的原则

在日常生活和社交活动中,学习、使用礼仪,有必要在宏观上掌握一些具有普遍性、共同性、指导性的礼仪规律。这些礼仪规律就是礼仪的原则。了解这些原则,有助于礼仪运用的规范化,增强人们对礼仪的认识。

(一)真诚尊重的原则

苏格拉底曾言:"不要靠馈赠来获得一个朋友,你须贡献你诚挚的爱,学习怎样用正当的方法来赢得一个人的心。"可见在与人交往时,真诚尊重是首要原则。

真诚是对人对事的一种实事求是的态度,是待人真心实意的友善表现。即要求在交际过程中做到诚实,不虚伪、不做作。交际活动作为人与人之间信息传递、情感交流、思想沟通的过程,如果缺乏真诚则不可能达到目的,更无法保证交际效果。

所谓尊重,即在自尊、自爱的同时,尊重他人的人格、劳动和价值,尊重他人的爱好和情感。古语云:"敬人者,人恒敬之。"人与人之间相互尊重,才会减少摩擦与纷争,彼此间的关系才能和谐。

真诚和尊重是相辅相成的。只有待人真诚,尊重他人,方能赢得他人的尊重、创造和谐愉快的人际交往氛围。

（二）平等适度的原则

平等是人与人交往时建立情感的基础，是保持良好的人际关系的诀窍。在我们的社会里，人与人之间只有社会分工和职责范围的差别，而没有高低贵贱之分。不论职位高低、能力大小，还是职业差别、经济状况不同，人人均享有平等的政治、法律权利和人格尊严，因此人与人之间交往要平等相待，一视同仁，相互尊重，不卑不亢。在社交场合中，礼仪行为总是表现为双向的，你给对方施礼，自然对方也会相应的还礼于你，这种礼仪施行必须讲究平等的原则。平等的交往，表现为不骄狂，不我行我素，不自以为是，不厚此薄彼，更不傲视一切，目中无人，也不能以貌取人，或以职业、地位、权势压人，而是应该处处时时平等谦虚待人。如果在交际中出现以权压人、以势压人、以强凌弱等，就不可能建立和谐的人际关系。

适度原则即交往应把握礼仪分寸，根据具体情况、具体情境而运用相应的礼仪。如在与人交往时，既要彬彬有礼，又不能低声下气；既要热情大方，又不能阿谀谄媚；要自尊却不能自负；要坦诚但不能粗鲁；要相信但不能轻信；要活泼但不能轻浮；要谦虚但不能自卑；要老练持重，但又不能圆滑世故。总之，在人际交往中必须把持好保持良好的人际关系所需要把握的广度、深度、尺度以及距离、频率等原则，方能在社交场合中使自己的言谈举止文明规范、合情合理。

（三）自信自律原则

自信是一种内在的力量，可以通过言语和神态表现出来，而自信原则是社交场合中一个心理健康的原则，唯有对自己充满信心，才能应对自如，落落大方。正如古人所说："自信者，不疑人，人亦信之；自疑者，不信人，人亦疑之。"一个有自信心的人，才能在社交活动中不卑不亢、举止得体，遇到强者不自惭，遇到困难不气馁，遇到侮辱敢于挺身反击，遇到弱者会伸出援助之手；一个缺乏自信的人，往往容易患得患失，犹豫不决，处处碰壁，屡屡受挫。

人应该自信，但不能自负。凡是自以为是之人，往往不尊重他人，甚至强人所难，如此人们就会对他敬而远之。那么如何避免在人际交往中自负的表现？自律原则正是正确处理好自信与自负的又一原则。从整体来看，礼仪规范由对待个人的要求与对待他人的做法这两大部分构成。对待个人的要求，是礼仪的基础和出发点。学习应用礼仪，最重要的就是自我要求、自我约束、自我控制、自我对照、自我反省、自我检点，这就是自律原则。在社会交往过程中，以此来约束和规范自己的行为，摆正自信的天秤，就既不会前怕狼后怕虎的缺少信心，也不会凡事自以为是而自负高傲。

（四）守信宽容的原则

守信原则就是讲究信誉的原则。"言必信，行必果。"取信于人在交际中十分重要。

这就要求我们在人际交往中运用礼仪时,诚心诚意,言行一致,表里如一。只有如此,自己在运用礼仪时所表达的对交往对象的尊敬与友好,才会更好地被对方所理解,所接受。与此相反,倘若仅仅把运用礼仪作为一种道具,在具体操作礼仪规范时弄虚作假,投机取巧,或事前一个样,事后一个样,有求于人时一个样,被别人所求时另一个样,则有悖礼仪的基本宗旨。

宽容的原则即与人为善的原则。在社交场合,宽容是一种较高的境界。要求人们在交际活动中运用礼仪时,既要严于律己,又要宽以待人。要多宽容,多体谅,多理解他人,而千万不要求全责备,斤斤计较,过分苛求。不要求其他人处处效仿自己,与自己保持完全一致,也是尊重对方的一个重要表现。

二、礼仪的功能

礼仪传承了几千年,而且越来越受到整个社会的重视,其原因就在于礼仪本身有多重社会功能。这些功能主要有以下几个方面。

(一) 沟通功能

人们在社会交往中,只要双方都能自觉地遵守礼仪规范,就容易沟通感情,从而使交往成功。礼仪行为是一种信息性很强的行为,每一种礼仪行为都表达一种甚至多种信息。在人际交往中,交往双方只有按照礼仪的要求,才能更有效地向交往对象表达自己的尊敬、钦佩、善意和友好,人际交往才得以顺利进行和延续。如热情的问候、友善的目光、亲切的微笑、文雅的谈吐、得体的举止等,不仅能唤起人们的沟通欲望,彼此建立起好感和信任,而且可以促成交流的成功和交际范围的扩大,进而有助于事业的发展、社会的和谐。

(二) 协调功能

在社会交往时只要人们注重礼仪规范,就能够互相尊重,友好合作,从而缓和并避免不必要的冲突。

在人际交往中,不论是哪种关系,维系人与人之间沟通与交往的礼仪,都承担着十分重要的"润滑剂"作用。礼仪的原则和规范,约束着人们的动机,指导着人们立身处世的行为方式。如果交往的双方都能够按照礼仪的规范来约束自己的言行,不仅可以避免一些不必要的感情对立与矛盾冲突,还有利于建立和加强人与人之间相互尊重、友好合作的良好关系,可以促进人际关系更加和谐,社会秩序更加有序。

(三) 维护功能

礼仪是社会文明发展程度的反映和标志,同时也对社会的风尚产生广泛、持久和深刻的影响。

礼仪作为社会行为规范,对人们的行为具有很强的约束力。在维护社会秩序方面,礼仪起着法律所起不到的作用。社会的发展与稳定,家庭的和谐与安宁,邻里的和睦与友好,同事的相互信任与合作,都有赖于人们共同遵守礼仪的规范与要求。社会上知礼、守礼、讲礼仪的人越多,社会便会越和谐稳定。

(四) 教育功能

礼仪是人类社会进步的产物,是传统文化的重要组成部分。礼仪蕴涵着丰富的文化内涵,体现着社会的要求与时代精神。礼仪通过评价、劝阻、示范等教育形式纠正人们不正确的行为习惯,倡导人们按礼仪规范的要求协调人际关系、维护社会正常生活秩序。讲究礼仪的人同时也起着榜样的作用,潜移默化地影响着周围的人。

拓展阅读

中国古代传统礼仪习俗

中国古代有"五礼"之说,祭祀之事为吉礼,冠婚之事为嘉礼,宾客之事为宾礼,军旅之事为军礼,丧葬之事为凶礼。"五礼"的内容相当广泛,从反映人与天、地、鬼神关系的祭祀之礼,到体现人际关系的家族、亲友、君臣之间的交际之礼;从表现人生的生、冠、婚、丧之礼,到人与人之间的表示庆祝、慰问、抚恤之礼,可以说是无所不包。民俗界认为古代礼仪包括生、冠、婚、丧四种人生礼仪。实际上中国古代传统礼仪可分为政治与生活两大类。

一、古代政治礼仪

1. 祭天。始于周代的祭天也叫郊祭,冬至之日在国都南郊圜丘举行。圜丘即圆形祭坛,古人认为天是圆的,故祭天之坛为圆形。古人首先重视的是实体崇拜,对天的崇拜还体现在对月亮的崇拜及对星星的崇拜。所有这些具体崇拜,在达到一定数量之后,才抽象为对天的崇拜。周代人崇拜天,是从殷代出现"帝"崇拜发展而来的,最高统治者为天子,君权神授,祭天是为最高统治者服务的,因此,祭天盛行到清代才宣告结束。

2. 祭地。夏至是祭地之日,礼仪与祭天大致相同。汉代称地神为地母,说她是赐福人类的女神,也叫社神。最早祭地是以血祭奠。汉代以后,不宜动土的风水信仰盛行。汉代祭后土,王莽改孟春正月合祀天地于南郊。南北朝时各国在北郊祭地。隋初于宫城之北建方丘,夏至祭皇地祇,孟冬则在北郊祭神州之神。唐、宋沿袭隋制。明代初年于钟山之北建方丘坛,嘉靖时,在北京安定门外建方丘即地坛,每年夏至之日祭祀。清代沿袭明制。祭地礼仪还有祭山川、谷神等。

3. 宗庙之祭。宗庙制度是祖先崇拜的产物。人们在阳间为亡灵建立的借居所即宗庙。帝王的宗庙制是天子七庙，诸侯五庙，大夫三庙，士一庙。庶人不准设庙。宗庙的位置，天子、诸侯设于门中左侧，大夫则庙左而右寝。庶民则是寝室中灶膛旁设祖宗神位。祭奠时还要卜筮选尸，尸一般由孙辈小儿充当。庙中的神主是木制的长方体，祭奠时才摆放，祭品不能直呼其名。祭奠时行九拜礼："稽首、顿首、空首、振动、吉拜、凶拜、奇拜、褒拜、肃拜"。宗庙祭奠还有对先代帝王的祭奠，据《礼记·曲礼》记述，凡于民有功的先帝如帝喾、尧、舜、禹、黄帝、文王、武王等都要祭奠。自汉代起始修陵园立祠祭奠先代帝王。明太祖则始创在京都总立历代帝王庙。嘉靖时在北京阜成门内建立历代帝王庙，祭奠先王三十六帝。

4. 先师先圣之祭。汉魏以后，以周公为先圣，孔子为先师；唐代尊孔子为先圣，颜回为先师。唐宋以后一直沿用"释奠"礼（设荐俎馔酌而祭，有音乐没有尸），作为学礼，也作为祭孔礼。南北朝时，每年春秋两次行释奠礼，各地郡学也设孔、颜之庙。明代称孔子为"至圣先师"。清代，盛京（辽宁沈阳）设有孔庙，定都北京后，以京师国子监为太学，立文庙，孔子称"大成至圣文宣先师"。曲阜的庙制、祭器、乐器及礼仪以北京太学为准式。乡饮酒礼是祭奠先师先圣的产物。

5. 相见礼。下级向上级拜见时要行拜见礼，官员之间行揖拜礼，公、侯、驸马相见行两拜礼，下级居西先行拜礼，上级居东答拜。平民相见，依长幼行礼，幼者施礼。外别行四拜礼，近别行揖礼。

6. 军礼。包括征伐、征税、狩猎、营建等。

二、古代生活礼仪

1. 诞生礼。从妇女未孕时的求子到婴儿周岁，一切礼仪都围绕着长命的主题。高禖之祭即是乞子礼仪。此时，设坛于南郊，后妃九嫔都参加。汉魏时皆有高禖之祭，唐宋时制定了高禖之祀的礼仪，金代高禖祭青帝，在皇城东永安门北建木制方台，台下设高禖神位。清代无高禖之祭，却有与之意义相同的"换索"仪式。诞生礼自古就有重男轻女的倾向。诞生礼还包括"三朝""满月""百日""周岁"等。"三朝"是婴儿降生三日时接受各方面的贺礼。"满月"在婴儿满一个月时剃胎发。"百日"时行认舅礼，命名礼。"周岁"时行抓周礼，以猜测小儿一生命运、事业吉凶。

2. 成年礼，也叫冠礼，是跨入成年人行列的男子加冠礼仪。冠礼从氏族社会盛行的男女青年发育成熟时参加的成丁礼演变而来。汉代沿袭周代冠礼制度。魏晋时，加冠开始用音乐伴奏。唐宋元明都实行冠礼，清代废止。中国少数民族不少地区至今还保留着古老的成年礼，如拔牙、染牙、穿裙、穿裤、盘发髻等仪式。

3. 宴飨礼仪。飨在太庙举行，烹太牢以饮宾客，重点在礼仪往来而不在饮食，宴礼在寝宫举行,主宾可以开怀畅饮。宴礼对中国饮食文化形成有深远的影响。节日设宴在中国民间食俗上形成节日饮食礼仪。正月十五吃元宵,清明节吃冷饭寒食,五月端阳的粽子和雄黄酒,中秋月饼、腊八粥、辞岁饺子等都是节日仪礼的饮食。在特定的节日吃特定的食物,这也是一种饮食礼仪。宴席上的座次,上菜的顺序,劝酒、敬酒的礼节,也都有社会往来习俗中男女、尊卑、长幼关系和祈福避讳上的要求。

4. 宾礼。主要是对客人的接待之礼。如与客人往来的馈赠礼仪。礼尚往来是馈赠行为的准则,"受人财不以成富"是馈赠行为的尺度,一切馈赠行为都要在"礼"的规定下进行。同时馈赠礼仪有等级差别。士相见,宾见主人要以雉为贽;下大夫相见,以雁为贽;上大夫相见,以羔为贽。

5. 五祀。指祭门、户、井、灶、中(中室)。周代是春祀户,夏祀灶,六月祀中雷,秋祀门,冬祭井。汉魏时按季节行五祀,孟冬三月"腊五祀",总祭一次。唐、宋、元时采用"天子七祀"之说,祀司命(宫中小神)、中、国门、国行、泰厉(野鬼)、户、灶。明清两代仍祭五祀,清康熙之后,罢去门、户、中、井的专祀,只在十二月二十三日祭灶,与民间传说的灶王爷腊月二十四朝天言事的故事相合,国家祀典采用了民间形式。

6. 傩仪。傩仪产生于史前,盛行于商周。周代的傩仪是四季驱邪逐疫。周人认为自然的运转与人事的吉凶息息相通。四季转换,寒暑变异,瘟疫流行,鬼魂乘势作祟,所以必须适时行傩以逐邪恶。傩仪中的主神是方相氏。两汉时,傩仪中出现了与方相氏相配的十二兽。魏晋南北朝隋唐沿袭汉制,傩仪中加入了娱乐成分,方相氏和十二神兽角色,由乐人扮演。宋代傩仪已有了《钟馗嫁妹》等故事情节,傩仪由北向南传播。元明清时,傩仪向东西民族地区扩展。至今仍有遗存,贵州土家族傩堂仪就是典型代表。

第三节 礼仪修养

在社会生活中,人们合乎礼仪的言行举止并非天生,而是通过后天的不断学习和实践逐渐培养出来的。因此礼仪的修养在社交礼仪中是一个不可忽视的问题。

一、礼仪修养的特征[①]

所谓礼仪修养就是指人们为了达到一定的社交目的,按照一定的礼仪规范,结合自己的实际情况,在礼仪品质、意识等方面所进行的自我锻炼与自我改造。

---

① 胡锐.边一民.现代礼仪教程[M].杭州:浙江大学出版社,2004:29-32.

礼仪修养是一个自我认识、自我培养、自我提高的过程,是通过有意识地学习、实践积累而逐步形成的,需要有高度的自觉性。但依然有规律可循,根据礼仪修养的经验,礼仪修养具有以下几个特征。

1. 共时性

人们的礼仪品质,主要是由人们的情感、行为习惯以及对礼仪的认识等基本要素构成的。这些基本要素,并不是彼此独立、互不相干的,在实际的礼仪修养形成过程中,这些基本要素往往同时起作用。如果我们只是单纯地将某一方面来作为礼仪修养的内容,是很难收到应有的效果的。比如,一个人如果只停留在对礼仪的了解和认识上,而没有付诸于生活实践之中,则不能说其为具有礼仪修养的人。因此,礼仪修养必须是在提高自己对礼仪认识的同时,养成合乎礼仪的行为习惯。

2. 差异性

从整个社会来看,不同民族、不同地区的礼仪规范存在诸多差异。从个人来看,每个人所处的环境、所受的教育也不尽相同,在礼仪的掌握和践行上也会有所不同。如此,表现在礼仪修养方面,则其自我锻炼和自我改造的侧重点也就不一样。譬如,初学礼仪的人可以把日常礼仪规范作为自我修养的重点;从事旅游工作的人可以把旅游礼仪作为自我修养的重点;从事商务工作的人可以把商务礼仪作为自我修养的重点;从事秘书工作的可以把秘书礼仪作为自我修养的重点,等等。

3. 实践性

礼仪修养具有强烈的实践性,主要包括两重含义:一是礼仪修养必须适应当时社会实践的客观状况和客观要求。因此,我们所进行的礼仪修养,必须与当今社会主义社会的实际情况和要求相适应。二是礼仪修养必须注重使自己实际地践行礼仪规范。礼仪修养不能只停留在主观的范围内,只有亲身经受礼仪实践,才能使自己的礼仪水平不断得到提高、自己的言行举止更为彬彬有礼。

4. 渐进性

任何人的礼仪水平,都是可以通过礼仪修养来提高的,但又不可能一蹴而就。只有通过不断地努力学习,循序渐进,才会逐步提高个人修养。"冰冻三尺非一日之寒,滴水石穿非一日之功。"礼仪的养成,必须从点滴小事做起,从大处着眼,小处着手,寓礼仪于细微之中,然后逐步扩展,最后使自己成为一个时时处处都遵守礼仪的人。

二、礼仪修养的重要性

礼仪修养对于不同的时代和个人来说都是同样重要的,其重要性主要表现在以下几方面。

1. 礼仪修养有助于提高个人素质,体现自身价值

"金无足赤,人无完人。"然而现实生活中,人们却都在以各种不同的方式追求着自身的完美,寻找通向完美的路径。争当"名人",强调"外包装"者有之,注重"五官精致",在乎"身段好"者也有之,但这些均不足以使人发生美的质变。只有将内在美与外在美统一于一身的人才称得上唯真唯美,才可冠以"完美"二字。而加强个人礼仪修养是实现内在美的有效方法,它可以丰富人的内涵,改变人的气质,从而提高自身综合素质,使人们面对纷繁社会时更具勇气、更有信心,进而更充分地展示自我、实现个人价值。

2. 礼仪修养有助于增进人际交往,营造和谐友善的气氛

礼仪是人际交往的"润滑剂"。作为社会中的一员,我们每天都少不了与他人交往,假如不能很好地与人相处,那么在生活中、事业上就会寸步难行,一事无成。俗话说:"礼多人不怪。"人际交往,贵在有礼。加强个人礼仪修养,处处注重礼仪,能使你在社会交往中赢得人缘与好评,尊重他人的同时也赢得他人对自己的尊重,从而使人与人之间的关系更加融洽,使人们的生存环境更为和谐,交往气氛更加愉快。

3. 礼仪修养有助于净化社会风气,推进社会主义精神文明建设

人与社会密不可分,社会是由个人组成的,文明的社会需要文明的成员一起共建,文明的成员则必须要用文明的思想来武装,要靠文明的观念来教化。个人礼仪修养的加强,可以使每位社会成员进一步强化文明意识,端正自身行为,从而促进整个国家和全民族整体文明程度的提高,加快社会的发展。"国家兴亡,匹夫有责",我们每一位社会公民都有理由以自觉加强自身的品行修养(尤其是礼仪修养)为己任,一同投身于社会主义的两个文明建设之中。

三、礼仪修养的途径

礼仪修养通常可从以下几种途径达成。

1. 加强道德修养

道德是人们共同生活和行为的准则与规范。它依靠社会舆论的力量,以善恶、好坏、美丑、诚实和虚伪等道德观念来评价每个人的行为,使人明是非、知荣辱,以调整各种社会关系。礼仪与道德相辅相成,相互补充。礼仪行为从广义上说就是一种道德行为,处处渗透和体现着一种道德精神。一个人想要在礼仪方面达到较高的造诣,离开了道德品质方面的修养是不可能的;一个人要形成高尚的道德品质,就必须从日常礼仪规范这一基础的层次做起。举止大方、温文尔雅、彬彬有礼的风度,必须以良好的道德修养为基础。可见,道德修养能有效地调节和规范人的行为。美好情操是文明习惯的自然修饰和流露。加强道德修养,可以树立正确的社会道德观和人生价值观,可以

增强社会责任感、使命感;通过培养高尚的情操,可以从生活中不断汲取美好的情感,铸造美好的心灵;可以明辨是非,提高审美情趣和鉴赏能力,从而自觉地规范自己的行为,保持良好的个人形象。

2. 提高文化素质

礼仪学是一门综合性的专门学科,它和公共关系学、传播学、美学、民俗学、社会学等许多学科都有密切关系。一个人只有具备广博的文化知识,才能深刻理解礼仪的原则和规范;只有具备较高的文化层次,才能更加自如地在不同场合恰当地运用礼仪。因此要提高自己的礼仪修养,必须有意识地广泛涉猎多种科学文化知识,使自己具备比较丰富的综合知识和人文素养,提高文学、艺术欣赏水平,提高审美能力。这样,就会有意无意地按照美的规律来认识生活和改造周围的环境,同时,在人际交往中,自己的言行也更具美感,更加符合礼仪规范。

3. 自觉学习礼仪知识,接受礼仪教育

世界各国的礼仪风俗各有特点,我国的各个民族的礼节习俗也各不相同。所以有必要了解、学习和领会各种不同的礼仪规范,以便在生活工作中、在国际交往实践中恰当运用,也利于不断提升自己的礼仪修养水平。同时主动听取教师的讲解和指点,接受社会的健康舆论导向,依靠良好的环境熏陶,从小事做起,严以律己,善于自省。久而久之,不但在礼仪方面博闻多识,而且在礼仪修养上也能上升到新的高度。

4. 积极参加礼仪实践

对礼仪知识的学习,仅仅停留在从理论上了解礼仪的含义和内容,而不在实践中运用是远远不够的。礼仪的修养,必须以积极的态度,坚持理论联系实际,将自己学到的礼仪知识积极运用于社会实践的各个方面。积极投身到实践之中,在文明气氛较浓的环境里去接受熏陶,对增强自己的文明意识、培养礼貌的行为、提高礼仪修养水平,是大有裨益的。要在生活和工作中,时时处处自觉从大处着眼、小处着手,以礼仪规范来约束自己的言谈举止;在社交场所多听、多看、多学,通过各种人际交往来锻炼、提高自己的礼仪修养。

5. 养成良好的行为习惯

检验一个人的礼仪修养如何,很重要的一条标准就是看他是否已把礼仪规范变成自身个性中的稳定成分,是否形成习惯。俗话说"习惯成自然",习惯一旦形成,就会以无意识的行为表现出来。"好习惯,好人生",习惯往往可以在无意中形成,同时也可以有意识地培养和加以约束。假如一个人养成了待人接物有礼貌的习惯,那么他交际场合就会应对得体,比如:看现场体育比赛和文艺演出时,就会由衷地用掌声来表达情感,而不是无节制地乱喊乱叫乱起哄;在公共场所若不慎碰到他人时,就会礼貌地说声"对不起"等。在人际交往中做到"明礼诚信",有助于建立良好的人际关系。反之,就容易引起他人反感,伤害彼此情感,也反映出个人缺乏应有的文化道德修养。

拓展阅读

东西方礼仪比较[①]

东西方文化都非常重视人际交往,但在交往的观念、方式上有比较明显的差别。如中国人热情好客,在人际交往中可以满怀热情地嘘寒问暖,似乎没有什么可保留的,对于了解有关年龄、职业、收入、婚姻状况、子女问题,觉得理所当然。而在西方国家中,特别重视对方的隐私权,凡是涉及个人隐私的都不能直接问。西方人一般不愿意干涉别人的私生活和个人隐私,也不愿被别人干涉。东方人非常重情重义,西方人则崇尚个人独立。所以,我们应当了解跨文化礼仪的差异性,学会尊重不同文化背景下的礼仪习俗。

由于各国的历史与文化底蕴不同,各国人民在进行礼尚交往时的习惯也有不少差异。特别是东西方之间,礼仪上的差别很大,因为不了解这些差异而引起的误会和笑话并不少见。近代历史上有两则故事,其一是:李鸿章曾应俾斯麦之邀前往赴宴,由于不懂西餐礼仪,把一碗吃水果后洗手的水喝了。当时俾斯麦不了解中国的虚实,为了不使李鸿章丢丑,他也将洗手水一饮而尽,见此情景,其他文武百官只能忍笑奉陪。其二是:一个国民党军官携夫人去机场迎接来自美国的顾问。双方见面后,美国顾问出于礼貌说:"您的夫人真漂亮!"军官甚感尴尬又不免客套一番:"哪里,哪里!"在中国,这本是一句很普通的客套话,可是蹩脚的翻译却把这句话译成:"where? where?"美国顾问听了莫名其妙,心想:我只是礼貌地称赞一下他的夫人,他居然问起我他的夫人哪里漂亮?于是他只好说:"从头到脚都漂亮!"这两个故事都是由于中西方文化差异闹出的礼仪上的笑话。由此可见,了解中西方礼仪之间的差异是很有必要的。从大处来说,一个国家无论是在政治上,还是在经济贸易中,了解对方国家的礼仪习惯,将有利于各国之间的交往。从小处来讲,一个人了解对方的礼仪民俗习惯,是对对方的尊重,容易给对方留下一个好印象,以便交往的顺利进行。随着东西方文化的不断发展和交流,东西方的礼仪正在相互融合,西方人逐渐地接受了东方文化中重情感等合理因素,东方人也逐渐地接受了西方文化中先进文明的礼仪和交往方式。但在现实生活中,由于东西方的文化存在差异,东西方的礼仪也存在着不同。其差异主要表现

[①] 关彤.社交礼仪[M].海口:南海出版社,2010:11-16.

在以下几方面:

(一) 交往方式的差异

东西方文化都非常重视人际交往,但在交往的观念、交往的方式上都有着明显的差别。东方人非常注重共性拥有,强调群体,强调人际关系的和谐,邻里间的相互关心,嘘寒问暖,是一种富于人情味的表现。而在西方国家中,特别重视对方的隐私权。个人隐私主要包括:个人状况(年龄、工作、收入、婚姻、子女等)、政治观念(支持或反对何种党派)、宗教信仰(信仰什么宗教)、个人行为动向(去何种地方,与谁交往、通信)等。凡是涉及个人隐私的都不能直接过问。西方礼仪处处强调个人拥有的自由(在不违反法律的前提下),将个人的尊严看得神圣不可侵犯。在西方,冒犯对方"私人的"所有权利,是非常失礼的行为。因为西方人尊重别人的隐私权,同样也要求别人尊重他们的隐私权。

(二) 思想观念的差异

1. 个人人生观的不同

第一,西方人崇拜个人奋斗,尤其为个人取得的成就而自豪,从来不掩饰自己的自信心、荣誉感以及在获得成就后的狂喜。相反,中国文化却不主张炫耀个人荣誉,而提倡谦虚谨慎。西方礼仪强调实用,表达率直、坦诚。东方人以"让"为礼,凡事都要礼让三分,与西方人相比,常显得谦逊和含蓄。如面对他人的夸奖,中国人常常会说"过奖了""惭愧""我还做得很不够"等字眼,表示自己的谦虚;而西方人面对别人真诚的赞美或颂扬,往往会用"谢谢"来表示接受对方的美意。

第二,西方人自我中心意识和独立意识很强,主要表现在:① 自己为自己负责。在弱肉强食的社会,每个人生存方式及生存质量都取决于自己的能力,因此,每个人都必须自我奋斗,把个人利益放在第一位;② 不习惯关心他人、帮助他人,不过问他人的事情。正由于以上两点,主动帮助别人或接受别人帮助在西方往往就成为令人难堪的事。因为接受帮助只能证明自己无能,而主动帮助别人会被认为是干涉别人私事。

中国人的行为准则是"我对他人,对社会是否有用",个人的价值往往是在奉献中体现出来的。中国文化推崇一种高尚的情操——无私奉献。在中国,主动关心别人,给人以无微不至的关怀是一种美德,因此,中国人不论别人的大事小事、家事私事都愿意主动关心,而这在西方则会被视为失礼行为。

第三,西方文化鼓励人们开拓创新。而传统的中国文化则要求人们走中庸之道,中国人善于预见未来的危险性,更愿意维护现状,保持和谐。当然,近年来我国也大力提倡改革创新,但务实求稳之心态仍处处体现。

第四,西方人十分珍视个人自由,喜欢随心所欲,独来独往,不愿受限制。中国文化则更多地强调集体主义,主张个人利益服从集体利益,主张同甘共苦,团结合作,步调一致。

2. 法制观念的差异

东方文化以儒家思想为代表,而儒家思想重义轻利。比如中国人重人情,人情味浓厚。俗话说:"血浓于水","亲不亲,故乡人;美不美,家乡水"。这些话所包含的意思是人情影响判断,人情重于道义。"水",即使不美,但只要是家乡水,那也就美了,这就是情重于理的表现。甚至有时会情重于法,这主要是因为中国历来有情影响法的制度空间。

而西方人的观念则相反。重法,不重人情。法在理前,理在情前。我们时常看到西方父子之间、夫妻之间、朋友之间上法庭打官司。有些事明明不合情不合理,但合法,吃亏者也只有自认倒霉,旁观者也只能容忍。但若有的事不合法,即使合情合理,也会争论不休,直到上法庭。

(三) 社会习俗的差异

在东方文化中,男士往往倍受尊重,这主要受封建礼制男尊女卑观念的影响。在现代社会,东方文化也主张男女平等。在欧美等西方国家,尊重妇女是其传统风俗,女士优先是西方国家交际中的原则之一。无论在何种公共场合,男士都要照顾女士,比如,握手时,女士先伸手,然后男士才能随之;赴宴时,男士要先让女士坐下,女士先点菜;进门时,女士先行;上下电梯,女士在前……当然,随着东西方文化交流的加深,西方的女士优先原则在东方国家也备受青睐。东西方文化的交融,也使东西方礼仪日趋融合、统一,更具国际化。

再如,东西方礼仪在对待人的身份地位和年龄上也有许多观念和表达上的差异。东方礼仪一般是老者、尊者优先,凡事讲究论资排辈。西方礼仪崇尚自由平等,在礼仪中,等级的强调没有东方礼仪那么突出,而且西方人独立意识强,不愿老,不服老,特别忌讳"老"。

当然,东西方文化的不同导致礼仪上的差异还有很多,比如服饰礼仪、餐饮礼仪等。总之,东西方之间有各自的文化背景,由此也产生了不少不同的交往习惯。因此,随着我国经济的发展和对外交流、贸易的不断增加,我们不但有必要在与外国人交往或者前往别的国家之前,了解对方国家的礼仪习惯,而且必须加强专业礼仪人才的培养,提高全民礼仪意识,这不仅是对对方的尊重,也给我们自己带来了便利,不但能避免不必要的麻烦与误会，还能在现代社会的多方竞争中争取主动，获得成功。

思考与练习

1. 简述礼仪的特征。
2. 礼仪具有哪些功能？
3. 养成良好礼仪修养有哪些途径？

第一章 个人礼仪

学习目标

1. 掌握在社交场合个人礼仪的基本要求。
2. 能在不同的社交场合恰当地塑造自我形象。

个人礼仪是社会个体的生活行为规范与待人处世的准则,是个人仪表、仪容、言谈、举止、待人、接物等方面的个体规定,是个人道德品质、文化素养的外在表现。个人礼仪既可以衡量一个人道德水准和文化素养的高低,也是衡量一个社会、一个国家文明程度的重要标志。强调个人礼仪,规范个人行为,不仅是为了提高个人自身的内在涵养,更重要的是为了促进社会发展的有序与文明。

第一节 仪容礼仪

仪容礼仪是个人基本礼仪的重要组成部分。仪容的基本含义是指人的容貌,但是从礼仪学的角度说,仪容还应该包括头发、面部、手臂和手掌,即人体不着装的部位。仪容礼仪主要涉及仪容的清洁和修饰。

一、仪容的清洁

(一) 头部

1. 头发

讲究仪容,必须从"头"做起。因为按照一般习惯,人们注意一个人,往往是从头部开始的。头发应勤于梳洗,保持自然光泽,洁净整齐。无异味,无头屑,肩、背无落发。一般来说中性皮肤的人,冬天可隔4~5天左右,夏天可隔3~4天左右洗一次头;油性皮肤和干性皮肤的人,要分别缩短或延长1~2天,夏季亦可每天洗发。要注意的是尽量选用性质温和的洗发水,例如含有氨基酸、蛋白质等活性剂的洗发水。同时要注意调整水温,洗发时水温以37℃左右为宜,不宜过高或过低。

2. 眼睛

眼睛是心灵的窗户,眼睛的保护和清洁是仪容清洁的重要部分。如应及时清除眼角分泌物,清洁时要避开他人,不能当人面用手绢、纸巾擦拭或用手去抠抹。

3. 鼻子

保持鼻腔清洁。切忌当众挖鼻孔或擤鼻涕,既不卫生,又影响个人形象。男性鼻毛较易长出鼻孔,应及时修剪。

4. 耳朵

洗脸时一定要清洗耳朵后面和耳廓中间,要经常清理耳孔里面的分泌物和其中的灰尘。但要注意的是,耳部的清洁不应在公共场所或工作岗位进行。

5. 口腔

保持口腔干净,口气清新。早晚刷牙,饭后漱口。吃东西后,马上擦拭嘴部,并及时清除牙缝中残存的食物,但不能当众剔牙。出席社交场合前不能吃带有强烈气味的食品,例如韭菜、大蒜、洋葱等。如口腔有异味时,可咀嚼口香糖或茶叶来清除。因牙病或其他疾病造成口中有异味的,应及时治疗。不要随地吐痰,咳嗽、打嗝、打哈欠时应尽量避开他人,一旦忍不住时,要用手绢或手捂住嘴,并向他人致歉。

(二)颈部

颈部肌肤跟面部一样,经常暴露在紫外线下,而颈部的肌肤脆弱敏感,所以需要更加严格的防晒来防止紫外线导致的肌肤老化;颈部有着重要的淋巴细胞,经常按摩颈部不仅可以加速血液和淋巴的循环,促进代谢废物的排出,还可以防止颈纹的产生。

(三)手

在日常生活里,手是接触外界最多的部位之一,出于清洁、卫生、健康的角度考虑,手更应当勤于清洗。手指甲应定期修剪,不要长时间不剪手指甲,使其看上去脏兮兮、黑乎乎的。尽量不要留长指甲,它不仅毫无实用价值,而且不美观、不卫生、不方便。修剪手指甲,应令其不超过手指指尖为宜。有时,在手指甲周围会产生死皮。若发现死皮,应立即修剪掉,不应用手去撕,或用牙去咬。若手部皮肤粗糙、红肿、皲裂,应及时进行护理、治疗。若长癣、生疮、发炎、破损、变形,则不仅要治疗,而且还应避免使之接触他人,不论是直接的还是间接的接触,都会令他人不快,甚至产生反感。

二、仪容的修饰

(一)仪容修饰的原则

人们的仪容非常重要,它反映出一个人的精神状态,是人际交往中的"第一印象"。有研究数据表明:人们对交往对象的印象,55%来自相貌、表情、视线等视觉信息,

38%来自声线、语速、语调等听觉信息。也就是说第一印象在社交中的重要性占93%。可现实中天生优雅秀美的人毕竟是少数,但我们可以通过化妆、发式造型等手段来修饰容貌、形体,并在视觉上把自身较美的方面展露、衬托和强调出来,使形象得以美化。成功的仪容修饰一般应遵循以下的原则。

1. 适体性原则

要求仪表修饰与个体自身的性别、年龄、容貌、肤色、体型、个性、气质及职业身份等相适宜和相协调。

2. TPO原则

即时间(time)、地点(place)、目的(object)原则。要求仪容修饰因时间、地点、目的的变化而相应变化。使之与时间、环境氛围、特定场合相协调。

3. 整体性原则

要求仪容修饰先着眼于人的整体,再考虑各个局部的修饰,促成与人自身的诸多因素之间协调一致,使之浑然一体,营造出良好的整体风采。

4. 适度性原则

要求仪容修饰把握分寸,自然适度,达到虽精心修饰而又不露痕迹的效果。

(二) 仪容修饰礼仪

修饰仪容是自尊和尊人的表现,也是个人礼仪的基本要求。一个人的仪容修饰应该力求做到简约、端庄,对此,个人礼仪均有明确而具体的要求。

1. 头发的修饰

发型反映个人修养和品位。男士的发型统一的标准就是干净整洁,并且要注意经常修饰、修理,头发不应过长。一般认为,男士前部的头发不要遮住自己的眉毛,侧部的头发不要盖住自己的耳朵,同时不要留过厚或者过长的鬓角,男士后部的头发,应该不要长过西装衬衫领子的上部。一般来说,男士发型可以分为以下两种。

(1) 短发类发型。短发类发型基本上是直发经过轧发、剪发来造型,具体发式有平头式、圆头式、平圆式和游泳式四种。

(2) 中长发、长发类发型。常见于艺术家等人群。商务男士不宜留长发、不烫发、不染发。

相对于男性而言,女性发式的选择空间要大很多,但若选择不当就会事与愿违。女士在选择适合自己的发型时,首先要考虑自己的脸形。发型与脸形相辅相成,关系密切。适当选择和修剪,则可体现两者和谐之美。如圆形脸,宜头发侧分,长过下巴,最为理想;方形脸,侧重于以圆破方,拉长脸形,采用不对称发缝和翻翘发帘,增加变化;长形脸,重在抑长,保留发帘,增加两侧发量和层次;梨形脸,保持头发覆盖丰满且高耸,分出一些带波浪的头发遮住额头;三角形脸,梳理时要将耳朵以上部位的发丝蓬松起来,这样能够增加额头的宽度,从而使两腮的宽度相应减小等。

其次要考虑与身材的协调性。中等身材的人发型应以秀气、精致为主,避免粗犷、蓬松,否则会使头部与整个形体的比例失调,给人产生大头小身体的感觉。从整体比例上,应注意长度印象的建立,娇小体型之人不宜留过长的头发,也不宜把头发处理得粗犷、蓬松。可利用盘发增加身体高度,而且要在如何使头发秀气、精致上下工夫。烫发时应将花式、块面做得小巧、精致一些。体型高瘦身材的人容易给人细长、单薄、头部小的感觉。要弥补这些不足,发型要求生动饱满,避免将头发梳得紧贴头皮,或将头发搞得过分蓬松,造成头重脚轻之感。一般来说,高瘦身材的人比较适宜留中长发、直发。应避免将头发削剪得太短薄,或盘高发髻。头发长至下巴与锁骨之间较理想,且要使头发显得厚实、有分量。身材结实者往往显得健康,要利用这一点形成一种有活力的健康美。整体发式向上,譬如选择运动式发型。此外应考虑弥补缺陷,可选用有层次的短发、前额翻翘式等发型,不宜留长波浪、长直发。尽可能让头发向高处发展,显露脖颈以增加身体高度感。高大身材的女性给人一种力量美,应努力追求大方、健康、洒脱的感觉,减少大而粗的印象。在发型上,一般以留简单的直短发为好,或者是大波浪卷发,束发、盘发、中短发式也可酌情运用。注意切忌发型花样繁复、造作,头发不要太蓬松。总的原则是简洁、明快、线条流畅。

再者要考虑与年龄相吻合。年龄是女性发式选择必须要考虑的一个重要因素。如青年女性的发式长短、曲直皆适宜,只要能彰显出青春活力即可。中年女性则应多选择整洁、大方、线条柔和的发式,以体现高雅脱俗的气质。而老年女性发式的选择要结合自己的特点,保持庄重、整洁、简朴、大方,宜采用短发式。

此外,发型的选择还应该考虑个人的职业特点、头发的发质以及服装等因素,总之,发型应扬长避短,体现悠悠风韵、勃勃生机。

2. 面部的修饰

(1)眉毛的修饰:眉毛是面部较为凸出的部位,它具有展示人物性格和调整脸型的作用。眉毛在脸形中是横向的线条,不少人的眉形都有一定的缺陷。比如眉毛稀疏、眉棱不清、眉毛残缺等。因此可以根据个人性别、脸型、胖瘦等,对眉毛进行修剪和补描。可通过化妆调整眉毛的形状和色调来调整脸型,增加人物的表现力,以突出个性特征,以最恰当的眉型赋予人物最生动的面容。眉毛颜色需要与发色统一,选择与自己发色深浅相匹配的眉笔或眉粉画眉,同时可以采用染眉膏调整眉毛颜色。不同眉形的选择也有助于调整面部比例。

(2)眼部的修饰:眼部是面部表情最为吸引人的地方。想让双眸大而清澈,散发诱人魅力,可以将能赋予眼部立体感的眼影,以及能加深眼部印象的眼彩、眼线、睫毛夹和睫毛膏等组合起来使用。但要注意使用得当,如在正式场合,画眼线不宜过于浓重。上睫毛膏时,也不要用得过量,让它把睫毛粘成一撮,未见其美,反显其脏。

戴眼镜的人,除了要注意眼镜质地款式的选择外,还要注意眼镜的清洁。太阳镜主要适合在室外活动时戴,和人谈话时最好摘下来。

(3) 耳部的修饰:女士可以根据职业、年龄、身高、胖瘦、脸型、气质等,选择耳钉、耳环等佩饰物。

(4) 鼻子的修饰:鼻子是面部的制高点,既突出又位于脸部的正中央,自然是目光的聚焦点。鼻子的修饰重在保养,鼻子及其周围若是长疮、暴皮、生出"黑头"等,不可乱挤、乱抠。如果鼻毛长出鼻孔,要及时修剪。

(5) 口部的修饰:口部的修饰范围包括口腔和口的周围。口部修饰重中之重是注意口腔卫生,其次是护唇,要想方设法保持嘴唇的丰满圆润,不使自己的唇部干裂、起皮。修饰唇形时,男士可使用无色唇膏或润唇膏。女士用唇膏的话,可以选择先用唇线笔画出轮廓。不要一上去就乱涂一气,也不要轻易"吃"唇膏。饭后应及时补妆。

男士若无特殊的宗教信仰或民族习惯,一般要剃掉胡须。女士由于内分泌失调而在唇上生出一些过于浓重的汗毛,也应及时将其除去。

3. 颈部的修饰

在日常生活中,颈部应保持良好姿态,走路时要昂首挺胸,眼光平视前方,使人看上去精神抖擞、气宇轩昂、信心十足。颈部保持良好姿态会增添人的风度和气质美。

颈部是最能体现女性美的一个部位,也最能暴露一个女性的美中不足。若脖颈过于细长柔弱,筋骨毕露,或脂肪臃积,粗短肥硕,都会影响整体的美。因此,脖颈的修饰,与头面部的修饰同样重要。若脖子过于细长,则可选择用丝巾围在颈部,提高领子的高度或佩带引人注目的胸针,在视觉上制造断面,使颈部显短。若脖子太短,让人产生缩脖子的感觉的话,则可以选择凹领或V型领的服装,使颈部产生延伸感。或者借助长项链制造同样的凹感,使颈部与肩的比例趋于正常。

总之颈部在外观上以平坦、润滑、丰满,皮肤细腻白嫩且富有弹性为最佳。女性颈部修长、袒露或缀以装饰,配合后颈部飘荡的青丝与优美的腰肢,会增添无限魅力。

4. 手部的修饰

手常被视作人的第二张脸,尤其在待人接物中,手充当友谊的使者。在人际交往中,一双清洁、柔软的手,能增添他人对你的好感。因此,洁净之后,擦适量护手霜,可滋润及补充手部肌肤水分。用有舒缓作用的修护乳涂抹于手部,能帮助促进细胞新陈代谢及迅速改善皮肤弹性,使手变得柔软润泽。同时指甲外形不美时,亦可进行修饰。指甲的形状有很多种,可根据自己指甲的自然状态以及个人的爱好修剪成圆形、方形、尖形等。其中椭圆形指甲是受多数女士喜欢的形状,它不仅与多数人的手指指形相协调,而且还有使手指加长的感觉;方形指甲容易使指甲显宽,只适于指甲偏窄的人;尖形指甲可以使手显得修长,适于手小的人。手形及手指很美的人,可保持指甲的自然形态,使指甲的长度略超过手指尖,指甲的顶端成圆弧形即可。

5. 化妆

化妆是生活中的一门艺术,适度的化妆可以使人看起来更精神,令人赏心悦目。在日常交往应酬中,化妆既是自尊的表现,也意味着对交往对象的重视。但要学会化妆,首先必须对化妆品的种类、化妆的原则、化妆禁忌等有一定程度的正确认识。要不然,就很有可能"弄巧成拙"。

（1）化妆品的种类。在大多数人眼里,一提到化妆,可能就想到化妆用品,因为化妆离不开化妆用品。从理论上来讲,化妆品可以划分为四种类型,它们各有自己独特的功能,不可混淆滥用。第一种是润肤型化妆品。它的主要功能是,护理面部、手部以及身体其他部位的皮肤,使之更为细腻、柔嫩、滋润。这类化妆品常见的品种有香脂、乳液、洁面霜、爽肤水、润肤蜜、雪花膏、面部精华,等等。第二种是美发型化妆品。它的主要功能是,保护头发,止痒去屑,以及为头发塑造出种种美妙动人的造型。香波、发蜡、发乳、发油、焗油、发胶、摩丝、冷烫液、染发水、生发水等,都属于这一类型。第三种是芳香型化妆品。它的主要功能,是溢香祛臭、芬芳宜人。有的还兼有护肤、护发和防止蚊虫叮咬等作用。香水、香粉、香粉蜜、花露水、爽肤水等,都是这一类型的以芳香为主要特征的化妆品。第四种是修饰型化妆品。它的主要功能,是通过在面部适当部位的着色,来为人们扬长避短,使化妆者看起来更加亮丽生辉。最常见的修饰型化妆品有粉饼、唇膏、眉笔、眼影、睫毛膏、遮瑕膏、修容、高光,等等。由于绝大多数这一类型的化妆品,都以其"特色"见长,所以它又被人们叫做色型化妆品或彩妆型化妆品。

（2）化妆的原则。在生活中,我们常常用白里透红的脸色,小巧挺直的鼻子,明亮如星的双眸,樱桃似的小嘴等来形容女性的美。虽然美的标准并不统一,但脸部的美却是整体美中的关键部位。而脸部化妆又是美容化妆中最重要的一环。脸部化妆的内容,包括眉、眼、鼻、颊、唇等部位的化妆。要想化好脸部的妆,首先必须掌握脸部化妆的基本原则。① 美化。化妆的目的是使人变得更加美丽,因此在化妆时要注意适度矫正、修饰得法。要突出美化自己脸上有美感的部位,而掩饰其不足之处。如眼睛很美但嘴型不好看,化妆时就可以强调眼部以吸引他人的视线,而嘴部则宜使用自然色调处理。总之不要一味追求个性,寻求新奇,任意发挥。② 自然。化妆要自然协调,不留痕迹。生活淡妆给人以大方、悦目、清新的感觉,最适合在家或平时上班时使用;浓妆给人以庄重、高贵的印象,常出现在晚宴、婚宴、演出等特殊的社交场合。无论淡妆、浓妆,切忌厚厚地抹上一层,都要显得自然真实。"清水出芙蓉,天然去雕饰",化妆之后，既显得楚楚动人，又不留人工雕琢的痕迹，这才是得体的妆容。③ 协调。第一，使用的化妆品最好成系列，因为不同的化妆品品牌的香型往往不一样，有时会造成冲突，达不到好的效果；第二，化妆的各个部位要协调，不同部位的颜色要过渡好；第三，要与自己的服饰相协调。如穿的衬衣是粉红色，围巾是粉红色，唇彩也是粉红色，这样就很协调。如果反差太大，则既不协调，也不好看。同色系化妆和穿搭给人和谐统一的美感。

（3）化妆禁忌。① 忌不合身份。每个人在化妆时都应考虑自己的角色定位以及所处的环境。刻意追求荒诞、怪异和神秘的妆容而不顾及自己角色以及所处的环境，或者使自己的化妆出格，都是有违礼仪的。② 忌当众化妆。化妆应在无人之处或是在专用的化妆间进行。在公共场合、众目睽睽之下化妆是缺乏修养的行为。如因就餐、休息等原因造成妆面残缺，应及时补妆。但补妆一定要避人，切勿当众进行。③ 忌借用他人的化妆品。化妆品属于私人物品，而且使用他人的化妆品也不卫生，应尽量避免。

拓展阅读

简单化妆的基本步骤

现在化妆已成为一种国际潮流，在正式场合，女性化妆，也是礼仪的基本要求，表现了一种良好的心态和对交往对象的重视。在崇尚自然美的基础上，加一点人为的修饰，可以使人焕发青春的光彩，并增强自信心。但现实生活中我们很多人都不知道该如何化妆，如何化好妆。化妆的浓淡要掌握好。一般上班和白天化淡妆、社交和晚上化浓妆，并要注意与场合相适应，与个人衣着、周围环境相协调，切不可不分时间、场合地浓妆艳抹。女性化妆的最佳境界是清新、淡雅，既显得楚楚动人，又不留人工雕琢的痕迹，体现出东方美。

日常化妆的重点在于自然、柔和、干净、立体，一般分为以下几个步骤：

1. 护理皮肤

先洗好脸，可选用清洁类化妆品除去面部油污，然后再用清水洗净。之后用化妆棉沾化妆水轻拍肌肤，待化妆水干后再依序抹上精华液、乳液、霜或隔离霜，这样既可以滋润皮肤，保护皮肤，又易于上妆，且上妆后不易脱落。

2. 上隔离霜及粉底

粉底有透气、持久、保湿又控油的功能。打底时最好使用海绵粉扑或粉底刷，因为手无法服贴，推出来的妆效会厚薄不均，要使用海绵粉扑，才能在肌肤上薄薄均匀地推开。先上防晒霜或隔离霜、妆前乳，再将粉霜抹在额头、两颊、鼻梁和下巴，再用海绵粉扑等由内向外抹匀,特别注意发际、鼻侧、鼻翼下、唇角和眼角。

3. 定妆

打好底妆后,最好再上一层蜜粉或两用粉饼,具有定妆的效果,让肌肤完美如玉。

4. 画眉

重要的是眉毛的修剪,应依据人的脸型特点,确定眉毛造型。然后用眉笔把眉形淡淡勾出,注意色彩均匀,眉头最浅,眉尾次深,但由深至浅不要有明显的痕迹,这样眉毛才自然立体。

5. 涂眼影

眼睛是脸上最引人注意的五官,眼影色彩力求清淡,尤其是白天或夏天使用的眼影颜色不宜过重。上班时,非特殊节日更不可浓妆艳抹,最安全的是使用普适性最高时下最流行的大地色系,如杏色、咖色、棕色,挑选的眼影要搭配衣服的颜色。在上眼影时在眼窝处先打底,由内眼角延睫毛向上向外描绘,以不超过眉角和眼角连线为宜,再在上眼睑三分之一处开始向外画上第二个颜色,宽度以稍微超过眼皮为原则。涂眼影时,以眼球最高处为线涂暗色,越靠眼睑处越深,越向眉毛处越浅。

6. 画眼线

比较特别或正式的场合还可为自己加上流行的眼线,增加立体感及神秘色彩,用眼线笔勾描上、下眼线,一般是上眼线比下眼线画得粗、长、深些。眼线液适合浓妆或晚妆使用,画的方式为最靠近眼睫毛处,由外往内画线,再由内往外画出向上拉、提的线条。日常生活中可以选择画内眼线,使双眼更有神采。

7. 刷睫毛膏

涂完眼影记得一定要擦上睫毛膏,不要小看这轻轻的一抹,卷翘浓密的睫毛,除增添双眸神采外,还会让你的眼睛看起来更大、更有精神。平时上班睫毛膏不宜刷得太浓,化晚妆时,则可以稍微浓密一些,睫毛膏刷好后应先不用力眨眼,最好保持固定不动,以免沾染到脸上,睫毛膏快干时可用睫毛梳将多余部分清除,也有定型的效果。刷睫毛膏前,要先用睫毛夹从睫毛根部夹起,将睫毛夹翘,但要注意不夹到眼皮。

8. 涂唇膏

唇膏是最有精神的点缀,也是女性化的象征,女人若是没有口红,就会失去光彩。所以口红一定要擦,颜色选择要搭配服饰和眼影,同样也不能过于艳丽,由于现在流行透明的自然风格,粉嫩色系的口红或者唇蜜,都能为你的美丽加分。建议涂抹时,用唇笔先描好唇型,再顺着唇型涂好唇膏,加上唇蜜显得润泽,更有丰采。

9. 涂腮红

涂腮红既能调整脸型,又能使面部呈现红润健康和立体感。腮红的颜色要与眼影、口红色彩相对统一。涂腮红时内侧不超过眼睛的中线,外侧不超过耳中线。先用大号毛刷从颧骨向鬓发方向刷,颊下侧从鬓发边向颧骨方向刷。腮红不宜涂得太浓,不能看出明显界限,应与眼角处保留一手指宽度。

10. 检查

整个妆完成后,记得做最后的检查,在光线较明亮的地方看看自己,有没有不均匀的情形,脖子跟脸上的肤色会不会差很多,与衣着、发型是否相宜,与自己的年龄、身份、气质是否相称。如果一切完美无瑕,那么,妆扮自己的任务就完成了。

第二节 服 饰 礼 仪

服饰礼仪是一种文化,它反映着一个民族的文化水平和物质文明发展的程度。服饰具有极强的表现功能,在社交活动中,人们可以通过服饰来初步判断一个人的身份地位与涵养;服饰可以展示个体内心对美的追求、体现自我的审美感受;服饰可以增进一个人的仪表和气质,所以,服饰是人类的一种内在美和外在美的和谐统一。服装的最大功能是能帮助人们建立自信,帮助穿衣者沉着自如、优雅得体地表现自己,保持在各种场合下具有镇定自若的心态。而服饰礼仪是人们在交往过程中为了相互表示尊重与友好,达到交往和谐而体现在服饰上的一种行为规范。在社交场合,要想塑造一个真正美的自我形象,首先就要掌握服饰的礼仪规范,让得体的衣着佩饰来展示自己的品味和审美。

一、服饰礼仪的原则

服饰是人形体的外延,主要包括各类服装和饰品。在人际交往中,服装被视为人的"第二肌肤",不仅可以遮体御寒,发挥多种实用性功能,还可以美化人体,扬长避短,展示个性,发挥多种装饰性功能。不仅如此,在正式场合,它还具有反映社会分工,体现社会地位的社会性功能。因此,在社交场合,一个人穿戴什么样的服饰,直接关系到别人对他个人形象的评价。正如意大利著名影星索菲亚·罗兰所说:"你的服装往往表明你是哪一类人物,它们代表着你的个性。一个和你会面的人往往自觉不自觉地根据你的衣着来判断你的为人。"莎士比亚则进一步强调:"服装往往可以表现人格。"服饰穿配虽说由于每人的喜好不同,打扮方式不同,产生的效果也不同,而正是这样也成就了五彩斑斓的服饰世界,但根据人们的审美观及审美心理,其中还是有一些基本的原则可循。

（一）整洁原则

整洁原则亦即整齐干净的原则，指在任何情况下，服饰都应该是整洁的。衣服不能沾有污渍，更不能有破洞，纽扣等配件应齐全。衣领和袖口处尤其要注意整洁。这是服饰打扮的一个最基本的原则。一个穿着整洁的人总能给人以积极向上的感觉，并且也表示出对交往对方的尊重和对社交活动的重视。但整洁原则并不意味着时髦和高档，只要保持服饰的干净合体、全身整齐有致即可。

（二）个性原则

个性原则，是指一个人的年龄、气质、爱好、性格等因素在服饰外表上的反映所构成的个性特点。服装的美是以人自身的美为基础的，因此在挑选和穿着衣服时，一定要与自己的体型、肤色和个性气质相协调，以便更好地发挥服装的修饰作用来衬托自己的个性美。我们大多数人往往是高、矮、胖、瘦各有不同，人的个性气质也千差万别，穿衣服的风格自然就会各不相同，只有结合自己的个性气质选择和穿着服装，才能使服装和自己的个人气质相互衬托、相辅相成，从而更好地展示独特的个人魅力。选择服装因人而异，着重点在于展示所长，遮掩所短，显现独特的个性魅力和最佳风貌。

（三）和谐原则

所谓和谐原则也就是协调得体原则。即选择服装时不仅要与自身体型相协调，还要与着装者的年龄、肤色、身份等相配。如年长者，身份地位高者，选择服装款式不宜太新潮，款式简单而面料质地则应讲究些才与身份年龄相吻合。青少年着装则着重体现青春气息，朴素、整洁为宜，清新、活泼最好。服饰的选择还要兼顾时间、地点、目的。即着装要与时间、季节相吻合，符合时令；要与所处场合环境，与不同国家、区域、民族的不同习俗相吻合；还要根据交往目的、交往对象选择服饰。总之应力求使自己的着装及其具体款式与着装的时间、地点、目的协调和谐。

（四）三色原则

服饰的美是款式美、质料美和色彩美三者完美统一的体现，形、质、色三者相互衬托、相互依存，构成了服饰美统一的整体。而在生活中，色彩美是最先引人注目的。一般来说，全身着装颜色搭配最好不超过三种，而且以一种颜色为主色调，加上陪衬色和饰物点缀即可，这可以叫做服装配色的"三色原则"。一定要避免多种颜色混用，乱而无序，破坏整体的着装效果。要实现着装配色的整体协调，一般情况下可用以下几种方法：一是选用套装，保证上下服装同色，然后再选用一些与套装颜色协调的佩饰加以点缀。二是用同一色系或相近色系的不同色调进行搭配，效果也会比较协调，但要特别注意颜色的明暗度差别，对明暗度差别把握不好，会产生断层的感觉，也会使服装显得很刺眼。三是利用对比色搭配,比如红色与黑色或白色、黑色与白色、红色与绿色、白色与紫色等,都可以进行对比搭配,如果这种方法运用得当,会产生相映生辉、清新明快、令人耳目一新的视觉效果。总之,服装的整体色彩搭配,要综合考虑色彩本身的效果、色彩与人自身的体型、肤色、年龄等因素的相协调,以及服装颜色与自然季节的和谐等。

二、着装礼仪

(一) 男士的着装礼仪

在社交活动中,穿出整体性、个性、具有和谐感是男士着装的基本原则。合乎场合的穿着,是遵守社交礼仪的重要体现。一般来讲,男士服装在款式和花样上都比较少,所以在着装上也就更注重品质和细节。在社交场合,男士的着装大致可分为便服与礼服。各式外衣、夹克、衬衣、T恤衫等均为便服。便服的穿着场合很广,如日常生活、办公等。出席正式、隆重、严肃的会议或特别意义的典礼,则应穿礼服或深色西装。参加涉外活动时,男士可穿毛料中山装、西装或民族服装;参观浏览时,可穿便服,穿西装可不系领带。随着经济的发展和世界各国人民的友好交往,西装已成为当今国际上最标准的通用礼服。因此,这里着重介绍西装的着装规范和禁忌。

1. 西装的着装规范

男士在正式场合的着装,以西服套装最为广泛。在选择西装时,首先要根据自己的身材体型,挑选合适的西装款式。目前世界上流行的西装有三种风格:欧式、美式、英式。欧式西装通常讲究贴身合体,衬有很厚的垫肩,胸部做得较饱满,袖笼部位较高,肩头稍微上翘,翻领部位狭长,大多为两排扣形式,多采用质地厚实、深色全毛面料。美式西装讲究舒适,线条相对来说较为柔和,腰部适当地收缩,胸部也不过分收紧,符合人体的自然形态。肩部的垫衬不过于高,袖笼较低,呈自然肩型显得精巧,一般以2~3粒扣单排为主,翻领的宽度也较为适中,对面料的选择范围也较广。英式西装的特点类似于欧式西装,腰部较紧贴,符合人体自然曲线,肩部与胸部没有过于夸张,多在上衣后身片下摆处做双开衩。在几种西装款式中,英式西装最具严谨的绅士风度,对身材的要求也比较严格,比较适合五官端正、严谨的男士;欧式西装洒脱大气,比较适合身材高大魁梧的男士穿着;美式西装比较宽松随意,可以作为商务休闲时的着装。其次,要考虑面料和做工,正式场合的西装面料要尽量讲究,在一般情况下,毛料应为西装首选的面料;西装在剪裁和做工上也要尽量精细,至少要裁剪合身,整洁笔挺。最后,要考虑颜色,正式场合西装的颜色必须庄重、正统,首选是藏蓝色或黑色,还可以选择深灰色或棕色,总之,以深色、单色为宜。

根据西装礼仪的基本要求,男士在穿西装时,务必要特别注意以下几个方面的问题。

第一，要熨烫平整。欲使一套穿在自己身上的西装看上去美观而大方，首先就要使其显得平整而挺括，线条笔直。要做到这点，除了要定期对西装进行干洗外，还要在每次正式穿着之前，对其进行认真的熨烫。千万不要对此疏忽，而使之皱皱巴巴，脏兮兮，美感全失，令人惨不忍睹。

第二，要配正装衬衫。正装衬衫必须为单一色彩，以白色为首选，色彩鲜艳的单色或花色都不可取，面料要以精纺的纯棉、纯毛制品为主，或是以棉、毛为主要成分的混纺制品，但不要选择真丝、纯麻或化纤面料的衬衫。西装的标准穿法，是衬衫之内不穿棉纺或毛织的背心、内衣。衬衫袖应比西装袖长出1～2厘米，衬衫领应高出西装领1厘米左右。衬衫下摆必须扎进裤内。若不系领带，衬衫的领口应敞开。在正式交际场合，衬衫的颜色最好是白色。而不穿衬衫，以T恤衫直接与西装配套的穿法，则是不符合规范的。

第三，要扣好纽扣。一般而言，站立之时，特别是在大庭广众之前起身而立之后，西装上衣的纽扣应当系上，以示郑重其事。就座之后，西装上衣的纽扣则大都要解开，以防其"扭曲"走样。惟独在内穿背心或羊毛衫，外穿单排扣上衣时，才允许站立之际不系上衣的纽扣。通常，系西装上衣的纽扣时，单排扣上衣与双排扣上衣又有各不相同的具体做法。系单排两粒扣式的西装上衣的纽扣时，讲究"扣上不扣下"，即只系上边那粒纽扣。系单排三粒扣式的西装上衣的纽扣时，正确的做法则有二：要么只系中间那粒纽扣，要么系上面那两粒纽扣。

第四，要系好领带。英国著名作家奥斯卡·王尔德认为"学会系好领带是男人生活中最严肃的一步"。在正式场合穿西装必须系领带，系领带时衬衣领口的扣子必须扣上，领带的长度以触及皮带扣为宜，如使用领带夹，则应该别在衬衫第四、第五粒纽扣从上往下数之间，以从外面看不见为准。若内穿毛衣或背心，领带必须置于毛衣或背心内，且衣服下端不能露出领带。

第五，要慎穿内衣和毛衫。穿西装时除了衬衫与背心之外，一般不宜再穿内衣或毛衫，但在特殊情况下需要加穿内衣或毛衫时，内衣颜色要与衬衫相仿并避免暴露于衬衫之外，款式上应短于衬衫。毛衫以薄型"V"领的单色羊毛衫或羊绒衫为佳，数量应以一件为限，穿得过分臃肿会破坏西装的整体效果。

2. 西装的着装禁忌

一忌不拆袖子上的商标，在新西装上衣一边袖子的袖口处，通常会缝有一块商标，在穿着之前，这个商标牌一定要拆掉，否则会贻笑大方。美国作家福斯特刻薄地认为："一个把西服的标签还露在袖口的人，毫无疑问，一定来自一个没有触摸到时代脉搏的山村，他或许是第一次穿着西服步入文明的都市。"

二忌衬衫放在西裤外,忌衬衫领子太大、领脖间存在空隙。衬衫一定要干净、挺括,不能出现脏领口、脏袖口。

三忌在西装口袋里乱放东西,一般而言,在西装上衣左侧的外胸袋除可以插入一块用以装饰的真丝手帕,不准再放其他任何东西,尤其不应当别钢笔、挂眼镜。内侧的胸袋,可用来别钢笔、放钱夹或名片夹,但不要放过大过厚的东西或无用之物。外侧下方的两只口袋,则原则上以不放任何东西为佳。在西装的裤子上,两只侧面的口袋只能够放纸巾或钥匙包。其后侧的两只口袋,则大都不放任何东西。

四忌西装上衣袖子过长,应比衬衫袖短1厘米左右。

五忌西裤短,标准的西裤长度为裤管盖住皮鞋。

六忌穿西装配旅游鞋、球鞋、布鞋和其他休闲鞋,正式场合穿西装,一定要穿正装皮鞋,而且皮鞋要上油擦亮、保持光泽,不能布满灰尘。皮鞋的颜色要与西装配套。

七忌穿西装配白袜子,白袜子以及尼龙丝袜与西装都是不搭配的。袜子的颜色最好是与西裤的颜色或皮鞋的颜色相同。

正式场合以外,男士大可不必西装革履。在日常工作和生活中,可以按照一般的着装原则,根据自身的具体条件和个人风格、爱好来选择服饰穿着。

(二) 女士的着装礼仪

女士的服装,相对于偏于稳重单调的男士着装,更加丰富多彩、新颖别致。得体的穿着,不仅可以使女士显得更加美丽,还可以体现出一个现代文明人良好的修养和独到的品位。女士服装一般分为四类:职业服、酒会服、晚宴服和休闲服。而女士在选择服装时,应根据场合不同选择穿着不同的服装。

1. 正式场合礼服的着装规范

女士礼服种类较多,在晚间或日间的鸡尾酒会、正式聚会、仪式、典礼上穿着小礼服,小礼服裙长在膝盖上下5厘米,适宜年轻女性穿着。与小礼服搭配的服饰适宜选择简洁、流畅的款式,着重呼应服装所表现的风格;在正式的晚宴、晚会或外交场合穿西式晚礼服。晚礼服裙长长及脚背,面料追求飘逸、垂感好,颜色以黑色最为隆重。晚礼服风格各异,西式长礼服袒胸露背,呈现女性风韵。中式晚礼服高贵典雅,塑造特有的东方风韵,还有中西合璧的时尚新款,与晚礼服搭配的饰品适宜选择典雅华贵、夸张的造型,凸显女性特点。

晚礼服是女士礼服中最隆重的礼服样式,在穿着晚礼服时,要迎合夜晚奢华、热烈的气氛,质地要考究,以透明、半透明的丝质或有光泽的丝绸、锦缎、天鹅绒等面料为主,剪裁上肩、胸、臂充分展露,要佩戴必要的首饰,如项链、手镯、耳环等,可与披肩、外套、斗篷之类的衣服搭配装扮整体效果。小礼服款式不固定,穿着时一般需要搭配帽子、手提包和必要的首饰。穿西式礼服,应选择能修饰自己身材、陪衬个人气质的款型,身材修长者,任何款式的礼服皆可尝试;体态比较丰腴的人,宜穿着低胸或露背的款式,除可展现胸部丰满的优点外,还可拉长颈部的线条。另外,可尝试长袖礼服,或是另加披肩,将略粗的臂膀遮掩起来,尽量不要穿高领以及腰部和裙摆设计繁复的款式;身材娇小玲珑者可以选中高腰、纱面、腰部打折的礼服,以修饰身材比例。

中式的旗袍贴身合体,充分展现了女性柔美的曲线和婀娜的身姿。保留了传统元素又融入了时尚元素的现代旗袍,是我国女性较为理想的礼服。穿着旗袍需要注意几点:穿着要合身,旗袍是最能展现体形美的服装,不仅长短肥瘦要合适,领围、肩宽、胸围、腰围、臀围都要合身才行,过紧则行动不便,过于宽松又难以呈现形体美;旗袍下摆的开衩要跟身高成正比,开衩过大容易走光,开衩小了则裹腿难行;穿旗袍必须穿连裤丝袜,以防袜头从开衩处露出不雅;穿上旗袍以后,无论站立行走,都要注意保持良好的姿势,弯腰驼背、叉脚、跷腿等都非常不雅观,有损形象;旗袍可以搭配合适的外套或披肩,以增加典雅华贵之感。

2. 套裙的穿着规范

套裙是职业女性在正式场合穿着的首选服装,它是西装套裙的简称,包括女式西装上衣、裙子以及背心。套裙有两件套和三件套之分,套裙的上装以西服式样居多,也有圆领、V字领式样。上衣的长度既可短至腰际,也可长至臀部以下,下装是长短不同的各式裙子。套裙的整体变化不大,但套裙上衣的袋盖、衣领、袖口、衣襟、衣摆、下装的开衩、收边等,都在细致之处见风格。西装套裙是职业女性的标准着装,可塑造出端庄、干练的形象。穿着套裙要遵循以下规范:

第一,颜色选择要适宜。套裙基本应当以深色、中性色为主,不要选用过于亮丽的色彩。颜色的搭配不仅要兼顾肤色、形体、年龄与性格,而且更要与职业环境彼此协调,既要体现女性的典雅、端庄,又不失职业人的严谨、务实,增加权威感和可信度。穿着同色的套裙,可以采用不同色的衬衫、领花、丝巾、胸针、围巾等衣饰来点缀,使套裙的色彩看起来比较活泼,但最多不应超过两种颜色。

第二,面料选择要得当。服装的面料及质地不同,花型不同,会造成大小形象上的不同感觉。像粗呢、厚毛料、宽条绒等,这些布料如使用不当,使胖人看上去更胖,增加笨重感觉。发亮的料子,比如绸缎和一些化纤面料,使人看上去丰满,胖人穿上也会显得更胖;大花型的面料有扩张的效果,它使瘦人看上去丰满一些;小花型的面料也能使丰满的人看上去苗条些。花色面料还可以适当修饰体型有缺陷的部分。比如女士胸部不够丰满,可穿花色上衣弥补。套裙上衣、裙子以及背心等,应当选用同一种面料,裁剪得体。套裙面料不一定要高档华贵,但要同质同色,而且一定要剪裁得体,做工精细,这样穿起来才能大方得体、精神焕发。做工粗糙,过大、过小或过肥、过瘦的套裙,都不要贸然穿着。

第三，要保持套裙平整整洁。熨烫平整才能保持衣服的造型和线条，一套皱巴巴的衣服很难给人美感，干净整洁是良好衣着的基本要求，也是尊重自己和尊重他人的基本礼貌。

第四，要与体型协调。人的体型各不相同，十全十美的人很少。理想的体型，要求躯干挺直，身体各部分的骨骼都要匀称。诸如过胖、过瘦或腿短、臀宽等不完美的体型，在礼仪活动中都可能成为自身的不利因素。但若能了解自己的体型特点，扬长避短，便可顺利应付任何社交活动。如：体型较好的人，对服装款式的选择范围较大，着装时应该更多考虑的是服装与肤色、气质、身份、场合等的协调。而体型较胖的人最好着上下一色的深色套装。裤子的长度略长一些，裤腿略瘦。体型较瘦的人，应尽量减少露在外面的部分，亦可在胸前做些点缀。肩窄臀宽的人，应该注意使用垫肩，使肩部看上去宽些，也可以在肩部打褶以增加宽度。腰粗的人应选肩部较宽的衣服，以产生肩宽腰细的效果，不宜穿腰间打褶的裙，不要把衬衫扎进裙子或裤腰中。

第五，要举止得体。穿上套裙后，坐立行走都要注意举止姿态。坐姿要上身正直，双腿并拢，切勿叉开双腿或是翘二郎腿，更不要脚尖挑鞋直晃，甚至当众脱下鞋来；站立时，要自然挺拔，不要东倒西歪、叉脚而立或是斜靠在墙上；行走时，由于裙摆所限最好走轻稳的小步伐，不要大踏步急行；取放东西若不方便不要勉强，必要的话可以请他人帮忙，以免因俯身、探头、踮脚等过于费力而暴露走光。

第六，要配套齐全。穿着套裙，除了套裙本身，与套裙搭配的衬衫、内衣、皮鞋、丝袜等一样不能少。衬衫总体上要端庄雅致，不失女性的妩媚，除了标准的白色衬衫以外，只要不是过于鲜艳，与套裙颜色协调的衬衫均可选用；穿着套裙一定要穿内衣，而且所穿内衣不要外露或者外透，不穿内衣或是内衣外穿、外露，都是失礼的表现；穿套裙时，要穿配套的高跟、半高跟的船形皮鞋或盖式皮鞋，其他的如系带式皮鞋、丁字式皮鞋、皮靴、皮凉鞋等都不宜与套裙搭配；穿套裙一定要穿高筒袜或连裤袜，这是默认的标准，中筒袜、低筒袜都不宜与套裙搭配。

第七，饰品佩戴要合理。饰品一般来说是女性的象征，巧妙地佩戴饰品能够为女士增添风采。但穿职业套裙时，不宜有过多的饰品点缀，以免过于引人注目而失去稳重和职业感。在工作岗位上，一般来说可以不佩戴任何首饰，如果要佩戴的话，一定要少而精，一般不应超过三种，而且要兼顾自己的职业身份。佩戴饰品应尽量选择同一色系，并且要与整体服饰搭配统一起来，以起到画龙点睛的效果，给自己增添光彩。

三、服装配饰的选择与佩戴

服装配饰是各种点缀人们着装效果的物品，包括衣饰和首饰两部分。衣饰指的是鞋、帽子、领带、围巾、丝巾、手提包、胸针等，首饰泛指耳环、项链、戒指、手镯、手链等。服装配饰具有增强或减弱服装效果的作用,因此服装配饰的选择佩戴和着装一样,能直接影响到一个人的外在形象,并在一定程度上反映着人们的审美情趣和内在修养。

(一)男性配饰的选择

形象设计师英格丽·张认为:"一个成功的男人,懂得他身上的任何修饰物可以成为他的增值器,也可以是减值器。"男士的主要配饰是领带、鞋、提包、手表、袜子以及帽子、围巾等。

1. 领带

美国某形象设计师说:"领带是展现你的个性的最好办法。你是保守的、花哨的、权威的、沉默的,还是严肃的个性,人们能迅速从你的领带中去领悟。领带是男士的概念和风格,是男人全身惟一最能表达自我的工具。"在西方,领带、手表与法式袖扣被认为是男士身上的三大佩饰件。可见领带的佩戴在男士形象中的重要作用。尽管男士的西装长短及样式在50年中的变化也不超过四分之一厘米,衬衫的样式及颜色变化也是寥寥无几,但是领带的颜色、花纹、布料却变化万千。你可以日复一日地穿着同样的西装,而只有领带的变化能让人们忘记你昨日穿的衬衫和西装。领带是男士每日最有效变换服装效果的工具。选择有艺术品位又有权威力量的领带,能衬托出一个成功男士深厚雄伟的魅力。而领带一般用于正规场合,与西装搭配,所以选用领带一定要考虑西装和衬衫的颜色与风格,当西装的颜色较深时,领带要选择与衣服色彩相同的浅色或相反色。比如穿暗蓝色西装、白色衬衫,应选一条胭脂色或浅蓝色领带,使人显得文静、朴素。如果穿褐色、蓝色、绿色、灰色的西装,可选一条黄色领带,这样会令人感到快活、热情。如果穿整套的深色西装,可选一条红色领带,这样在西装的驳头中露出一线鲜明的色彩,人便会变得活泼起来。此外,选择领带还要根据年龄和情感。如年轻人,可选以枣红、朱红等浅色和套色较多、色彩明快的领带;对中年人来说,深色和小花型领带显得大方庄重;如果身体有些壮硕,就适宜条纹花领带。此外还要视着装的场合慎选领带的颜色,在宴会、喜庆的场合可以选用色彩温暖、明亮的领带,在吊唁、肃穆的场合则应佩戴黑色或冷暗色调的领带。

2. 鞋

"低头看看他脚上穿的,就知道他真实的身份。"在美国的一次形象设计的统计调查中,80%的人认为穿着保养良好的鞋给人以良好积极的印象。同样,在男士整体的着装中,鞋的作用非同小可,搭配不好会给人不伦不类的感觉。男士的鞋以黑色、深咖啡或深棕色的皮鞋较为常用,穿正装时必须穿皮鞋,穿便装和休闲装时穿皮鞋、布鞋、运动鞋都可以。黑色皮鞋是正式场合最为正宗的搭配,适合于各色服装和各种场合;而白色皮鞋除非穿浅色套装才适用。

3. 提包

职业场合,黑色、棕色的公文包是最正统的选择,以手提的长方形公文包最为标准,公文包的颜色应该和皮鞋、皮带同为一个颜色或色系,看上去完美而和谐,公文包的表面不宜带有任何图案、文字,否则是有失身份的。休闲场合的提包可以根据个人的服装风格和爱好来选用。

4. 手表

手表是男士最重要的饰品,其颜色、款式应当适合个人风格并与场合相适应。一般社交、上班场合应选择正宗高档的手表。男性以戴纯银、金质或不锈钢制的手表为宜,皮表带的颜色要与腰带、皮鞋的颜色一致。

5. 袜子

袜子的长度以到小腿中部为宜,以免坐下后露出腿上的皮肤和汗毛。袜子的颜色应为黑色、棕色或藏青色。不宜穿白色、米色、浅色以及图案大的袜子,否则会吸引不必要的注意。也可选用与长裤相同或临近颜色的袜子,但穿黄褐色裤子例外,这时的袜子应与鞋相配。

男士的其他饰物,如帽子、围巾、戒指等,应当视具体场合佩戴,一定要少,太多会破坏男性的阳刚之美和潇洒气质。

(二) 女性配饰的选择

女性的配饰包括鞋子、帽子、围巾、披肩、丝巾、胸针、提包,以及各种各样的首饰等,不仅种类繁多,而且款式多种多样,恰当地使用一些配饰,可以烘托服装,彰显个人气质。

1. 首饰

首饰是一种无声的语言,它反映着一个人的兴趣、爱好、文化修养和婚姻状况等。佩戴得宜,便可画龙点睛。首饰的品种、形态、材质各不相同。以品种而论,有项链、耳饰、头饰、胸花、别针、手镯、戒指等,名目繁多。以形态而论,有圆有方、有长有短、有三角形、菱形以及各种各样的不规则形,不胜枚举。以材质而论,有金、银、铜、宝石、珍珠、玛瑙、翡翠、象牙、塑料、皮革、贝壳等,材料之多,难以尽述。如在品种、形态、材质等方面的选择恰如其分,佩戴得宜,则能为个人形象增光添彩。

(1) 发饰:发饰的款式应根据发型来选样,颜色要与服装的颜色相协调,发饰(发带)的颜色最好与所穿服装的主色调一致,至少要与服装色彩中的一种颜色相呼应,否则最好采用黑色。发饰本身的颜色不要超过两种,色调要协调。

(2) 项链:项链是最早出现的首饰之一。项链的种类繁多,有铂金、黄金、白银、珍珠等材质,造型也十分丰富,选择一条适合自己的质量好的项链,能够起到扬长避短的修饰作用。项链的选择,首先要适合自身条件,如长脸形宜选择短粗的或者双套式、三套式的项链,选择颗粒大而短的项链,使其在脖子上占据一定的位置,在视觉上能减少脖子的长度;而圆形脸不宜戴项圈或者由圆珠串成的大项链,过多的圆线条不利于调整脸型的视觉印象,而选择V字形的项链,则可以拉长脸部线条,展现温婉中的清爽与典雅。其次要和服装取得和谐与呼应。如当身着柔软、飘逸的丝绸衣裙时,佩戴精致、细巧的项链,看上去则会更加动人;单色或素色服装,佩戴色泽鲜明的项链,能使首饰更加醒目,在首饰的点缀下,服装整体色彩也显得和谐;色彩鲜艳的服装,佩戴简洁单纯的项链,不会被艳丽的服装颜色所淹没,并且可以使服装色彩产生平衡感。

(3) 耳饰:耳饰是最能体现女性美的重要女性饰物之一。通过其款式、长度和形状的正确运用,来调节人们的视觉,达到美化形象的目的。耳环主要有插圈和轧圈两种。前者只适合于耳垂上已有穿孔者佩戴,插圈从耳孔中直插过去,可将饰物牢固地固定在耳垂上。后者主要采用耳钳夹紧固定在耳垂上,其优点是便于脱卸。

耳环样式变化多端,有带坠儿、方形、三角形、菱形、圆形、椭圆形、双股扭条圈、大圈套小圈等多种样式,颜色也多种多样。加上金、银、珠宝各种材料搭配相宜,使耳饰品更加吸睛夺目。

耳饰的选择,首先要与服装相配,选戴的耳环从款式造型、色彩、材料到做工和质感等都与服装的面料、色彩、款式有密切的关系。只有合适而巧妙的佩戴,才能使耳环和服装搭配出美感。如用绒线、呢料以及裘皮等厚重型面料制作的服装,搭配的耳环材料应该是比较珍贵的金银珠宝等材质,耳环的造型款式需要适当地规则化,同时质量要求较高,这样可以显示着衣者的高贵与典雅。反之如果戴过于轻薄的材料制作的耳环,就与厚重的服装面料不相称,从而影响整体装束的风格。其次要和发型相谐,如披肩长发的女性,佩戴狭长的耳坠会显得漂亮而醒目;古典的发髻搭配吊坠式耳饰则使人显得优雅高贵等。再者还需要与体型相称,如身材矮小的女性,如佩戴贴耳式点形小耳饰,会显得优雅、秀气、玲珑;身材瘦高的女性,佩戴耳坠或大耳环,可增添美感等。

(4) 手镯:手镯作为女性腕臂装饰由来已久。早在盛唐时期,宫廷仕女和闺秀小姐们就流行戴手镯。那时,手镯多为宝石精磨细做的。常用来制作手镯的宝石有翡翠、玛瑙、碧玉、孔雀石、松石、珊瑚,统称玉石手镯。

手镯的佩戴应视手臂的形状而定。手臂较粗短的应选小细形的手镯;手臂细长的则可选宽粗的款式,或多戴几只小细型的来加强效果。一只手上一般不能同时戴两只或两只以上的手镯和手链,以避免相互碰撞发出声响。若非要戴三个手镯,则要一齐戴在左手上,切不可一只手上戴两个,另一只手上戴一个。戴三个以上手镯的情况比较少见,即使要戴也应都戴在左手上,以造成强烈的不平衡感,达到不同凡响标新立异的目的。不过这种不平衡应通过与服装的搭配求得和谐,否则会因标新立异而破坏了手镯的装饰美。

2. 丝巾

丝巾是职业女性的必备之物。丝巾的材质、款式、花色繁多，选择时要配合自己的肤色及服装质料、款式、颜色。丝巾的彩度、明亮度要高于服装，如果是浅色且明亮的衣服，在搭配丝巾时可选用同色、对比色、艳色来搭配；如果是深色调、灰色系的服装在搭配丝巾时应选择提高彩度、明亮度的丝巾来点缀。丝巾的不同色彩和不同使用方法可以产生不同的视觉效果。如果要将丝巾扣结或系起来，最好选择纯丝绸面料。

3. 包

在现代社会中，包不仅用于存放个人用品，也能体现一个人的审美、性格以及品味等。因此在选择包的颜色及款式时应当考虑与衣服的相配度，与场合的相宜性。如穿着便服、休闲和逛街时用的包，可选用造型活泼、颜色鲜艳的皮包或背包，这与轻松的心情和装扮相配。参加晚宴等正式场合，应选用比较考究的包，这样既与礼服相配，也是对主人的礼貌表示。

四、配饰使用的注意事项

配饰佩戴和使用的规范和讲究也相应比较多，总体上需要注意以下几点。

1. 点到为止，恰到好处

服装配饰毕竟是装饰性的，所以佩戴饰物一定要点到为止，恰到好处，不佩戴或佩戴太少，起不到装饰的效果，配饰过多又会喧宾夺主，不但不会产生美感，还会显得庸俗而弄巧成拙。一般情况下，身上的饰物不要多于三种，每一种不超过两件，以两种三件较为适宜。

2. 注意搭配，风格协调

同样的服装，换上不同的配饰，就会展现配饰不同的魅力。因此配饰的选择，首先要和整体着装搭配协调，比如穿中式旗袍最好配传统的珍珠项链或玉镯，穿西式晚礼服配钻石项链或钻戒，如果穿休闲装佩戴高档钻饰未免显得小题大做。其次配饰本身要相互协调，在风格上保持一致，比如首饰最好是成套佩戴，同质同色，不能同时既穿金又戴银，比如戴金耳环配银项链显然不协调。

3. 了解寓意，避免尴尬

比如戒指的佩戴，它是一种无声的语言，如可以反映出佩戴者的婚姻状况等。除大拇指外，双手各个手指都可以佩戴，不过戴在不同的手指上有不同的含义。戴在食指上，表示求婚；戴在中指上，表示处在热恋中；戴在无名指上，表示已经订婚或结婚；戴在小指上，表示独身，或表示终身不嫁或不娶。如果在社交场合乱戴戒指，很可能会引起误会和尴尬。

4. 要注意区分场合

就像穿着服装要讲究不同的场合一样,佩戴饰品也要注意区分场合。比如去社交场合,就可以尽情打扮,配饰也可以奢华、夸张、隆重,突出社交场合的气氛;但如果是逛街休闲,就应该佩戴风格比较休闲的饰品,而不要将奢侈华丽的晚装配饰拿出来炫耀;同样,如果是在工作场所,那么脚链和个性十足的夸张配饰也都应该去掉。

总之,服装配饰的选择和佩戴要兼顾个人风格和服装穿着,遵循特定场合和约定习俗的规范,依据不同的情况合理搭配,力求达到和谐而富有艺术美的服饰效果,从而有效地提升个人形象,增加个人魅力。

拓展阅读

常见领带打法图解

1. 平结

为男士较常选用的领结打法之一,几乎适用于各种材质的领带。要诀:领结下方所形成的凹洞需让两边均匀且对称,这种凹洞一般只有真丝的领带才能打得出来。

2. 双环结

一条质地细致的领带再搭配上双环结颇能营造时尚感,适合年轻的上班族选用。

3. 温莎结

适合用于宽领型的衬衫,该领结应多往横向发展。应避免材质过厚的领带,领结也勿打得过大。

温莎结 (Windsor Kont)

微课讲解
男士领带温莎结系法

4. 双交叉结

多运用在素色且丝质领带上,若搭配大翻领的衬衫不但适合且有种尊贵感,适合正式之活动场合选用。

双交叉结 (Double Cross Kont)

第三节 仪态礼仪

人际交往过程中,我们在用有声语言表达自己的思想感情时,常常辅之以各种无声的语言媒介,这些无声的语言就是"仪态",心理学上称为"形体语言",往往比有声语言更富有魅力。行为学家认为,从仪态知晓人的内心世界,把握人的真实面目,往往具有相当的准确性和可靠性。因此,学会运用、解读仪态礼仪,对于人际交往有着很重要的意义。

一、仪态的涵义

仪态是指人在行为中的姿势和风度,姿势是指身体呈现的各种形态(体态和身姿);风度是人的举止行为,待人接物时的一种外在表现方式,是内涵的外现。包括一举一动、一颦一笑、站立的姿势、走路的步态、说话的声调、对人的态度、面部的表情等。良好的仪态是一种修养,是人的内在品质、知识、能力等的真实流露。在与人交往中,我们可以通过一个人的仪态来判断他的品格、学识、能力,以及其他方面的修养程度。一个人的语言可以言不由衷,而人的仪态却总是真实的。

仪态的美是一种综合的美、完善的美,是仪态礼仪所要求的。这种美应是身体各部分器官相互协调的整体表现,同时也包括了一个人内在素质与仪表特点的和谐。容貌秀美,身姿挺拔,都是仪态美的基础条件,但有了这些条件并不等于就是仪态美的全部。与外在的美相比,仪态美是一种深层次的美。外貌的美是先天决定的,而仪态美的人,往往是一些出色的人,因而仪态的美更富有永久的魅力。外貌的美会随着时间的流逝而失色,而仪态的美却能够随着年龄的增长而增添几分成熟、稳重、深刻。

总之,仪态的美是一种更完善、更深刻的美,它不是可以通过外表的修饰打扮得到的,也不是靠单纯动作、表情的模仿可以体现的。它有赖于内在素质的提高、自身修养的加强,有赖于性格、意志的陶冶和能力、学识的充实。仪态的美是长期培养、磨炼的结果。只有那些热爱生活、积极进取、自信、自尊、自爱、卓有才华的人,才能真正做到站姿挺拔优雅、坐姿端庄娴静、走姿自然稳健、目光热情诚恳、微笑善良友好等,才会拥有真正的仪态美。

二、仪态礼仪

常言道:"站如松,坐如钟,行如风,卧如弓。"这既是古人对人体姿态美的认知,又体现出人们对保持良好姿态的要求。在人际交往过程中,一举一动、一颦一笑、说话的声调、对人的态度都十分重要,不仅体现个人的修养,也是礼仪的要求。

(一)站姿

站姿是静态的造型动作,古人主张"站如松",良好的站姿不仅会给人一种挺拔的感觉,也是一切优美体姿的基础。

1. 站姿的种类

(1)正步站姿:双脚并拢,两膝并严,双臂自然下垂于身体两侧、手指并拢自然弯曲,中指尖贴拢裤缝;两腿直立,两脚跟靠紧,脚掌呈 V 字形,角度呈 45°至 60°,女士也可脚跟脚尖并拢。适用于正式场合示礼前或者各种训练前的预备姿态(如图 1-1、图 1-2 所示)。

(2)分腿站姿:两腿左右分开,与肩同宽,脚尖朝前,手交叉置于前腹,也可交叉置于后背,此站姿适合男士(如图 1-3 所示)。

(3)"丁"字形站姿:两脚呈"丁"字站立,一脚向前将脚跟靠于另一脚内侧中间位置,男士可一手前抬,一手侧放;也可一手侧放,一手后放,显得自然大方。女士可双手交叉于腹前,身体的重心落在两脚上(如图 1-4、图 1-5 所示)。

微课讲解 标准站姿

图 1-1

图 1-2

图 1-3

图 1-4

图 1-5

2. 站姿要求

最基本的站姿要求是：挺胸，立腰，收腹，精神饱满，双肩平齐、舒展，双臂自然下垂，双手放在身体两侧，头正，两眼平视，嘴微闭，下颌微收，面带笑容；双腿应靠拢，两腿关节与髋关节展直。

如果站立时间较久，可以将双脚分开，但不要超过肩宽。不要耷拉着脑袋，这会给人以缺少自信、消极悲观的感觉。也不要耸肩，会给人以事不关己的感觉。不要一手叉腰一手扶墙站立,这可能被理解成自满、厌烦或是漫不经心。在一些正式场合不宜将手插在裤袋里,更不要两手环抱于胸,这种姿态常常被理解为强烈的傲慢,或犹豫、怀疑、冷淡的态度。

对女士而言,站姿要求优美,其规范的站姿为:抬头、挺胸、收腹,两眼平视前方。双手自然下垂,或右手搭在左手上,自然贴在腹部。双脚基本并拢,也可一脚略向前脚跟靠在另一脚的侧面,形成小丁字步,重心基本落在后脚上。女士站立时切忌头歪、肩斜、胸凹、腹凸、撅臀、屈膝。双腿切勿叉开,也不要交叉。不要下意识做些小动作,以免显得拘谨和缺乏自信,也有失仪态的庄重。

3. 不雅站姿

正确健美的站姿会给人以挺拔向上、舒展俊美、庄重大方、精力充沛、信心十足、积极向上的印象。而不雅的站姿,会给人以懒散、乏力、不健康的印象,是有损交际形象的。因此,在公众或社交场合应该尽量避免以下不雅站姿:

(1) 站立时双手叉腰或双臂交叉抱于胸前。双手或单手叉腰往往含有进犯的意思,在异性面前还有挑逗意味。双臂交叉抱胸有消极、防御、抗议之嫌,有时则是傲慢的表现。

(2) 双腿交叉或两腿分得很开站立。前者给人以不严肃的感觉;后者则显得比较粗鲁。

(3) 站立时身体抖动或晃动,会给人以漫不经心或是没有教养的感觉。

(4) 站立时双手插入衣袋或裤袋,则给人以拘谨小气之感。

(二) 坐姿

优雅的坐姿传递着自信、友好、热情的信息,同时也显示出高雅庄重的良好风范,要符合端庄、文雅、得体、大方的整体要求,正如古人所说的"坐如钟"。

1. 坐姿的种类

(1) 垂直式:上身与大腿,大腿与小腿,小腿与脚部都呈直角,小腿垂直于地面,双膝双腿完全并拢,正规场合男女适用(如图1-6所示)。

(2) 标准式:在垂直式坐姿的基础之上,女士两脚保持小丁字步,男士两脚自然分开呈45°。

(3) 交叉式:双腿并拢,双脚在踝部交叉之后略向左侧斜放。坐在办公桌后面、主席台上或汽车上时,比较适合采用这种坐姿,感觉比较自然、舒适(如图1-7所示)。

图1-6

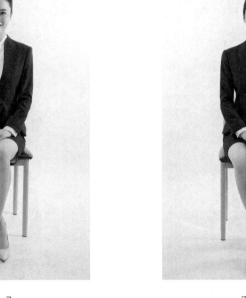

图 1-7　　　　　　　　　　　　　　图 1-8

（4）屈直式：右脚前伸，左小腿屈回，或左脚前伸，右小腿屈回，大腿靠紧，两脚前脚掌着地，并在一条直线上。适合女性（如图 1-8 所示）。

（5）斜放式：坐在较低的沙发上时，若双腿垂直放置的话，膝盖可高过腰，极不雅观。这时最好采用双腿斜放式，即双腿并拢后，双脚同时向右侧或左侧斜放，并且与地面形成 45°左右角。该坐姿女士适用（如图 1-9 所示）。

图 1-9　　　　　　　　　　　　　　图 1-10

(6) 重叠式：右腿叠在左腿膝上部，右小腿内收、贴向左腿，脚尖自然地向下垂。适用于一般场合(如图1-10、图1-11所示)。

(7) 分膝式：两膝左右分开，不超过肩宽，小腿和地面垂直，双手自然放于两腿之上，适合男士的一般场合(如图1-12所示)。

图1-11

图1-12

2. 正确的坐姿

(1) 入座时挺胸直腰，落落大方，端庄稳重。如果椅子位置不合适，需要挪动椅子的位置，应当先把椅子移至欲就座处，然后入座。

(2) 坐在椅子上，应至少坐满椅子的2/3，宽座沙发则至少坐1/2。要立腰，挺胸，上身自然挺直。背后有椅靠时，背部轻挨靠，但不要整个背部后仰。

(3) 双肩平正放松，两臂自然弯曲放在腿上，亦可放在椅子或是沙发扶手上，以自然得体为宜，掌心应向下。

(4) 双膝自然并拢，双腿正放或侧放，双脚并拢或交叠或呈小V字形。男士两膝间可分开一拳左右的距离，两脚可取小八字步或稍分开以显自然洒脱之美，但不可尽情打开腿脚，那样会显得粗俗和傲慢。女士入座时，若着裙装，应用手将裙边稍稍拢一下，不要坐下后再拉拽衣裙。女士入座要娴雅、文静、柔美，两腿并拢，双脚同时向左或向右放，两手叠放于左右腿上。如长时间端坐，可双腿交叉重叠，但要注意将上面的腿向回收，脚尖向下。

(5) 离座时应该用语言或动作向对方先示意，随后再站起身来。起身离座时，动作要轻缓、自然、稳当。正式场合一般从椅子的左边入座,离座时也要从椅子左边离开。

3. 不雅坐姿

(1) 上身不直。入座之后,上身前倾后仰、歪向一侧、半躺半坐或趴伏在桌椅上都会给人不好的感觉,应始终保持挺胸直腰。

(2) 双手乱动。入座之后,双手应尽量减少不必要的动作。不要有双手抱住膝盖、双手抱于脑后,用手摸腿、摸脚,或将手夹在双腿中间等动作。不要用手敲打身前的桌子,也不要将手肘支于桌上,或将双手放在桌下。

(3) 头部乱晃。入座之后,将头靠在座位背上,或是低头注视地面,左顾右盼、闭目养神、摇头晃脑都在禁忌之列。

(4) 腿部乱摇。入座之后,两腿伸直跷起或双腿过于分开,将双腿架在高处,跷二郎腿,反复摇晃抖动双腿都是不雅之举。

不雅的坐姿给人轻浮且缺乏修养的印象,也是失礼的行为。

(三) 走姿

良好的走姿能展示出动态美,最能体现出一个人精神面貌的姿态就是走姿。每个人都是一个流动的造型体,优雅、稳健、敏捷的走姿,会给人以美的享受,产生感染力,反映出积极向上的精神状态。女性脚步应轻盈、用力均匀,尽可能走成一条直线,肢体动作显示出优美的韵律感;男性脚步应稳重、大方、有力,显示出阳刚之气。

1. 正确的走姿

(1) 头正。双目平视,收颌,表情自然平和。

(2) 肩平。两肩平稳,防止上身前后摇摆。双臂前后自然摆动,前后摆幅在30°~40°之间,两手自然弯曲,在摆动中离开双腿不超过一拳的距离。

(3) 躯挺。上身挺直,收腹立腰,重心稍前倾。

(4) 步位直。两脚尖略开,脚跟先着地,两脚内靠,走出的轨迹要在一条直线上。

(5) 步幅适当。行走中两脚落地的距离大约为一个至一个半脚长,即前脚的脚跟距后脚的脚尖相距一个至一个半脚的长度为宜,不过不同的性别、身高、着装,都会有些差异。

(6) 步速平稳。行进的速度应当保持均匀、平稳,不要忽快忽慢。在正常情况下,步速应自然舒缓,显得成熟、自信。步速每分钟100~120步左右为宜。

2. 同行的原则

与他人同时行进时,自己居前还是居后,居左还是居右,是同礼仪直接相关的。在一般情况下,尤其是在人多之处,往往需要单行行进。通常讲究的是"以前为尊,以后为卑"。

于前面行走的人,在位次上高于后面行走的人。因此,一般应当请客人、女士、尊长行走在前,主人、男士、晚辈与职位较低者则应随后而行。不过有两点需要注意:一是行进时应自觉走在道路的内侧,而便于他人通过。二是在客人、女士、尊长对行进方向不了解或是道路较为坎坷时,主人、男士、晚辈与职位较低者则须主动上前带路或开路。倘若道路状况允许两个或两个以上的人并排行走时,一般讲究"以内为尊,以外为卑"。倘若当时所经过的道路并无明显内侧、外侧之分时,则可采取"以右为尊"的国际惯例。当三个人一起并排行进时,有时亦可以居于中间的位置为尊贵之位。以前进方向为准,并行的三个人的具体位次,由尊而卑依次应为:居中者、居右者、居左者。

3. 行走禁忌

(1) 忌行走时低着头或是仰着头。前者给人感觉不自信,后者又显得有些自傲。

(2) 忌双手插入裤袋或是背手于身后。前者给人拘谨、小气的感觉,后者给人傲慢、呆板的感觉。

(3) 忌步子太大或太小。步伐太大给人的感觉不够文雅(特别是女性),而步幅太小又给人感觉不够大方。

(4) 行走时忌与人勾肩搭背,或是一边走路一边吃东西(或一边抽烟)。

(5) 忌两个脚尖同时向里侧或外侧呈八字形走步,也不要摇晃肩膀,双臂大幅度摆动,不要扭腰摆臀,左顾右盼,不要用脚擦着地面走路。

(四) 蹲姿

蹲姿不像坐、立、行那样使用频繁,但在日常生活中,对掉在地上的东西,人们习惯弯腰或蹲下将其捡起。在欧美国家人们认为"蹲"这个动作是不雅观的,所以只有在非常必要的时候才蹲下来做某件事情。这说明在日常交际活动中使用蹲姿时,我们必须注重一些礼仪常识,否则有失雅观,有损形象。正确的蹲姿应尽量迅速,保持美观、大方、端庄的姿势。

1. 蹲姿要求

(1) 自然、得体、大方,不遮遮掩掩。

(2) 两腿合力支撑身体,避免滑倒。

(3) 应使头、胸、膝关节在一个角度上,使蹲姿优美。

(4) 女士无论采用哪种蹲姿,都要将腿靠紧,臀部向下。

2. 蹲姿方式

(1) 高低式蹲姿:男性在选用这一方式时往往更为方便,女士也可选用这种蹲姿。

这种蹲姿的要求是:下蹲时,双腿不并排在一起,而是左脚在前,右脚稍后。左脚应完全着地,小腿基本上垂直于地面;右脚则应脚掌着地,脚跟提起。此刻右膝低于左膝,右膝内侧可靠于左小腿的内侧,形成左膝高右膝低的姿态。臀部向下,基本上用右腿支撑身体(如图1-13所示)。

(2) 交叉式蹲姿:交叉式蹲姿通常适用于女性,尤其是穿短裙的人员,它的特点是造型优美典雅(如图1-14所示)。

图1-13

图1-14

这种蹲姿的要求是:下蹲时,右脚在前,左脚在后,右小腿垂直于地面,全脚着地右腿在上,左腿在下,二者交叉重叠;左膝由后下方伸向右侧,左脚跟抬起,并且脚掌着地;两脚前后靠近,合力支撑身体;上身略向前倾,臀部朝下。

(3) 半蹲式蹲姿:一般是在行走时临时采用。它的正式程度不及前两种蹲姿,但在需要应急时也采用。基本特征是身体半立半蹲。主要要求在下蹲时,上身稍许弯下,但不要和下肢构成直角或锐角;臀部务必向下,而不是撅起;双膝略微弯曲,角度一般为钝角;身体的重心应放在一条腿上;两腿之间不要分开过大。

(4) 半跪式蹲姿:又叫作单跪式蹲姿。它也是一种非正式蹲姿,多用在下蹲时间较长,或为了用力方便时。双腿一蹲一跪。主要要求在下蹲后,改为一腿单膝点地,臀部坐在脚跟上,以脚尖着地。另外一条腿,应当全脚着地,小腿垂直于地面。双膝应同时向外,双腿应尽力靠拢。

3. 蹲姿禁忌

(1) 忌突然下蹲。蹲下来的时候,不要速度过快。

(2) 忌离人太近。在下蹲时,应和身边的人保持一定距离。和他人同时下蹲时,更不能忽略双方的距离,以防彼此"迎头相撞"或发生其他误会。

（3）忌方位失当。在他人身边下蹲时，最好是和他人侧身相向。正面对着他人，或者背对他人下蹲，通常都是不礼貌的。

（4）忌毫无遮掩。在大庭广众面前，尤其是身着裙装的女士，一定要避免下身毫无遮掩的情况，特别是要防止大腿叉开。

（5）忌蹲在凳子或椅子上。有些人有蹲在凳子或椅子上的生活习惯，但是在公共场合这么做的话，是不能被接受的。

总之，下蹲时一定不要有弯腰、臀部向后撅起的动作；切忌有两腿叉开着下蹲，以及下蹲时露出内衣裤等不雅的动作。当要捡起落在地上的东西或拿取低处物品的时候，不可有只弯上身或翘臀部的动作，而是首先走到要捡或拿的东西旁边，再使用正确的蹲姿，将东西拿起。

（五）表情

表情是肢体语言中最为丰富的部分，是人们内心情绪的反映。在人际沟通方面，表情起着重要的作用，现代心理学家总结出一个公式：感情的表达 ＝ 言语(7％)＋ 音调(38％)＋ 表情(55％)。表情也能展现一个人的优雅风度，社交场合中要注意表情管理的一是笑容，二是目光。

1. 笑容

发自内心的微笑是最美好的，人们的交往应从微笑开始。微笑是对人的尊重、理解和友善。与人交往时面带微笑，可以使人感到亲切、热情和尊重，展现个人魅力，同时也就容易得到别人的理解和尊重。比如微笑着接受批评，显示你承认错误但不诚惶诚恐；微笑着接受荣誉，说明你充满喜悦但不骄傲自满；遇见领导、老师，给一个微笑，表达了你的尊敬但无意讨好；微笑着面对困难、承受挫折，显示了你能经得住考验和磨练，拥有战胜困难的勇气和信心。英国诗人雪莱说："微笑，是仁爱的象征、快乐的源泉、亲近别人的媒介。有了微笑，人类的感情就沟通了。"因而，微笑不仅是一种外化的形象，也是内心情感的写照。

微笑的基本要领是：放松面部表情肌肉，嘴角两端微微向上提起，让嘴唇略呈圆弧形，不露牙齿，不发出声音，保持自然。辅之以训练，会使你的微笑看上去更自然、更好。如摆出普通话"一"音的口型，注意适度用力抬高嘴角，下唇迅速与上唇并拢不要露出牙齿。

微笑的礼仪就是要笑得真诚、适度。真诚是指微笑应当发自内心，切忌皮笑肉不笑的假笑，这反而令人反感。透着真诚和自然神韵的笑脸，才是真正的"诚于衷而形于外"。

2. 目光

印度诗人泰戈尔说："一旦学会了眼睛的语言，表情的变化将是无穷无尽的。"在人际交往中，目光是一种真实的、含蓄的语言。在与人交流时，目光的交流总是处于最重要的地位。信息的交流要以目光的交流为起点。交流过程中,双方要不断地应用目光表达自己的意愿、情感,还要适当观察对方的目光,探测对方的意愿与情感。交流结束时,也要用目光作一个圆满的结尾。在各种礼仪形式中,目光有重要的位置,目光运用得当与否,直接影响礼仪的质量。

使用目光要注意以下几个问题:

(1) 视线的位置:视线的位置即目光投射角度,在注视他人时,有平视、俯视、仰视和侧视等不同角度。

平视时视线呈水平状态,多适用于普通场合,与身份、地位相当之人进行交往,是平等、友好、真诚、不卑不亢的表示。

俯视时视线以上对下,在人际交往中,它常常给人一种高高在上、不易接近的感觉,或傲慢冷漠的印象,甚至表示对他人的轻慢、歧视,特别不宜使用。

仰视时视线由下往上,抬眼注视他人。它可以表述尊重、敬畏之意,适用于面对尊长的时候。也可以表示出胆怯、担忧、没有信心或谦卑,因此在一般交往中不宜使用。

侧视即斜视对方,在任何时候这样看人都是很失礼的。

(2) 目光投注的范围:在人际交往中,目光注视的部位不同,不仅说明自己的态度不同,也反映双方的关系不同。古人云:"始视面,中视抱,卒视面。毋改。"说的是刚开始与人交谈时,目光要注视对方的面部,表示自己的聚精会神;时间稍久,要看着对方衣领相交的地方;谈话快结束时,又要把目光收回来,观察对方对所谈事情的态度,进言者要容体端正,不要变动改容。这样的礼仪规则在今天同样适用。

在公事谈判中,一般把目光投注在对方的眉眼结合处,这样,既显得聚精会神,又不至于太咄咄逼人。在一般社交场合,可将目光投注在对方两眼到嘴的区域。如长时间谈话,除了不时地与对方作必要的目光交流外,更多地把目光投注在对方的嘴与脖子所在的区域。与人相处时,一般不宜注视对方的头顶、大腿、脚部、手部,更不要"目中无人",越过对方的肩头,看向其身后的远处。在与异性交流时,通常不应注视对方肩部以下部位。

(3) 目光投注的时间:目光对视的时间长短,能说明彼此之间关系的亲疏程度,一般陌生人相见,都会很快调转自己的视线,而关系亲密的人之间可以长久地凝视。人们在社会交往中的目光多是流动的,不宜盯着对方某个部位,即使要表示对对方的兴趣,目光一次投注的时间也不要超过5秒,否则会让人产生被审视的感觉。盯着异性看更是不礼貌的行为。

(4) 目光的交流:不论见到熟悉的人或是初次见面的人,不论是偶然见面或是约定见面,都应该正视对方片刻,面带微笑,显示出喜悦、热情的态度。在与人交谈时,应当不断地通过各种目光与对方交流,调节交谈的气氛。交谈中,应始终保持目光的接触,这是表示对话题很感兴趣。长时间回避对方目光而左顾右盼,是不感兴趣的表示。但应当注意,交流中的注视,决不是把瞳孔的焦距收缩,紧紧盯住对方的眼睛,这种逼视的目光会使对方感到尴尬。而要用目光笼罩对方的面部,同时,随着话题、内容的变换,辅以真挚、热诚的面部表情,作出及时恰当的反应。交谈结束时,视线要抬起,表示谈话的结束。道别时,仍用目光注视着对方的眼睛,传递出适度的感情信息。

在掌握并正确运用自己目光的同时,还应当学会"阅读"对方眼神的方法。从对方的目光变化中,分析其内心活动和意向。随着交谈内容的变化,对方目光和表情和谐地统一,表示很感兴趣,思想专注,谈兴正浓。对方的目光长时间地中止接触或游移不定,表示对交谈不感兴趣,交谈应当很快结束。交谈中,通过目光也可以判断一个人的态度,如目光乜斜,表示鄙夷;目光紧盯,表示疑虑;偷眼相觑,表示窘迫;瞪大眼睛,表示吃惊等。目光语言是千变万化的,但都是内心情感的流露。学会阅读、分析、使用目光语言,对于正确处理社交活动的进行和发展有着重要意义。

(六)手势

手势是最有表现力的一种"体态语言",是人类交流的特殊方式。由于手势直接表达的方式和丰富的表现力,因而在人际交往中被广泛使用。如招手致意、挥手告别、拍手称赞、拱手致谢等,恰当地运用手势,能够交流思想,沟通感情,表现独特性格,展示形象风度。相反,若错误地运用或滥用手势,将会造成误解或招惹麻烦。

使用手势时应该注意:

(1) 在交往中,手势不宜过多,动作不宜过大,上限不超过对方视线,下限不低于自己胸前。手势不要重复,次数不宜频繁。手势的运用要优雅、含蓄和得体。手势动作要准确到位,恰如其分地表达正确意思。切勿"指手画脚"和"手舞足蹈"。

(2) 打招呼、致意、告别、欢呼、鼓掌均属于手势范围,使用时应该注意其力度适中、快慢适宜、时间的长短适度,不可过度。

(3) 在任何情况下都不要用大拇指指自己的鼻尖和用食指指点他人,那样既缺乏礼貌,又不尊重别人。

(4) 手势因国家地区和民族传统、文化背景以及礼仪习俗的迥异而不同。即使相同的手势,含义也千差万别,有的甚至大相径庭。如竖起大拇指、其余四指握拢的手势,在美国和欧洲部分地区,表示需要搭便车;在德国表示数字"1";在日本表示数字"5";在澳大利亚代表骂人的话。因此,在人际交往中,要自如地运用手势,就必须了解和掌握对方国家和地域的文化差异,以及特定的手势符号所表达的特定意思。否则会造成误解,甚至贻笑大方。

(5) 手势的运用还要考虑对方的地域习惯。如美国人、法国人用手势较多。北欧人很少使用手势,过多的无意识的手势会令人心烦意乱,有时甚至被认为是粗鲁放肆的表现。与亚洲人交谈，也应尽量少使用手势。在参加商务活动、出席宴会等公共场合，应避免使用事实上自己不太熟悉，以及尽管对方熟悉、但显得幼稚的手势。更不要使用可能有侮辱意味的手势。

拓展阅读

常见的手势语[①]

手是人身体上活动幅度最大、运用操作最自如的部分。因此人们在日常生活中时时处处忘不了它，事事处处离不开它。即使在社交场合也要尽情发挥它的功能。于是各式各样的手势语也就应运而生。手势语是肢体语言最重要的组成部分，是最重要的无声语言。它过去是、现在是、将来仍然是人们交往中不可或缺的工具。世界不同的国家或相异的民族，同一种手势语表达的意思可能大体相同或相近，也可能截然相反。下面介绍几种常见的手势语：

向上伸大拇指：这是中国人最常用的手势，表示夸奖和赞许，意味着"好""妙""了不起""高明""绝了""最佳""顶呱呱""登峰造极"。在尼日利亚，宾客来临，要伸出大拇指，表示对来自远方的友人的问候。在日本，这一手势表示"男人""您的父亲"。在韩国，表示"首级""父亲""部长"和"队长"。在墨西哥、荷兰、斯里兰卡等国家，这一手势表示祈祷幸运。在美国、印度、法国，则是在拦路搭车时横向伸出大拇指表示要搭车。在印度尼西亚，人们习惯伸出大拇指指东西。但在澳大利亚，竖大拇指则是一个粗野的动作。

向下伸大拇指：世界上有相当多的国家和地区都使用这一手势，但含义不尽相同。在中国，把大拇指向下，意味着"向下""下面"。在英国、美国、菲律宾，大拇指朝下含有"不能接受""不同意""结束"或表示"对方输了"。墨西哥人、法国人则用这一手势来表示"没用""死了"或"运气差"。在泰国、缅甸、马来西亚、印度尼西亚，大拇指向下表示"失败"。在澳大利亚，使用这一手势表示讥笑和嘲讽。在突尼斯，向下伸出大拇指，表示"倒水"和"停止"。

向上伸食指：世界上使用这一手势的民族也很多，但表示的意思不一样。中国人向上伸食指，表示数目，可以指"一"，也可指"一十""一百""一千"……这样的整数。在日本、韩国、菲律宾、斯里兰卡、印度尼西亚、沙特阿拉伯、墨西哥等国，食指向上表示只有一个（次）的意思。在美国，让对方稍等时，要使用这个手势。在法国，学生在课堂上

[①] 摘自 http://www.china.com.cn。

向上伸出食指,老师才会让他回答问题。在新加坡,谈话时伸出食指,表示所谈的事最重要。在缅甸,请求别人帮忙或拜托某人某事时,都要使用这一手势。在澳大利亚,在酒吧、饭店向上伸出食指,表示"请来一杯啤酒"。在墨西哥、缅甸、日本、马来西亚,这一手势表示顺序上的第一。在中东,用食指指东西是不礼貌的。

向上伸中指:两千多年来罗马人一直称中指为"轻浮的手指"。事实上,单独伸出中指的手势在世界上绝大多数国家都不意味着好事情,普遍用来表示"不赞同""不满"或"诅咒"之意。在美国、澳大利亚、突尼斯,这种手势表示侮辱。在法国,表示行为下流龌龊。在沙特阿拉伯,表示恶劣行为。在新加坡,表示侮辱性行为。在菲律宾,表示诅咒、愤怒、憎恨和轻蔑。在中国,表示对方"胡扯"或对对方的侮辱。不过,在缅甸和尼日利亚,向上伸出中指表示"一",在突尼斯表示"中间"之意。

向上伸小指:在中国,这一手势表示"小""微不足道""最差""最末""倒数第一",并且引伸而来表示"轻蔑"。在日本,表示"女人""女孩""恋人"。在韩国,表示"妻""女朋友"。在菲律宾,表示"小个子""年少者""无足轻重之人"。在美国,表示"懦弱的男人"或"打赌"。尼日利亚人伸出小指,含"打赌"之意。但在泰国和沙特阿拉伯,向对方伸出小指,表示彼此是"朋友"或者表示愿意"交朋友"。在缅甸和印度,这一手势表示"想去厕所"。

伸出弯曲的食指:这一手势是英美人惯常用的手势,表示招呼某人过来。这个手势在中国表示"9";在缅甸表示"5";在斯里兰卡表示"一半";在墨西哥表示"钱"或"询问价格";在日本表示"小偷"或"偷窃行为";在韩国表示"有错""度量小";在印度尼西亚表示"心肠坏";在泰国、新加坡、马来西亚,表示"死亡"。在新加坡,伸出弯曲的食指,还表示(拳击比赛的)"击倒"。

大拇指和食指搭成圆圈:将大拇指和食指搭成一个圆圈,再伸直中指、无名指和小指。这一手势在美国和英国经常使用,相当于英语中的"OK",一般用来征求对方意见或回答对方所征求的话,表示"同意""赞扬""允诺""顺利"和"了不起"。在中国,这个手势表示数目"0"或"3"。在法国,表示"0"和"一钱不值"。在泰国,表示"没有问题"。在印度,表示"对""正确"。在荷兰,表示"正在顺利进行""微妙"。在斯里兰卡,表示"完整""圆满"和"别生气"。在日本、韩国、缅甸,表示"金钱"。在菲律宾,表示"想得到钱"或"没有钱"。在印度尼西亚,表示"一无所有""一事无成""啥也干不了"。在突尼斯,表示"无用""傻瓜"。在希腊等国,这个手势被认为是很不礼貌的举止。另外,有些国家用这一手势来表示"圆""洞"等。

伸出食指和中指:在欧洲绝大多数国家,人们在日常交往中常常伸出右手的食指和中指,比划作V形表示"胜利",V是英语单词胜利(Victory)的第一个字母。传说,V字形手势是第二次世界大战期间由一位名叫维克多·德拉维利的比利时人发明的。他在1940年底的一次广播讲话中,号召同胞们奋起抵抗德国侵略军,并动员人们到处写V字,以表示胜利的信心。从此V形手势不胫而走。尤其是当时英国首相丘吉尔在一次游行检阅中使用了这一V形手势,使这个手势迅速地广泛地流传开来。不过,做这一手势时务必记住把手心朝外、手背朝内,在英国尤其要注意这点,因为在欧洲大多数国家,做手背朝外、手心朝内的V形手势是表示让人"走开",在英国则指伤风败俗的事。在中国,V形手势表示数目"2""第二"或"剪刀"。在非洲国家,V形手势一般表示两件事或两个东西。

伸出食指和小指:在欧洲大多数国家,人们向前平伸胳膊,再伸出食指和小指做成牛角状,用来表示要保护自己不受妖魔鬼怪的侵害。在非洲一些国家,这种手势若指向某人,则意味着要让那人倒霉。在拉丁美洲许多国家,把伸出食指和小指的手竖起来,则表示"交好运"。但在意大利,这一手势表示自己的老婆有了外遇。

屈伸手指:在拉丁美洲、英国、美国、意大利、西班牙、葡萄牙、突尼斯以及亚洲、非洲部分地区,人们伸出前臂,稍微抬起,手心向上屈伸手指,表示"让人走过来"。但这一手势在中国是用作招呼动物或幼儿的。中国人招呼人的手势是:将手臂前伸,手心向下,反复屈张所有手指。然而这一手势在英美等国又是招呼动物的。

摆手:在欧洲,人们见面时习惯用"摆摆手"来打招呼。其具体作法是:向前伸出胳膊,手心向外,但胳膊不动,只是用手指上下摆动。如果欧洲人前后摆动整只手,则表示"不""不对""不同意"或"没有"。但是美国人打招呼时总是摆整只手。在世界许多地方,摆手表示让人走开。在希腊和尼日利亚,在别人脸前摆动整只手意味着极大的侮辱,距离越近侮辱性越大。在秘鲁,前后摆动整只手则表示"到这儿来"。

搓手:在欧美国家,摩挲双掌,表示"完成了所做的事"。在非洲,人们常用"搓手"这一手势来表明自己与某件事毫不相干、没有关连。其具体手法是:先用左手手心搓右手手背,从手腕一直搓到手指尖。

双手拇指相绕:在英美等国,双手大拇指不停地有规律地互相旋绕,表示"无事可做""闲极无聊"之意。

思考与练习

一、**简答题**

1. 在人际交往中为什么要讲究个人的仪容礼仪?

2. 结合实际阐述着装的基本原则。

3. 要使自己的仪态合乎礼仪规范,应该从哪些方面进行训练?

二、案例分析

1. 国内一家效益不错的大型电子企业的总经理罗某,经过多方努力使欧洲一家著名的电子企业董事长同意与自己开展企业合作。在谈判时为了给对方留下精明强干、时尚新潮的印象,罗某上身穿了一件T恤衫,下身穿一条牛仔裤,脚穿一双旅游鞋。当他精神抖擞、兴高采烈地带着秘书出现在对方面前时,对方疑惑地看着他上下打量了半天,非常不满意。结果这次合作没能成功。

请从礼仪的角度分析此次合作不成功的原因是什么?

2. 在一次同学聚会上,张小鹏手挽女友前来参加,他高傲地昂着头,跛着外八字步匆匆走进大厅,径直走向座位坐下,斜靠于椅背上,并不停地摆动双腿与女友闲聊,时不时用响指与同学打招呼。

张小鹏的举止有哪些不符合礼仪规范之处?

三、自我练习

1. 站姿训练

(1) 个人靠墙站立,要求脚跟、小腿、臀、双肩、后脑勺都紧贴墙,每次训练20分钟左右,每天一次。

(2) 在头顶放一本书保持水平,并促使自己把颈部挺直,下巴向内收,上身挺直,每天训练20分钟左右,每天一次。

2. 坐姿训练

按坐姿基本要领,着重脚、腿、腹、胸、头、手部位的训练,每天训练20分钟左右。

3. 走姿训练

在地面上画一条直线或放一根绳子,行走时双脚内侧踩在绳或线上。若稍稍碰到这条线,即证明走路时两只脚几乎是在一条直线上。训练时可配上行进音乐,音乐节奏为每分钟60拍。

第二章 交往礼仪

1. 掌握在社交场合中基本的交往礼仪。
2. 能在不同的社交场合中表现得体。

社会是人们交往作用的产物,没有人际交往就没有社会。人要生存发展,就不能置身于社会交际之外。而交往礼仪就是社会成员在相互交往中的行为规范与待人处世的准则。遵守人际交往礼仪是人们顺利进行社会交往、促进事业成功的重要条件。因此我们应当掌握和遵守一些基本的人际交往礼仪知识。

第一节 介绍礼仪

在人际交往中,介绍是一个非常重要的环节,是人与人相识的最基本的形式。在社交场合正确利用介绍,不仅可以扩大自己的交际范围,而且有助于自我展示和自我宣传。

根据介绍者的不同,介绍可以分为自我介绍和介绍他人两种基本类型。

一、自我介绍

（一）自我介绍的形式与内容

自我介绍是在社交活动中,如果想结识某个人或某些人,而又没有人引见,可以自己充当自己的介绍人,把自己介绍给对方。

1. 工作式

工作式自我介绍适用于工作场合,它包括本人姓名、供职单位及其部门、职务或从事的具体工作等。如:"你好,我叫××,是××银行的业务员。"

2. 应酬式

应酬式自我介绍适用于某些公共场合和一般性的社交场合,这种自我介绍最为简洁,往往只包括姓名一项即可。如"你好,我叫××"或"你好,我是××"。

3. 交流式

交流式自我介绍适用于社交活动中,希望与交往对象进一步交流与沟通。它大体应包括介绍者的姓名、工作、籍贯、学历、兴趣及与交往对象的某些熟人的关系等。如"你好,我叫××,在××工作"。

4. 问答式

问答式自我介绍适用于应试、应聘和公务交往。问答式的自我介绍,应该是有问必答,问什么就答什么。如,甲问:"先生,你好!请问怎么称呼您?"乙答:"先生您好!我叫××。"

5. 礼仪式

礼仪式自我介绍适用于讲座、报告、庆典等一些正规而隆重的场合。包括姓名、单位、职务等,同时还应加入一些适当的谦辞、敬辞。如"各位来宾,大家好!我叫××,今天讲座的主题是……,欢迎大家的光临……"

(二) 自我介绍的注意事项

1. 注意时间

自我介绍时要简洁,尽可能地控制好时间,以半分钟左右为佳。为了节省时间,做自我介绍时,还可利用名片、介绍信等加以辅助。

2. 讲究态度

进行自我介绍,态度一定要自然、友善、亲切、随和。应落落大方,彬彬有礼。既不能唯唯诺诺,又不能虚张声势,轻浮夸张。语气要自然柔和,语速要适中,语音要清晰。自我介绍要实事求是,真实可信,不可自吹自擂,夸大其辞。

3. 掌握时机

不要中止别人的谈话而介绍自己,要等待适当的时机。如对方正忙于工作、与他人交谈或大家正集中精力在某人、某事上,就不适合做自我介绍。自我介绍的时机一般有:社交场合与不相识的人相处时;不相识的人请求自己做自我介绍时;在公共聚会上与大家相识时;有求于人但对方不了解自己时;到他人住处、单位初次拜访时;求职、求学时;因工作需要在公共场合进行业务推广时。

二、介绍他人

介绍他人通常是为彼此不认识的双方相互引见或把一个人引见给其他人的一种介绍方式。在社交中,为他人作介绍是把一个人引荐给其他人相识沟通的过程。善于为他人做介绍,可以使你在朋友中有更高的威信和影响力。一般,东道主、身份较高、专职人员或熟悉双方者都可以是合适的介绍人。

(一) 介绍的顺序

必须遵守"尊者优先了解情况"原则。先要确定双方地位的尊卑,然后先介绍位卑者,后介绍位尊者。这样,可使位尊者先了解位卑者的情况。

根据以上规则,为他人作介绍时的礼仪顺序大致有以下几种:

(1) 介绍上级与下级认识时,应先介绍下级,后介绍上级。

(2) 介绍长辈与晚辈认识时,应先介绍晚辈,后介绍长辈。

(3) 介绍老师与学生认识时,应先介绍学生,后介绍老师。

(4) 介绍女士与男士认识时,应先介绍男士,后介绍女士。

(5) 介绍客人和主人认识时,应先介绍客人,后介绍主人。

(6) 介绍同事、朋友与家人认识时,应先介绍家人,后介绍同事、朋友。

(7) 介绍年长者与年幼者认识时,应先为年长者介绍年幼者,后为年幼者介绍年长者。

(8) 介绍职位低者与职位高者认识时,应先为职位高者介绍职位低者,后为职位低者介绍职位高者。

(二) 介绍的方式和内容

由于实际需用的不同,为他人作介绍时的方式和内容也不尽相同。

1. 标准式

也称为一般式,适用于正式场合。以介绍双方的姓名、单位、职务等为主。如:"请允许我来为大家介绍一下两位来宾。这位是金利公司营销部主任王晓蕾小姐,这位是潇湘集团副总经理黎江先生。"

2. 简单式

这适用于一般的社交场合。只介绍双方姓名一项,甚至只提到双方姓氏而已。如:"我来为大家介绍一下:这位是刘科长,这位是张主任。希望大家合作愉快。"

3. 强调式

也被称为附加式,用于强调其中一位被介绍者与介绍者之间的关系,以期引起另一位被介绍者的重视。如:"大家好!这位是华胜公司的财务主管张先生,这位是韩雪,是我表妹,湖南大学在读研究生,请各位多多关照。"

4. 引见式

这适用于普通场合。介绍者所要做的,是将被介绍的双方引到一起即可,不需要表达实质性的内容。如:"两位是不是认识一下?其实大家都曾经在一个公司共事,只是不是一个部门。接下来,你们自我介绍一下吧。"

5. 礼仪式

这是一种最为正规的他人介绍,适用于正式场合。其语气、表达、称呼上都更为规范和谦恭。如:"叶先生,您好!请允许我把长沙威胜公司投资部主任郑放平先生介绍给您。郑先生,这位就是武汉通达集团的财务总监叶旭东先生。"

6. 推荐式

这适用于比较正规的场合。介绍者经过精心准备有意将某人举荐给另一个人,介绍时通常会对前者的优点加以重点介绍。如"这位是张彬先生,这位是海利公司的王博文总经理。张先生是一位经济学博士。王总,我想您一定有兴趣和他交流交流吧。"

(三)介绍他人时的注意事项

在介绍他人时,介绍者与被介绍者都要注意自己的表达方式、态度等一些细节问题。

(1) 介绍者为被介绍者做介绍之前,要先征求双方被介绍者的意见。

(2) 介绍者要注意自己的姿态。作为介绍者,无论介绍哪一方,手势动作都要文雅,掌心向上,四指并拢,拇指微张,胳膊略向外伸,指向被介绍的一方,并向另一方点头微笑,上体略向前倾。在介绍一方时,应微笑着用自己的视线把另一方的注意力引导过来。态度热情友好,语言清晰明快。介绍人不可以有用手拍被介绍人的肩、胳膊和背部等动作,更不能用食指或拇指去指向被介绍的任何一方。

(3) 被介绍者在介绍者询问自己是否有意认识某人时,一般应欣然表示接受。如果实在不愿意,则应向介绍者说明理由。

(4) 当介绍者走上前来为被介绍者进行介绍时,被介绍者双方均应起身站立,面带微笑,大大方方地目视介绍者或者对方。女士、长者有时可不用站起。宴会、谈判桌、会议桌上,被介绍者双方可点头微笑致意或略略欠身致意即可。相距较近可以握手、递名片,远者可举右手致意。

(5) 介绍者介绍完毕,被介绍者双方应依照合乎礼仪的顺序进行握手,并且彼此使用"您好""很高兴认识您""久仰大名"等问候语,必要时还可以做进一步自我介绍。

拓展阅读

集体介绍礼仪

集体介绍是他人介绍的一种特殊形式,被介绍者一方或双方都不止一人。

一、集体介绍的时机

1. 规模较大的聚会活动,有多方参加,各方均可能有多人。

2. 正式的大型宴会,主持人一方人员与来宾均不止一人。

3. 涉外交往活动,参加活动的主宾双方皆不止一人。

4. 大型的公务活动,参加者不止一方,而各方不止一人。

5. 演讲、报告、比赛,参加者不止一人。

6. 接待参观、访问者,来宾不止一人。

7. 婚礼、生日晚会,当事人与来宾双方均不止一人。

8. 举行会议,应邀前来的与会者往往不止一人。

9. 会见、会谈,各方参加者不止一人。

二、集体介绍的顺序

进行集体介绍的顺序可参照介绍他人的顺序,也可酌情处理。但注意越是正式、大型的交际活动,介绍的顺序就应该越规范。

1. "少数服从多数",当被介绍者双方地位、身份大致相似时,应先介绍人数较少的一方。

2. 强调地位、身份。若被介绍者双方地位、身份存在差异,虽人数较少或只有一人,也应将其放在尊贵的位置,最后加以介绍。

3. 单向介绍。在演讲、报告、比赛、会议、会见时,往往只需要将主角介绍给广大参加者。

4. 人数较多一方的介绍。若一方人数较多,可采取笼统的方式进行介绍。如"这是我的家人""这是我的同学"。

5. 人数较多各方的介绍。如被介绍的双方不止一人,先介绍位卑的一方;在介绍某一方的人员时,则须由尊至卑依次介绍;若被介绍的不止两方,需要对被介绍的各方进行位次排列。排列的方法:A. 以其负责人身份为准;B. 以其单位规模为准;C. 以单位名称的英文字母顺序为准;D. 以抵达时间的先后顺序为准;E. 以座次顺序为准;F. 以距介绍者的远近为准。

三、集体介绍注意事项

集体介绍的注意事项与他人介绍的注意事项基本相似。除此之外,还应再注意以下两点:

1. 不要使用易生歧义的简称,在首次介绍时要准确地使用全称。

2. 介绍时要庄重、亲切,不能随意拿被介绍者开玩笑或者捉弄他人。

第二节 称呼礼仪

人际交往,礼貌当先;与人交谈,称呼当先。称呼指的是人们在日常交往应酬之中,所采用的彼此之间的称谓语。在人际交往中,选择正确、适当的称呼,既反映着自身的教养、对对方尊敬的程度,又可促进双方心灵沟通、缩短彼此之间的距离。而正确地掌握和运用称呼礼仪,更是人际交往中不可缺少的。

一、称呼的基本要求

称呼,是在人与人交往中使用的称谓和呼语,用以指代某人或引起某人注意,是表达人的不同思想感情的重要手段。在日常生活与工作中,称呼别人有以下基本要求:

第一,要采用常规称呼,即人们平时约定俗成的较为规范的称呼。

第二,要区分具体场合。在不同的场合,应该采用不同的称呼。

第三,要坚持入乡随俗。要了解并尊重当地风俗。

第四,要尊重个人习惯。人和人是不一样的,所以有的时候称呼上的习惯也不一样。

二、称呼形式

(一) 姓名称呼

姓名,即一个人的姓氏和名字。姓名称呼是使用比较普遍的一种称呼形式。用法大致有三种情况:

1. 称呼全名

即直呼其姓和名。一般用于学校、部队或其他郑重场合。如"章浩然""李玉良"等。称呼全名有一种庄严感、严肃感,但在人们的日常交往中,指名道姓地称呼对方是不礼貌的。

2. 名字称谓

即省去姓氏,只呼其名字。这种称呼运用场合比较广泛,如"浩然""玉良"等,这样称呼显得既礼貌又亲切。

3. 姓氏加修饰称谓

即在姓之前加一修饰字。一般用于在一起工作、劳动和生活中相互比较熟悉的同志之间。如"老张""大李""小王"等,这种称呼显得亲切而真挚、随和。

(二) 亲属称呼

亲属称呼是对有亲缘关系的人的称呼,中国人在亲属称谓上尤为讲究,主要有:

(1) 称别人的亲属时,加"尊""贤"或"令"字。如尊兄、贤侄、令堂、令郎、令爱等。

(2) 对别人称自己的亲属时,前面加"家"字,如家父、家母、家叔、家兄、家妹等。

(3) 对别人称自己的平辈、晚辈亲属,前面可加"敝""舍"或"小"。如敝兄、敝弟,或舍弟、舍侄、小儿、小婿等。

(4) 对自己亲属谦称,可加"愚"字,如愚伯、愚兄、愚甥、愚侄等。

随着时代的发展与社会的进步,在日常生活中,在亲属称谓上已没有那么多讲究,一般都是称自己与亲属的关系,十分简洁明了,如爸爸、妈妈、哥哥、弟弟、姐姐、妹妹等。但在书面语言上,沿袭传统的称谓方法,则显得高雅、礼貌、庄重。

(三) 职务称呼

职务称呼就是用所担任的职务作称呼。这种称谓方式,古已有之,目的是不称呼其姓名、字号,以表尊敬、爱戴。如对杜甫,因他当过工部员外郎而被称为"杜工部",诸葛亮因是蜀国丞相而被称为"诸葛丞相"等。现在人们以交往对象的职务相称,以示身份有别、敬意有加,这是一种最常见的称呼,主要有三种形式:其一,直接称其职务,如"局长""主任"等;其二,在职务前加上姓氏,如"郑局长""刘科长""王经理""赵主任"等;其三,在职务前加上姓名(适用于极其正式的场合),如"郑小明局长""刘斌校长""黎建业书记"等。

(四) 职称性称呼

对于具有职称者,尤其是具有高级、中级职称者,在工作中可直接以其职称相称。称职称时可以只称职称,如"教授";也可以在职称前加上姓氏,如"彭教授""张工程师"等;还可以在职称前加上姓名(适用于十分正式的场合),如"袁晓平教授""张雅利工程师"等。

(五) 行业性称呼

在工作中,有时可按行业进行称呼。对于从事某些特定行业的人,可直接称呼对方的职业,如老师、医生、会计、律师等;也可以在职业前加上姓氏、姓名,如"李老师""赵医生""王律师""刘会计"等,不少行业还可以用"师傅"相称。

(六) 性别称呼

对于商界、服务性行业的人,一般约定俗成地按性别的不同分别称呼为"女士""先生"。

三、称呼禁忌

1. 忌使用错误的称呼

常见的错误称呼有两种:

(1) 误读。如华(huà)、仇(qiú)、解(xiè)、任(rén)、盖(gě)等,这些姓氏均是多音字,稍不注意极容易读错。

(2) 误会。如,将未婚妇女称为"夫人"或错误判断被称呼者的年龄、辈分等。

2. 忌使用不通行的称呼

有些称呼,具有一定的地域性。如使用不当,可能造成一些误会。比如,山东人爱称人为"伙计",而南方人则会认为是打工仔;中国人常称配偶为"爱人",外国人则将"爱人"理解为"第三者"等。

3. 忌使用庸俗低级的称呼

如"哥们儿""姐们儿""死党""铁哥们儿"等一类的称呼,在正式场合是不能使用的。

4. 忌使用绰号作为称呼

随意起绰号或以道听途说来的对方的绰号去称呼对方都是不礼貌的,甚至会影响正常的人际关系。

总之,称呼是交际之始,交际之先。生活中的称呼应当亲切、自然、准确、合理。而工作中,人们彼此之间的称呼是有特殊性的,要求庄重、正式、规范。慎用称呼、巧用称呼、善用称呼,不仅可以赢得别人的好感,还有助于人际沟通顺畅地进行。

拓展阅读

中国古代传统称谓

我国古代很多文明称呼,至今还被运用。如将父母称为高堂、椿萱、双亲;称呼别人的父母为令尊、令堂;称别人兄妹为令兄、令妹;称别人儿女为令郎、令媛;自称父母兄妹为家父、家母、家兄、舍妹;称别人庭院为府上、尊府;自称为寒舍、舍下、草堂。妻父俗称丈人,雅称为岳父、泰山。兄弟为昆仲、棠棣、手足。夫妻为伉俪、配偶、伴侣。妇女为巾帼;男子为须眉。老师为先生、夫子、恩师;学生为门生、受业。学堂为寒窗;同学又为同窗。

父母死后称呼上加"先"字,父死称先父、先严、先考;母死称先母、先慈、先妣;同辈人死后加"亡"字,如亡妻、亡兄、亡妹。夫妻一方亡故叫丧偶,夫死称妻为寡、孀;妻死称夫为鳏;等等。

一、年龄的代称

古人对于不同的年龄,都有不同的代称。如:

总角:幼年的儿童,头发上绾成小髻髻。《礼记·内则》:"拂髦,总角。"郑玄注:"总角,收发结之。"后来就称儿童的幼年时代为"总角"。陶潜《荣木》诗序有云:"总角闻道,白首无成。"这里的"白首"代称老年。

垂髫:也指儿童幼年。古时儿童未成年时,不戴帽子,头发下垂,所以"垂髫"代称儿童的幼年。陶潜《桃花源记》:"黄发垂髫,并怡然自乐。"这里的"黄发"也代称老年。

成童:古时称男子年达十五为"成童"。《礼记·内则》:"成童,舞象,学射御。"郑玄注:"成童,十五以上。"《后汉书·李固传》:"固弟子汝南郭亮,年始成童,游学洛阳。"李贤注:"成童,年十五也。"又,《谷梁传·昭公十九年》:"羁贯成童,不就师傅,父之罪也。"范宁注:"成童,八岁以上。"可见,成童到底是几岁,也有不同的说法。古代男子成童时把头发束成髻,盘在头顶,后来就把"束发"代称成童的年龄。《大戴礼记·保傅》:"束发而就大学,学大艺焉,履大节焉。"归有光《项脊轩志》:"余自束发,读书轩中。"

及笄:古时称女子年在十五为"及笄",也称"笄年"。笄是簪子,及笄就是到了可以插簪子的年龄了,《仪礼·士昏礼》:"女子许嫁,笄而醴之,称字。"《礼记·内则》:"女子许嫁……十有五年而笄。"则又指出嫁的年龄。《聊斋志异·胭脂》:"东昌卞氏,业牛医者,有女小字胭脂……以故及笄未字。"

弱冠:古代男子20岁行冠礼。所以主以"弱冠"代称20岁,弱是年少,冠是戴成年人的帽子,还要举行大礼。左思《咏史》诗:"弱冠弄柔翰,卓荦观群书。"

《论语·为政》有"子曰:'吾十有五而志于学,三十而立,四十而不惑,五十而知天命,六十而耳顺,七十而从心所欲,不逾矩'"之语,后来就以"而立"代称30岁,《聊斋志异·长清僧》:"友人或至其乡,敬造之,见其人默然诚笃,年仅而立";以"不惑"代称40岁,应璩《答韩文宪书》:"足下之年,甫在不惑";以"知命"为50岁的代称,潘岳《闲居赋》序:"自弱冠涉乎知命之年,八徙官而一进阶。"以"耳顺"为60岁的代称,庾信《伯母李氏墓南铭》:"夫人年逾耳顺,视听不衰。"

古人又称50岁为"艾",60岁为"耆",《礼记·曲礼》:"五十曰艾……六十为耆……";也可以泛指老年,《国语》:"……瞽、史教诲,耆、艾修之,而后王斟酌焉。"

古稀:杜甫《曲江》有云:"酒债寻常行处有,人生七十古来稀。"后来就拿"古稀"为70岁的代称。

耋:《诗·秦风·车邻》:"逝者其耋。"毛传:"耋,老也。八十曰耋。"《左传·僖公九年》:"以伯舅耋老,加劳,赐一级,无下拜。"杜预注:"八十曰耋。"

耄:《礼记·曲礼上》:"八十、九十曰耄。"桓宽《盐铁论·孝养》亦称"八十曰耄。"**期颐**:《礼记·曲礼上》:"百年曰期颐。"郑玄注:"期,犹要也;颐,养也。"孔希旦集解:"百年者饮食、居处、动作,无所不待于养。"后来就拿"期颐"代表百岁。苏轼《次韵子由三首》:"到处不妨闲卜筑,流年自可数期颐。"

另有"丁年"之说,泛指成丁之年,即壮年,温庭筠《苏武庙》诗:"回首楼台非甲帐,去时冠剑是丁年。"可是成丁之年各个朝代规定不同,如隋朝以20岁为成丁,唐玄宗天宝年间以23岁为成丁。

二、陛下、殿下、阁下、足下

"陛下""殿下""阁下""足下"都是古人称谓上的敬辞。

陛下:"陛下"的"陛"指帝王宫殿的台阶。"陛下"原来指代的是站在台阶下的侍者。臣子向天子进言时,不敢直呼天子,必须先呼台阶下的侍者告之。后来"陛下"就成为对帝王的敬辞。

殿下:"殿下"和"陛下"是一个意思。原来也是对天子的敬辞但称谓对象随着历史的发展而有所变化,汉朝以后演变为对太子、亲王的敬称。唐朝以后只有皇太子、皇后、皇太后可以称为"殿下"。

阁下："阁下"是旧时对别人的尊称。常用于书信之中。原意是由于亲朋同辈间互相见面不便呼其名，常常先呼在其阁下的侍从转告，而将侍从称为"阁下"，后来逐渐演变为至友亲朋间尊称的敬辞。

足下："足下"在古代，下称谓上，或同辈相称，都用"足下"。如《史记·项羽本纪》："张良入谢曰：'……谨使臣良奉白璧一双，再拜献大王足下；玉斗一双，再拜奉大将足下。'"

以上这些敬辞，现在对外交往时（书信、宴会致词）还常常使用。

三、先生、小姐、女士

先生：始见于春秋《论语·为政》："有酒食'先生'馔。"注解曰："先生指父兄而言也。"到了战国，"先生"泛指有德行有学问的长辈。历史上第一次用"先生"称呼老师，始见于《曲礼》。唐、宋以来，多称道士、医生、占卦者、卖草药的、测字的为先生。清朝以来，"先生"的称呼在人们的脑海里已开始淡薄，至辛亥革命之后，"先生"的称呼才又广为流传。

小姐：最早是宋代王宫中对地位低下的宫婢、姬、艺人等的称谓。到了元代，"小姐"逐渐上升为大家贵族未婚女子的称谓，如《西厢记》中："只生得个小姐，字莺莺。"至明、清两代，"小姐"一词发展成为贵族大家未婚女子的尊称，并逐渐传到了民间。

女士：始见于《诗经·大雅·既醉》："厘尔女士。"这里的"女士"指有德行的女子，和后来说的"千金"一样，用以对妇女和未婚女子的敬称。

第三节　握手礼仪

微课讲解
握手礼仪

握手，是交际的一部分，是在相见、离别、道喜或致谢时相互表示情谊、致意的一种礼节。握手的力量、姿势与时间的长短往往能够表达出对对方的不同礼遇与态度，显露自己的个性，给人留下不同印象，也可通过握手了解对方的个性，从而赢得交际的主动。美国著名盲聋女作家海伦·凯勒说："我接触的手有的能拒人千里之外；也有些人的手充满阳光，你会感到很温暖……"事实也确实如此，因为握手也是一种语言，是一种无声的动作语言。

一、伸手的次序

在正式场合，握手时伸手的先后次序主要取决于职位、身份，即"尊者决定法则"。一般来说包括以下几种情况：

（1）职位、身份高者与职位、身份低者握手，应由职位、身份高者先伸手。

(2) 女士与男士握手,应由女士先伸手。

(3) 年长者与年幼者握手,应由年长者先伸手。

(4) 长辈与晚辈握手,应由长辈先伸手。

(5) 社交场合的先至者与后来者握手,应由先至者先伸手。

(6) 主人与客人握手,主人应先伸手,与到访的客人相握。

(7) 客人告辞时,客人应先伸手与主人相握。

二、握手的动作要领

(1) 与人握手时应面含笑意,注视对方双眼。神态要专注、热情、友好而自然。同时,言语的问候,也是必不可少的。

(2) 不要迟迟不握他人早已伸出的手,不可一边握手一边东张西望,或忙于跟其他人打招呼。

(3) 向他人行握手礼时应起身站立,以示对对方的尊重。

(4) 握手时双方彼此之间的最佳距离为 1 米左右。距离过大,显得一方冷落另一方;距离过小,手臂难以伸直,也不太雅观。

(5) 双方将要相握的手各向侧下方伸出,伸直相握后形成一个直角。

(6) 与人握手不可以不用力,否则会使对方感到缺乏热忱与朝气;同样不可以拼命用力,否则会有示威、挑衅的意味。

(7) 握手的时间不宜过短,也不宜过长,握手的全部时间应在 3 秒内。时间过短,会显得敷衍;尤其是和异性握手时,握手时间太长可能会被误解。

三、握手的方式

1. 单手相握

用右手与他人右手相握,是常用的握手方式。

(1) 平等式握手:手掌垂直于地面并合握。地位平等或为了表示自己不卑不亢多采用这种方式。

(2) 友善式握手:掌心向上与对方握手。这种握手方式能够显示自己谦恭、谨慎的态度。

(3) 控制式握手:掌心向下与对方握手。这种握手方式让自己显得自高自大,基本不予采用。

2. 双手相握

双手相握又称"手套式握手",即用右手握住对方右手后,再以左手握住对方右手的手背。这种方式适用于亲朋故友之间,以表达自己的深厚情意;不适用于初识者或异性,那样,会被误解为讨好或失态。

双手相握时,左手除握住对方右手手背外,还有人握住对方右手手腕、握住对方右手手臂、按住或拥住对方右肩,这些做法除非是面对至交,最好不要滥用。

四、常用的握手语

握手时,常伴随有一定的问候语,称作握手语。常用的握手语主要有以下几种。

(1) 问候型。这是最常见、使用最多的握手语,如"您好""最近怎么样"等。

(2) 祝贺型。当对方受到表彰或遇到喜事时,可用"恭喜您""祝贺您"等握手语。

(3) 关心型。这种握手语用于长辈对晚辈、上级对下级或主人对客人,如"辛苦了""麻烦了"等。

(4) 欢迎型。对初次登门的客人,均可以采用欢迎语,如"欢迎光临""欢迎"等。

(5) 祝福型。送别客人时常用此类握手语,如"祝您一路平安""祝您好运"等。

五、握手的禁忌

我们在行握手礼时应努力做到合乎规范,应避免下述失礼的行为。

(1) 忌用左手相握,尤其是和外国人如阿拉伯人、印度人打交道时要牢记,因为在他们看来左手是不洁的。

(2) 要避免两人握手时与另外两人相握的手形成交叉状,这种形状类似十字架,在西方人眼里这是很不吉利的。

(3) 不要在握手时戴着手套或墨镜,只有女士在社交场合戴着薄纱手套握手,才是被允许的。

(4) 不要在握手时另外一只手插在衣袋里或拿着东西。

(5) 不要在握手时面无表情、不置一词或长篇大论、点头哈腰、过分客套。

(6) 不要在握手时仅仅握住对方的手指尖,好像有意与对方保持距离。正确的做法,是要握住整个手掌。即使对异性,也要这么做。

(7) 不要在握手时把对方的手拉过来、推过去,或者上下左右抖个没完。

(8) 不要拒绝和别人握手,即使有手疾或汗湿、弄脏了,也要和对方说一下"对不起,我的手现在不方便",以免造成不必要的误会。

拓展阅读

国际常用见面礼仪

国际常用见面礼仪是指国际社会交往中通常使用的见面礼仪。一般包括握手礼、鞠躬礼、拥抱礼、亲吻礼、吻手礼、合十礼及脱帽礼等。

1. 握手礼。握手是大多数国家见面和离别时相互致意的礼仪。握手既是人们见面相互问候的主要礼仪,还是祝贺、感谢、安慰或相互鼓励的适当表达。如对方取得某些成绩与进步时,对方赠送礼品,以及发放奖品、奖状、发表祝词后,均可以握手来表示祝贺、感谢、鼓励等。

2. 鞠躬礼。与日本、韩国等东亚国家的外国友人见面时,行鞠躬礼表达致意是常见的礼节仪式。鞠躬礼分为15°、30°和45°的不同形式;度数越高向对方表达的敬意越深。基本原则:在特定的群体中,应向身份最高、规格最高的长者行45°角鞠躬礼;身份次之行30°角鞠躬礼;身份对等行15°角鞠躬礼。行鞠躬礼时要面对对方,并拢双脚,视线由对方脸上落至自己的脚前1.5米处(15°礼)或脚前1米处(30°礼)。男性双手放在身体两侧,女性双手合起放在身体前面。鞠躬时必须伸直腰、脚跟靠拢、双脚尖处微微分开,目视对方。然后将伸直的腰背,由腰开始的上身向前弯曲。

3. 拥抱礼。拥抱礼是流行于欧美的一种见面礼节。其他地区的一些国家,特别是现代的上层社会中,亦行有此礼。在欧洲、美洲、大洋洲诸国,男女老幼之间均可采用拥抱礼。而在亚洲、非洲的绝大多数国家里,尤其是在阿拉伯国家,拥抱礼仅适用于同性之人,与异性在大庭广众之前进行拥抱,是绝对禁止的。拥抱礼行礼时,通常是两人正面站立,各自举起手臂,将右手搭在对方的左肩后面,左臂下垂,左手扶住对方的右后腰。首先向左侧拥抱,然后向右侧拥抱,最后再向左侧拥抱。

4. 亲吻礼。亲吻,是源于古代的一种常见礼节,西方国家较常用。人们用此礼来表达爱情、友情、尊敬或爱护。行此礼时,往往与一定程度的拥抱相结合。不同身份的人,相互亲吻的部位也有所不同。一般而言,夫妻、恋人或情人之间,宜吻唇;长辈与晚辈之间,宜吻脸或额;平辈之间,宜贴面。在公开场合,关系亲密的女子之间可吻脸,男女之间可贴面,男子对尊贵的女子可吻其手指或手背。

5. 吻手礼。在欧洲与拉丁美洲,异性在社交场合见面时,往往会采用吻手礼。所谓吻手礼,实际上是亲吻礼的一种特殊形式,它是以一个人亲吻另外一个人的手部,来向对方表示致意的礼节。在亚洲国家里,吻手礼与亲吻礼一样,都不甚流行。在国际交往中有可能接触吻手礼时,必须了解以下几点:一是单向性。一般的见面礼,如握手礼、拥抱礼、亲吻礼等,往往都具有双向性,即有来有往,彼此相互施礼。但是吻手礼却较为特别,它通常是单向施礼的,其施礼对象不一定以相同形式向施礼者还礼。二是对象性。吻手礼大都是男士向女士施礼,接受吻手礼的女士,往往都是已婚者。按惯例,一般不应当向未婚女性施吻手礼。三是限定性。在正规场合施吻手礼时,通常有两个特殊的限制:第一,行礼的地点应当是在室内。在街道上行此礼,不合时宜。第二,吻手的部位应当是女士的手指或手背。被吻的手,大都是右手,当男士吻女士的手时,必须是轻轻的,具有象征性的接触。

6. 合十礼。又称合掌礼。这种礼节通行于东亚和南亚信奉佛教的国家或佛教信徒之间。流行于泰国、缅甸、老挝、柬埔寨、尼泊尔等佛教国家的见面拜礼。此拜礼源自印度。最初仅为佛教徒之间的拜礼,后发展成全民性的见面礼。行礼时,双掌合于胸前,十指并拢,以示虔诚和尊敬。

7. 脱帽礼。在国际交往中,每逢正式场合以及一些社交场合,人们往往会向自己的交往对象行脱帽礼。在东西方国家里,都较为流行。所谓脱帽礼,是指以摘下本人所戴帽子的方式,来向交往对象致意。行脱帽礼时,一般有以下三点注意事项:一是方法有异。行脱帽礼时,戴制服帽者,通常应双手摘下帽子,然后以右手执之,端在身前。戴便帽者,则既可以手完全摘下帽子,又可以右手微微一抬帽檐代之。不过越是正规之时,越是要求完全彻底地摘下帽子。二是男女有别。本着"女士优先"的原则,一般准许女士在社交场合内不必摘下帽子,而男士则不享有此项特殊待遇。三是用途广泛。一般而言,脱帽礼除适用于见面时之外,还适合于其他场合。比如路遇熟人,进入他人居所或办公室,步入娱乐场所,升挂国旗、演奏国歌时等,都可以施脱帽礼。

第四节 名 片 礼 仪

名片是现代人交往中一种必不可少的联络工具和信息载体。它直接承载着个人信息,担负着保持联系的重任。要使名片发挥的作用更充分,就必须掌握相关的礼仪。

微课讲解
名片礼仪

一、名片的分类

现代社会,名片的使用相当普遍,分类也比较多,没有统一的标准。最常见的分类主要有以下几种:一是按名片用途,名片可分为商业名片、公用名片、个人名片三类。二是按名片质料和印刷方式,名片可分为电脑名片、胶印名片、特种名片和数码名片四类。三是按印刷色彩,名片可分为单色、双色、彩色、真彩色四类。四是按排版方式,名片可分为横式名片、竖式名片、折卡名片三类。五是按印刷表面,名片可分为单面印刷、双面印刷两类。而在日常生活中所用的个人名片可分为社交式名片、公务式名片等类别。

1. 社交式名片

社交式名片主要适用于社交场合，用作自我介绍与保持联络。其基本内容包括两部分：一是个人姓名，以大号字体印于名片中央，无须添加任何公务性头衔；二是联络方式，家庭住址、邮政编码、住宅电话等内容，应以较小字体印于名片右下方。

2. 公务式名片

公务式名片，指的是在政务、商务、学术、服务等正式的业务交往中所使用的个人名片。它是目前最为常见的一种个人名片。按惯例一张标准的公务式名片应由归属单位、本人称呼、联络方式三项内容构成。

(1) 归属单位应由企业标志、供职单位、所在部门三个部分组成，供职单位与所在部门均应采用全称，通常以小号字体印在名片的左上角。但一张名片上所列供职单位与部门不宜多于两个，必要时可多印几种名片，根据交往对象与交际目的使用不同的名片。

(2) 本人称呼由本人姓名、所任职务以及学术头衔三个部分组成，后两项可有可无，一般不宜多于两个，应以大号字体印在名片正中央。

(3) 联络方式通常由单位地址、办公电话、邮政编码三项内容组成。家庭住址、住宅电话和手机号码不宜列出，通常以小号字体印在名片的右下角。

二、名片的交换

交换名片需要我们掌握一定的时机和方法，如果时机不当和方法不对，非但不能建立新的人际关系，还会给人以不好的印象。

(一) 交换名片的时机

1. 适宜交换名片的时机

(1) 希望认识对方。

(2) 被介绍给对方。

(3) 对方向自己索要名片。

(4) 对方提议交换名片。

(5) 打算获得对方的名片。

(6) 初次登门拜访对方。

2. 不宜交换名片的时机

(1) 对方是陌生人而且以后不需要交往。

(2) 不想认识或深交对方。

(3) 对方对自己并无兴趣。

(4) 双方之间地位、身份、年龄差别悬殊。

(5) 对方在用餐、跳舞、观看演出等时。

(二) 递送名片礼仪

1. 递送名片的方法

(1) 应起身站立,距对方约 1 米左右。

(2) 身体应微微前倾、面带微笑、眼睛注视对方。

(3) 应用双手的食指和大拇指分别夹住名片上端的两角送到对方胸前,名片上名字反向对己,正向对着对方递上。

(4) 在递送名片的同时,应说:"这是我的名片,请多多指教……"或"请多关照"等礼节性用语。如果我们的名字中有不是常用的字,我们最好能将自己的名字读一遍,以便对方称呼。

(5) 当我们递给对方名片的同时,对方也恰好正递给我们名片。这时候应当先暂时放下自己的名片,接过对方的名片后,再递上自己的名片。

(6) 交换名片时如果名片用完,可用干净的纸代替,在上面写下个人资料。

(7) 若对方是外宾,最好将名片印有外文的那一面对着对方。在向日本客人递送名片时,必须双手递送,应当微微弯腰。在与阿拉伯人打交道时,绝对不能用左手递名片给对方。

2. 递送名片的顺序

当两个人互相赠送名片时或者当一个人面对很多人发送名片时,遵循"卑者先,尊者后"的原则,按照"先客后主,先低后高"的顺序,保持正确的礼仪规范。

(1) 客人先递送名片,主人后递送名片。

(2) 年轻人先递送名片,年长者后递送名片。

(3) 男士先递送名片,女士后递送名片。

(4) 职位低者先递送名片,职位高者后递送名片。

(5) 与多人交换名片时,按照职位高低顺序或者由近及远的顺序递送。

(6) 在圆桌旁与多人交换名片时,按照顺时针方向递送名片。

(三) 接受名片礼仪

1. 接受名片的方法

(1) 接受名片时应起身或欠身,面带微笑,注视对方。

(2) 接受名片时,应双手捧接,或以右手接过。不要只用左手接过。

(3) 接过名片时应说:"谢谢。"如果对方地位较高或有一定知名度,接过名片后则可道一句"久仰大名"之类的寒暄语。

(4) 当对方说"请多多指教"时,应立即回应"不敢当,谢谢支持!"等。

(5) 接过名片后,要有一个微笑阅读名片的过程,阅读时可将对方的姓名职衔念出声来,并抬头看看对方的脸,使对方产生一种受重视的满足感。

(6) 看不清的地方还应及时请教,不要一眼都不看就收藏起来,这会让对方感到你缺少诚意。

(7) 回敬一张本人的名片,如身上未带名片,应向对方表示歉意。

2. 接受名片时的禁忌

(1) 别人递过来名片时,一定不能因自己手上的工作的重要程度而让对方等待。

(2) 一定不能用左手去接对方递送过来的名片。

(3) 不要在接受对方的名片后看也不看就放在一边。

(4) 在和对方谈话时,不要将名片收起来,应该放在桌子上,并保证不被其他东西压起来。

三、名片的存放

要使名片的交换合乎礼仪,并且使其在人际交往中充分发挥作用,则还应注意以下问题。

1. 名片的置放

(1) 在参加商务活动时,要随时准备名片。名片要经过精心的设计,能够艺术地表现自己的身份、品位和公司形象。

(2) 随身所带的名片,最好放在专用的名片包、名片夹里。公文包以及办公桌抽屉里,也应经常备有名片,以便随时使用。

(3) 接过他人的名片看过之后,应将其精心存放在自己的名片包、名片夹或上衣口袋内。

2. 名片的管理

把所收到的名片加以分类整理收藏,以便今后使用方便。不要将它随意夹在书刊、文件中,更不能把它随便地扔在抽屉里面。

存放名片要讲究方式方法,做到有条不紊。推荐的方法有:

(1) 按姓名拼音字母分类。

(2) 按姓名笔画分类。

(3) 按部门、专业分类。

(4) 按国别、地区分类。

(5) 输入手机、电脑等电子设备中,使用其内置的分类方法。

四、名片使用的禁忌

(1) 忌在客人面前慌忙翻找名片。

(2) 忌在后裤兜掏名片。

（3）忌递名片时不自报姓名。

（4）忌把对方名片放在手里摆弄。

（5）忌接过名片后不看就随手放在一边或放在桌上，看过之后也不能用手玩弄名片。

（6）忌胡乱随意散发名片，见人就送，显得太随便，别人也不重视。

（7）男士不宜主动给自己朋友的夫人或女朋友留名片，以免发生不必要的误会。

拓展阅读

名片的制作

一张小小的名片能表现出名片的主人对待对方的真诚度和可信赖度。往往一张精美的名片能够使对方对自己产生更好的印象，因此，在社交礼仪中，名片的规范化制作也是非常重要的内容。一般情况下，我们需要从以下几个方面把握名片的设计和制作。

1. 名片的格式

名片的格式有很多种，我们主要可以分为以下几种。

（1）简式与详式

依据名片上内容的繁简我们可以将名片分为简式名片和详式名片。顾名思义，内容精炼的名片叫做简式名片；内容翔实的名片叫做详式名片。

使用简式名片的场合：在求见等一类的交际活动场合中，名片适宜用简式名片。这类名片只需通报姓名、身份和求见意愿，其他的话语都留待见面时谈。

使用详式名片的场合：在介绍、探询等交际活动场合中，名片适宜用详式名片。这类名片内容翔实，若文字过简就难以达到交际目的。

（2）横式、竖式与可折叠式

按排版方式，名片可分为横式名片、竖式名片、折叠名片三类。

横式名片是行序由上而下，字序从左到右的名片。竖式名片是行序由左到右，字序从上到下的名片。可折叠的名片是比正常名片多出一半的信息记录面积的名片。

2. 名片的设计

名片的设计包括很多方面，主要有以下内容。

（1）文字设计

在设计名片时，行业常影响文字造形的表现方式。我们可以根据不同的行业来选择不同的字体。例如，软笔字体适合应用在茶艺馆上。

文字设计的题材来源有：公司中英文全名、中英文字首、文字标志等，字形字体则包罗万象，如艺术字、传统的字体等。

最后，要注意字体与版面的配合，来营造版面的视觉效果，将名片塑造成一种新的视觉语言。

（2）插图设计

插图是名片构成要素中，吸引视觉的重要素材。最重要的是，插图能直接表现公司的构造或行业特点，以传达广告内容。

（3）色彩的设计

色彩在名片的设计上主要表现在色彩对人的视觉、感官等方面的影响。也在礼仪上，表达不同的涵义。

在视觉上的表现：色彩是一种复杂的语言，它具有传达喜怒哀乐的作用，有时会使人心花怒放，有时却使人惊心动魄。

一般来讲，名片的色彩总体上要控制在三种颜色之内，包括标记、图案、公司、徽记。颜色如多于三种，在一个空间之内会给别人杂乱无章的感觉。所以名片的颜色最好是纸一种颜色，字一种颜色。

（4）饰框、底纹的设计

名片饰框应以柔和线条为佳，进而诱导视线移到内部主题为主。饰框、底纹既然是以装饰性为主要目的，在色彩应用上就要以不影响文字效果为原则；将主、副关系区别开来，才能独得一张明晰的名片作品，否则，文字与饰框、底纹会有混在一起的情况，形成看读上的反效果。一般情况下，名片最好是铅印的、打印的，不要随手写个纸条当名片。

（5）材料及尺寸设计

在名片选择使用的材料中，一般来说，最好就是使用卡片纸，如果出于环保的考虑，用再生纸甚至用打印纸也可以。名片的材料只是一种文字的载体，我们只要能把字给印清楚，不容易丢失、磨损、折叠，清晰可辨就可以了。

但是需要我们注意的是，不要借题发挥，故弄玄虚，使用一些昂贵的材料，如黄金名片、白金名片、白银名片等。

国内普遍使用的名片尺寸为 5.5 cm×9 cm。而在国际上，也有相当数量的人用的名片规格是 6 cm×10 cm。

3. 名片的内容

名片的内容一般要遵循三个"三"原则。

(1) 归属。归属有三个要点：第一是单位的全称。第二是所在的部门,如销售部、广告部、财务部等。第三是企业标志,即企业的徽记。

(2) 称谓。称谓的三个要点是：姓名、职务和职称。

(3) 联络方式。联络方式的三个要点是：地址、邮编和办公电话。

第五节 交 谈 礼 仪

交谈是人们日常交往的基本方式之一。美国著名的语言心理学家多罗西·萨尔诺夫曾说道："说话艺术最重要的应用,就是与人交谈。"从广泛意义上来讲,交谈是人们交流思想、沟通感情、建立联系、消除隔阂、协调关系、促进合作的一个重要渠道。如果一个人谈吐文雅、举止得体,就会在社会交往中给人留下良好的印象；相反,如果出口成"脏"、恶语伤人、举止粗俗,则会让人厌恶反感。因此,在社会交往中遵循一定的言谈礼仪,讲究交谈的态度、交谈的语言、交谈的内容、交谈的方式,做到言谈举止文明得当十分重要。

一、交谈的态度

交谈时所表现的态度,往往是其内心世界的真实反映。若想使交谈顺利进行,就务必要对自己的谈话态度予以准确把握、适当控制。真诚友好的态度是成功交谈的前提,态度诚恳、亲切、友好,才能建立起双方的相互信任与好感,也才能使谈话融洽、和谐、愉快。反之,如果与人交谈时缺乏诚意、态度傲慢、油腔滑调,就会使交谈难以继续下去,更难以获得交往的成功。

（一）神情自然

人们在交谈时所呈现出来的种种神情,往往是个人心态、动机的无声反映。为了体现自己的交谈诚意和热情,应当对表情予以充分注意。

(1) 交谈时目光应专注,并和谐地与交谈进程相配合。眼珠一动不动,眼神呆滞,甚至直愣愣地盯视对方,都是极不礼貌的。目光游离,左顾右盼,则是对对方不屑一顾的失礼之举,也是不可取的。如果是多人交谈,就应该不时地用目光与众人交流,以表示交谈是大家的,彼此是平等的。

(2) 交谈时可适当运用面部表情,表达自己对对方所言的赞同、理解、惊讶、迷惑,从而表明自己的专注之情,并促使对方强调重点、解释疑惑,使交谈顺利进行。

(3) 交谈时的神情应与说话的内容相配合。如对别人的不幸要予以安慰时,表情一定要同情、专注；对别人予以祝贺时,表情则要真诚、热情和愉快。

(4) 交谈时的表情应与交谈的对象相协调。如与领导和长者谈话,应当恭敬而大方；与朋友谈话，应当亲切而温和等。

（二）动作得当

人们在交谈时往往会伴随着做出一些有意无意的动作，亦即肢体语言。肢体语言通常是自身对谈话内容和谈话对象的真实态度的反映。因此，交谈过程中要对自己的举止予以规范和控制。适度的动作既可表达敬人之意，又有利于双方的沟通和交流。如发言者可用适当的手势来补充说明其所阐述的具体事由，倾听者则可以点头、微笑来反馈"我正在注意听""我很感兴趣"等信息。同时在交谈时应避免过分、多余的动作。交谈过程中不要手舞足蹈、拉拉扯扯、拍拍打打。也不要在谈话时左顾右盼、双手置于脑后或是高架"二郎腿"，甚至剪指甲、挖耳朵等。交谈时还应尽量避免打哈欠，如果实在忍不住，也应侧头掩口，并向他人致歉。尤其应当注意的是，不要在交谈时以手指指人，因为这种动作有轻蔑之意。

（三）善于倾听

倾听是与交谈过程相伴而行的一个重要环节，也是交谈顺利进行的必要条件。在人际交往中认真倾听别人讲话，不仅表现了倾听者对说话者的尊重，更是倾听者的一种修养。常言"愚者善说，智者善听"。一个出色的聆听者能够很好地激发谈话者的谈话兴致，并创造出一种与谈话者心灵交融的交谈氛围。

聆听别人讲话，必须做到耳到、眼到、心到，同时还要以表情举止予以配合。其一，神情专注。聆听对方发言时不要左顾右盼、心不在焉；既要克服眼神的呆滞和犹豫，又要避免那种在眼神中表现出故弄玄虚、高深莫测的样子。如果是两方单独交谈，聆听时身体应稍微向前倾斜，以示对谈话内容的关注和兴趣。其二，及时反馈。认真聆听不是毫无反应，而是要适时地给予情绪或语言上的呼应配合，表情随对方的谈话内容有相应的变化，如欣赏性地点点头、适当地微笑等，也可以配合对方的语气表述自己的看法，但不要贸然打断对方的讲话。其三，适时引导。如果对方谈到一些不宜谈论的话题，不要显出不耐烦的样子，也不要轻易表态，但可以通过巧妙的应对，引导对方转移话题，把谈话的内容引向所需要的方向和层次。其四，准确理解。理解对方要表达的意思是倾听的主要目的，因此要善于判断和揣摩谈话者的意图，要在倾听中获取各种信息，并进行分析，准确地把握对方的真实意思。如果没有听清对方所讲的主要内容，可以请对方再说一遍，以便作出正确判断；如果听清了谈话内容但却没有完全听懂对方的意思时，切不可盲目点头、自以为是，而要适时地提出问题，以免误会或曲解对方的本意。

二、交谈的语言

语言是交谈的载体，是双方信息沟通的桥梁，双方思想感情交流的渠道。语言在人际交往中占据着最基本、最重要的位置。语言作为一种表达方式，能随着时间、场合、对象的不同,而表达出各种各样的信息和丰富多彩的思想感情。日常生活中,人们运用语言进行交谈,表达思想,沟通信息,交流感情,从而达到建立、调整和发展人际关系的目的。中国人讲究"听其言,观其行",把语言谈吐作为考察人品的一个重要内容。语言在人际交往中占据着最基本、最重要的位置。

(一) 文明礼貌

日常交谈虽不像正式发言那样严肃郑重,但也不能不讲用语的文明礼貌。要做到用语的文明礼貌,应该做到以下几点。

1. 善于使用一些约定俗成的礼貌用语和雅语

雅语是一些比较文雅的用语,和俗称相对。常在一些正规的场合以及一些有长辈或女性在场的情况下,被用来代替那些比较随便甚至粗俗的话语。语言是个人素养的直接体现,一句不雅的话出口,很可能会被人看低三分;而多使用雅语,能体现出一个人的文化素养和个人修养。常见的雅语比如"久仰""久违""指教""包涵""打扰""拜托""高见""劳驾""赐教""恭候""留步"等。在生活中,尤其在社交场合养成使用礼貌用语的习惯也是很重要的。如"您""您好""谢谢""对不起""没关系""再见"等,这些礼貌用语人人都应重视,恰当地运用,会给人们的各种交往带来诸多方便。在日常生活中,尤其在社交场合中,多使用礼貌用语不仅是个人良好修养的表现,更是尊重他人的表现,并且有利于双方气氛的融洽和交际的成功。比如陌生人初次相识,礼貌地打招呼:"您好,很高兴认识您。"彼此关系很快能融洽起来。而给他人造成不便时,及时说声"对不起",将有助于大事化小、小事化了。

2. 多用敬语、谦语,做到外敬内谦

敬语,是表示尊敬礼貌的语言,常用敬语有"您""请""先生""阁下""夫人""贵方"等;谦语,是向人表示谦恭和自谦的语言,如"愚见""拙作""在下""小弟""学生""晚生""内助""家兄"等。敬语和谦语是一个不可分割的统一体,特别是在比较正规的社交场合,例如会议、谈判、公务等,或者与师长及身份、地位较高的人交谈时,常常要用到敬语和谦语。使用谦语和使用敬语一样,两者都体现了说话者本身的文明修养。

3. 应当尽量避免一些不文雅的语词和说法,不说粗话、脏话

粗话、脏话、怪话、气话是极其不礼貌的语言,与语言文明格格不入,不仅使人产生误解、反感和厌恶的情绪,也极易引发矛盾和冲突,破坏文明和谐的人际关系和氛围。任何讲究文明礼貌的人,都应该自觉地将粗话、脏话、怪话、气话从自己的语言中坚决去掉,否则不但无助于沟通和交流,而且伤害人,也有损自身形象。

(二) 委婉含蓄

英国思想家培根说:"交谈时的含蓄与得体,比口若悬河更可贵。"在言谈中,有驾驭语言功力的人,会自如地运用多种表达方式。有时委婉含蓄比直截了当说话表达效果会更佳。因为在日常交际中,总会有一些人们不便和不忍或者语境不允许直说的话题,这时就需要把"词锋"隐遁,把"棱角"磨圆,软化自己的话,便于听者接受,迂回委婉地实现自己的目的。

委婉是一种既温和婉转又能清晰明确地表达思想的谈话艺术。它的显著特点是"言在此而意在彼",能够诱导对方去领会你的话,去寻找言外之意。从心理学的角度来看,委婉含蓄的话,不论是提出自己的看法还是向对方劝说,都能让对方心理容易认同、接受你的说法。有些话,意思差不多,说法稍有不同,给人感觉却大不一样,如:什么事?——请问你有什么事?如果不行就算了!——如果觉得有困难的话,那就不麻烦你了。两相比较,后者既委婉又能够充分表达自己的意思,比较容易让人接受。

在人际交往过程中,如果不注意语言表达的委婉与含蓄,可能会在不经意间冒犯了他人。使人际关系变得疏远或伤及人的面子、自尊,甚至会让人产生报复的心理,为日后埋下隐患。因此说话委婉含蓄是一种艺术,更是一种技巧;既能体现一个人的语言修养,也是一个人智慧的表现。

但在使用委婉含蓄的语言时,必须注意要避免晦涩艰深。谈话的目的是要让人听懂,而不是一味追求技巧,这样会使他人摸不着头脑,甚至会造成误解,影响表达的效果。

(三) 清晰柔和

谈话的目的是让对方听懂并理解自己的意思,为此讲话时应吐字清晰,声音清亮圆润,做到以声传意,以声传情。交谈礼仪要求人们在讲话时要用有魅力的声音,给人以美的享受。要使自己说话吐字清晰、声音平稳柔和而充满魅力,即要求做到以下几个方面。

1. 音量大小适宜

讲话时声音不宜过高,音量控制在让人听清即可。明朗、低沉、愉快的语调最吸引人,放低声音比提高嗓门声嘶力竭地喊听起来让人感到舒适。当然也要把握适度,声音太低太轻会让人听不清楚,那也不利于沟通。

2. 语速快慢适中

讲话时,要依据实际情况的需要调整快慢,讲话速度最好不要过快,应尽可能娓娓道来,给他人留下稳健的印象,也给自己留下思考的余地。

3. 语调柔和

在社交场合中,一般以柔言谈吐为宜。尽可能使声音听起来柔和平静,避免粗厉尖硬地讲话,以理服人,而不是以声势压人。语言美是心灵美的语言表现。常言"有善心,才有善言",因此要掌握柔言谈吐,首先应加强个人修养和性格锤炼。

4. 抑扬顿挫

讲话时应注意音调的高低起伏、抑扬顿挫以增强讲话效果。应避免平铺直叙过于呆板的音调,这种音调让人听着乏味达不到预期的效果。任何一次讲话,速度的变化,音调的高低、抑扬顿挫、搭配得当才能和谐动人。

5. 吐字清晰

讲话时应吐字清晰、段落分明，避免含糊其词、咬字不清和咬舌的习惯。宁可把讲话的速度放慢，也要把话说清楚。

三、交谈的内容

交谈的内容是关系到交谈成败的决定性因素。交谈内容，往往被视为个人品位、志趣、教养和阅历的集中体现。而交谈的内容则是由交谈的主题所决定，因此交谈的主题选择应当遵守一定的原则和要求。

(一) 适宜的谈话主题

1. 既定的主题

也就是交往双方事先约定的主题。

2. 高雅的主题

即内容文明、优雅或格调高尚的主题，如文学、艺术、历史、哲学等，适合各类一般性的交谈。但这一主题选择的前提是忌讳不懂装懂。

3. 轻松的主题

在交谈时要有意识地选择那些能给交谈对象带去开心与欢乐的轻松的话题，比如文艺演出、旅游观光、风土人情、流行时尚等。除非必要，切勿选择那些让对方感到沉闷、压抑、悲哀、难过的主题，如疾病、灾难等。

4. 擅长的主题

即应根据交谈对象的职业、喜好等来选择话题。比如和律师交谈的时候，可以谈谈法律方面的话题；在和文艺工作者交谈的时候，可以谈谈文学创作等。选择自己所擅长的主题，就会在交谈中驾轻就熟，得心应手，并令对方感到自己谈吐不俗，对自己刮目相看。选择对方所擅长的主题，既可以给对方发挥长处的机会，调动其交谈的积极性，也可以借机向对方表达自己的谦恭之意，并可取人之长，补己之短。应当注意的是，无论是选择自己擅长的内容，还是选择对方擅长的话题，都不应当涉及另一方知之甚少的领域。否则便会使对方感到尴尬难堪，或者令自己贻笑大方。

(二) 不适宜交谈的主题

1. 个人隐私

交谈过程中，涉及个人年龄、收入、婚恋、住址、个人经历、工资收入、家庭财产等，如果不是对方主动提出来或是工作需要必须了解，就不要谈论。

2. 非议他人

与人交谈时杜绝在背后说他人的短长。既不说他人的坏话，也不传闲话，这不仅是礼仪的需要,也是顺利交往的保证。富兰克林在谈到他成功的秘诀时曾说:"我不说任何人的坏话,我只说我所知道的每个人的长处。"背后对人说长论短,这是最令人厌恶的事情,也反映一个人的道德品质。

3. 令人不快的话题

谈话内容一般不要涉及疾病、死亡、身体缺陷等,或是对方较为敏感的事,俗话说"当着矮人不说短话",这类话题不提为好。

4. 错误倾向的话题

如违背社会伦理、生活堕落、政治错误等话题,也不适合交谈。

5. 低级庸俗的话题

社交场合不以荒诞离奇、耸人听闻、黄色淫秽的内容为话题,也不开低级庸俗的玩笑,那样只会证明自己的格调不高。

四、交谈的方式

语言交流是沟通中最直接有效的手段,但它也是最难驾驭的手段之一。谈话的时间、谈话的节奏、谈话的重点等,都使得我们必须因地制宜来选择适合的交谈方式。交谈方式的选择恰当与否,对于能否正确进行人际沟通、恰当表达个人思想、友善传递敬人之意都起着相当关键的作用。一般而言,谈话方式主要有如下六种。

(一) 倾泻式交谈

倾泻式交谈,就是人们通常所说的"打开窗户说亮话",无所不言,言无不尽,用有条理但又简洁的语言阐明自己的观点,使对方有一个相对客观而全面的了解。倾泻式交谈方式的基本特征,是以我为主,畅所欲言。

采用倾泻式交谈方式,易赢得对方的信任,而且可以因势利导地掌握交谈主动权,控制交谈走向。但此种交谈方式容易给人以不稳重之感,有可能泄密,而且还会被人误以为是在和对方"套近乎"。因此要避免把交谈变成一出无人喝彩的"独角戏",即便是以自己说话为主,也要将适当的时间留给对方。

(二) 静听式交谈

静听式交谈,即在交谈时有意识地少说多听,以听为主。当别人说话时,除了予以必要的配合,自己主要是洗耳恭听。在听的过程中了解对方的想法,在脑海中理清头绪,制定出合适的应对策略。倾听的同时还能为自己赢得宝贵的时间,了解对方的想法才能判断出真实意图,将这些信息进行筛选,以使自己在事件的处理上占据主动,达到意想不到的效果。

这种交谈的长处在于它既是表示谦恭之意的手段,亦可后发制人,变被动为主动。但此种方式并非要人自始至终一言不发,而要求以自己的片言只语、神情举止去鼓励、配合对方。

（三）引导式交谈

引导式交谈亦可称之为启发式交谈，即交谈一方主动与那些拙于辞令的谈话对象进行合作，在话题的选择或谈话的走向上对对方多方引导、循循善诱，或者抛砖引玉，鼓励对方采用恰当方式阐述个人见解。

这种交谈方式在使用时，应注意的是引导者的态度，必须是平等的、亲和的，才能令对方畅所欲言，居高临下的引导会打消对方交流的想法。循循善诱需要真诚的态度，意图十分明显的引导是很容易被对方识破的。有时候，放低姿态去提问是非常有效的，因为每个人都乐意被别人欣赏，都愿意向一个来求教的人畅谈经验或体会，因此把自己放到一个仰视对方或者请求帮助的角度，对交谈是大有裨益的。

（四）跳跃式交谈

跳跃式交谈，即在交谈中，倘若一方或双方对某一话题感到厌倦、不合时宜、无人呼应或难以回答时，及时地转而谈论另外一些较为适当的、双方都感兴趣的话题。

这种交谈方式的长处在于可使交谈者避免冷场的尴尬，恢复交谈的顺利进行。跳跃式交谈虽可对交谈话题多次变换，但切勿单凭个人兴趣，频繁转移话题，让对方无所适从。要使双方处于平等的地位，选择适合彼此的内容。

（五）评论式交谈

评论式交谈，即在谈话中听取了他人的观点、见解后，在适当时刻，恰如其分地发表自己就此问题的主要看法。此种方式的主要特征是当面肯定、否定或补充、完善对方的发言内容。涉及根本性、方向性、原则性问题的交谈中，有必要采取这种方式。

采用这种方式的关键是要注意适时与适度。同时要重视与对方彼此尊重、彼此理解、彼此沟通。切不可处处以"仲裁者"自居，不让他人发表观点或是不负责任地信口开河，对他人见解妄加评论，甚至成心与他人唱反调，粗暴无礼地打断别人的谈话。

（六）拓展式交谈

拓展式交谈，即围绕着大家共同关注的问题，进行由此及彼、由表及里的探讨，以便开阔思路、加深印象、提高认识或达成一致。拓展式交谈的目标在于使各方各抒己见，交换意见，以求集思广益。

这种交谈方式能使参与交谈的有关各方统一思想，达成共识，或者交换意见，完善各自观点。在进行拓展式交谈时，一定要注意就事论事，以理服人，善于听取他人意见，切不可强词夺理。

五、交谈的禁忌

与人交谈，重在交流信息，相互取长补短，同时也应注意尊重交谈对象。在交谈中,态度要谦恭,语言要文明,另外还要注意避免出现下列情况。

(1) 忌心不在焉。与他人交谈时,思想要集中,不要左顾右盼,或面带倦容、连打呵欠;或神情木然、毫无表情,让人觉得扫兴。

(2) 忌自我炫耀。交谈中,不要炫耀自己的长处、成绩,更不要或直接或间接地吹嘘自己,以免使人反感。

(3) 忌口若悬河。如果对方对你所谈的内容不懂或不感兴趣,不要不顾对方的情绪,自己始终口若悬河、夸夸其谈。

(4) 忌居高临下。不管你身份多高,资历多深,都应放下架子,平等地与人交谈,切不可给人以高高在上之感。

(5) 忌随意插话。在倾听他人讲话的时候不仅要认真耐心,更要让人把话说完。在他人说话的中途,突然插上一嘴,打断对方是极不礼貌的行为。

(6) 忌节外生枝。交谈时要扣紧话题,不要节外生枝。如当大家正在兴致勃勃地谈论足球,你突然谈到目前的交通状况,显然不妥。

(7) 忌搔首弄姿。与人交谈时,姿态要自然得体,手势要恰如其分。切不可指指点点,挤眉弄眼,更不要挖鼻掏耳、搔首摆膝、摇头晃脚。给人以轻浮或缺乏教养的印象。

(8) 忌挖苦嘲弄。别人在说话时出现了错误,不应嘲笑,特别是在人多的场合尤其不可,否则会伤害对方的自尊心,从而产生反感情绪。更不能把别人的生理缺陷当作笑料,无视他人的人格。

(9) 忌言不由衷。对不同看法,要坦诚地说出来,不要一味附和。也不要胡乱赞美、恭维别人,否则会让人觉得你不够真诚。

(10) 忌故弄玄虚。本来是习以为常的事,切莫有意"加工",一惊一乍、时断时续,或卖"关子",玩深沉,让人捉摸不透。

拓展阅读

交往的距离

与人交往,还应该注意人际交往的距离。交往距离过远或过近都是有失礼仪的,距离太远会使人产生疏远感;距离太近,又会使人产生戒备和防范心理。那么,在日常的交往中应该如何把握人际交往的距离呢?美国心理学家爱德华·霍尔研究发现,人与人之间的距离可以分为以下几个区域:

1. 亲密距离(0.5米以内)

这是人与人之间最亲密的距离,只能存在于最亲密的人之间,比如恋人、父母与子女,或者是关系非常友好的朋友之间,彼此能感受到对方的体温和气息。就交往情境而言,即使是关系亲密的人,也不宜在大庭广众之下保持如此近的距离,否则会让人不舒服。亲密距离是个人最为重要也最为敏感的距离范围,人们会像保护自己的财产一样保护着这个区域,因此每个人都必须谨慎地把握这个距离。

2. 个人距离(0.5~1.25米)

这是人际交往时稍有分寸感的距离,较少直接的身体接触,但能够友好交谈,让彼此感到亲密的气息。一般说来只有关系友善,比较熟悉的同事、上下级之间才能进入这个距离。人际交往中,个人距离通常是在非正式社交情境中使用,在正式社交场合则使用社交距离。一般朋友和熟人在街上相遇,往往在这个距离内问候和交谈。有时人们为了表示亲近,也会在社交场合有意采用这种距离。

3. 社交距离(1.25~3.5米)

这是一种社交性或礼节上的人际距离,也是我们在办公室中经常见到的。这种距离给人一种安全感,处在这种距离中的两人,既不会因太接近感到尴尬,也不会觉得太生疏,可以友好交谈。

4. 公众距离(3.5~7.5米)

一般说来,演说者与听众之间的标准距离就是公众距离,还有明星与追捧者之间也是如此。这种距离能够让仰慕者更加喜欢偶像,既不会遥不可及,又能够保持神秘感。

以上人际交往的四种距离只是大致的划分,在不同的文化背景下,人际交往的距离会略有差别,但大体规律是一样的。总体而言,一般情况下人们总是离喜欢的人比不喜欢的人要近些,离熟悉的人要比离陌生人近些;此外,性格外向的一般要比内向的人靠得近,女性之间也比男性之间靠得更近一些。而在实际的交往过程中,这四种距离有时也会发生动态的变化,即交往双方间的距离会缩短或拉开。如果双方相互有吸引力或空间受限,就会缩短距离;反之,则可能会相应拉大彼此的距离。这种距离的动态变化本身也是一种无声的语言,我们可以从这种变化中窥见对方的心理变化,判断其意向,并做出及时的反应和调整。

此外,还要根据不同的民族和不同的文化背景,来选择适当的交往距离。如美国人、英国人和瑞典人在交往时站的距离比较远,南欧人、巴基斯坦人、阿拉伯人交往时站得比较近,而中国人则视双方关系及性别决定交往的空间距离。

了解了交往中人们所需的自我空间及适当的交往距离,就能有意识地选择与人交往的最佳距离,更好地进行人际交往。

思考与练习

一、问答题

1. 怎样确定介绍他人的顺序?

2. 设想两种以上不同的社交情境,分别设计你做自我介绍的内容。

3. 在社交场合,如果有很多人在场,有年长的和年少的,有职位高的和职位低的,有男士和女士,在这种场合该怎样掌握握手的顺序?

4. 称呼主要有哪些禁忌?

5. 假如你分别与一位老人和一位小学生进行交谈,你将如何选择交谈的话题?

6. 假如单位委派你去拜访一位某高校的知名教授,并就某一学术问题向教授请教。你该如何称呼他? 在交谈过程中应使用哪些敬语?

二、案例分析

1. 在一次社交聚会上,刘浩波想把自己的大学同学张伊湄介绍给单位领导李主任认识,他说:"李主任,这是我的同学张伊湄,我们都叫她'老猫'。"请思考,在这一情境中,刘浩波的介绍有什么不妥之处?

2. 王晟与李炜在一产品推销会场偶然相遇,王晟主动递上了自己的名片,李炜也打开自己的公文包,准备拿出自己的名片与对方交换,可在包里一摸,首先拿出的是一张健身卡,赶紧再找,拿出的是一张名片,高兴地递给了王晟。王晟接过来一看,却是别人的名片。李炜尴尬地笑着,继续到包里翻找名片。

这一情境中李炜在名片交换中存在哪些问题? 应该怎样避免?

第三章 通联礼仪

1. 掌握基本的通联礼仪。
2. 能在通讯联络中自觉地维护自身形象。

通联礼仪是人们进行通讯、联络时所应遵守的基本行为规范,遵守通联礼仪是维持良好的人际关系,并进而使其发展的重要前提。

第一节 书信礼仪

书信是人们在日常生活、工作、学习中,为了某种实用目的,致送某个特定对象的具有一定惯用格式的应用文书。它在个人与个人之间、个人与单位之间、单位与单位之间起着表达思想、交流感情、传递信息、推进工作的作用。书信虽然是一种个人性很强的应用文,写法上也比较灵活,但也必须符合书信写作格式的要求和书信语言的礼仪规范。

一、书信的构成

书信由笺文与封文两部分构成。

笺文即写在信笺上的文字,包括称呼、正文、结尾、署名和日期等。笺文是书信内容的主体,书信的繁简、俗雅及其他方面的风格特征,几乎都由内容主体决定。封文即写在信封上的文字,也就是收信人的地址、姓名和寄信人的地址、姓名,等等。完整的书信应该是笺文封文俱全,并且将笺文装入写好封文的信封内,然后将信封口封好后付寄。

书信分为一般书信和专用书信两大类。一般书信主要有家庭成员之间的家书类书信,朋友和同事之间的问候类书信、请托类书信、规劝类书信、借贷类书信、庆贺类书信等。这类书信多用于个人和个人之间。专用书信主要有表扬信、感谢信、邀请信等。这类书信多用于单位与个人、单位与单位之间。

二、书信的格式

(一) 笺文

笺文是书信内容的主体,体现书信的繁简、俗雅及其他方面的风格特征。笺文主要包括以下几项内容。

1. 称谓

也称"起首语",是对收信人的称呼。称呼要在信纸第一行顶格写起,后加":",冒号后不再写字。称呼和署名要对应,明确自己和收信人的关系。称呼可用姓名称谓,还可加修饰语或直接用修饰语作称呼。这里简要说明几条细则。

(1) 给长辈的信。若是近亲,可只写称谓,不写名字,如"爸""妈""哥哥""姐姐"等;亲戚关系的,可只写关系的称谓,如"舅舅""姑妈"等,也可以加上修饰语,如"亲爱的姑妈""敬爱的舅舅"等;对非近亲的长辈,可在称谓前加名或姓,如"章伯伯""李阿姨"等。

(2) 给平辈的信。夫妻或恋爱关系,可直接用对方名字,用爱称加修饰语或直接用修饰语,如"丽""亲爱的敏""亲爱的"等;同学、同乡、同事、朋友的信,可直接用名字、昵称或加上"同学""同志",如"瑞生""老纪""小邹""三毛"等。

(3) 给晚辈的信。一般直接写名字,如"伊湄""建军"等;也可在名字后加上辈分称谓,如"李花侄女"等;亦可直接用称谓作称呼,如"孙女""儿子"等。

(4) 给师长的信,通常只写其姓或名,再加"老师"二字,如"黄老师""易师傅"等。对于十分熟悉的师长,也可单称"老师""师傅"。假如连名带姓,在信首直称"孙松平老师""王达夫师傅",就显得不大自然且欠恭敬。对于学有专长、德高望重的师长,往往在姓后加一"老"字,以示尊重,如"戴老""周老",亦可在姓名后加"先生"二字。为郑重起见,也有以职务或职称相称的,如"王局长""董教授""陈大夫""佟工程师"等。

(5) 给一个单位或几个人的信,又不指定姓名的,可写"同志们""诸位先生""××等同志"等。给机关团体的信,可直接写机关团体名称,如"××委员会""××公司"。致机关团体领导人的信,可直接用姓名,加上"同志""先生"或职务作称呼,亦可直接在机关团体称呼之后加上"领导同志""负责同志""总经理""厂长"等。

如果信是同时写给两个人的,两个称呼应上下并排在一起,也可一前一后,尊长者在前。

有时还可按特殊对象,视情况加上"尊敬的""敬爱的""亲爱的"等形容词,以表示敬重或亲密之情。当然,这要用得适宜,如对好友称"尊敬的",反而显得见外,对无特殊关系的年轻女性贸然称呼"亲爱的",那就有失检点了。

2. 正文

正文是笺文内容的主体,写在称谓的下一行,首句空两格,转行时顶格。

正文通常以问候语开头。问候是一种文明礼貌行为,也是对收信人的一种礼节,体现写信人对收信人的关心也反映写信人的个人涵养。问候语最常见的是"您好!""近好!"。依时令节气不同,也常有所变化,如"新年好!""春节愉快!"等。问候语写在称呼下一行,前面空两格,常自成一段。

问候语之后,常有几句起始语。如"久未见面,别来无恙。""近来一切可好?""久未通信,甚念!"之类。问候语和起始语皆要注意简洁、得体。

接下来便是正文的主要部分——主体文,即写信人要表达的主要内容。它可以是禀启、复答、劝谕、抒怀、辞谢、致贺、请托、慰唁,也可以是叙情说理、辩驳论证等。这一部分,动笔之前,就应该成竹在胸,明白写信的主旨,做到条理清晰、层次分明、文笔流畅。若是信中同时要谈几件事,更要注意主次分明,详略得当,表述清楚,最好是一件事一段落,不要混为一谈。

3. 结语

正文写完后,都要写上表示敬意、祝愿或勉励的话,作为书信的结尾。习惯上,它被称作祝颂语或致敬语,这是对收信人的一种礼貌。祝愿的话可因人、因具体情况选用适当的语句,不要乱用。如写给长辈,可以写"敬祝近安""敬祝健康"等;如给平辈,可以写"祝工作顺利""此致敬礼"等;如给晚辈,可以写"愿你进步""希望你努力工作""祝你学业有成"等。若遇到节日,可写"祝节日快乐"之类的话。如慰问病人,可写"祝早日康复"等。

结尾的习惯写法有两种。

(1) 在正文写完之后,转一行空两格写"此致",再换一行写"敬礼"。

(2) 不写"此致",只是另起一行空两格写"敬礼""安好""健康""平安"等词,注意一定要另起一行空两格,不得尾缀在正文之后。也可以在正文结尾下另起一行写"祝你""敬祝",再空两格写上"安好""健康"等。

4. 署名和日期

署名应写在敬语后另起一行的靠右位置。一般写给领导或不太熟悉的人,要署上全名以示庄重、严肃;如果写给亲朋好友,可只写名而不写姓;署名后面可酌情加启禀词,对长辈用"奉""拜上",对同辈用"谨启""上"等。书信中署名的一般运用规律如下。

(1) 直系尊亲给子孙写信时不署名,只写"祖父示""父(母)字"即可。

(2) 给家族中或其他关系特别亲近的人写信时署名但不写姓,只写名或字,如"男伟""女儿迎春""挚友洪东""愚兄晓林"等。

(3) 其余关系用全姓名,如"学生林涛""同学赵白帆"等。如果是写给组织的信,一定要把姓与名全部写上。而在署名之后,有时还视情加上"恭呈""谨上"等,以示尊敬。

上述自称,都要和信首的称谓相互吻合。

日期用以注明写完信的时间,写在署名之后或署名下一行的后半行。有时写信人还加上自己所在的地点,尤其是在旅途中写的信,更应如此。

5. 笺文写作的注意事项

(1) 称谓要得当。书信中称谓是寄信人对收信人的称呼,它表示双方的关系。称谓的选择应当遵循长幼有序、礼貌待人的原则,使用恰当而得体的称呼。

(2) 措辞要得体。讲究措辞,即认真斟酌词语。应该怎样措辞,这要依据书信的内容和与收信人的关系而定。或尊敬,或诚恳,或郑重,或亲切,或直言不讳,或委婉含蓄。讲究措辞,是为了增强书信的表达效果,它所要求的是"辞达而已",决不可无端地堆砌词藻,或故意玩弄辞令,这样做不仅会影响书信的表达效果,还会引起收信人的反感。准确把握双方之间的关系,恰当地运用各种礼貌用语,语气要合乎身份,语言风格要适应对象特点。

(3) 书写要工整。书信的书写要工整、清楚,这是起码的要求。如果能写得美观,给人以快感,那是最佳选择。书写不可潦草,潦草的书写,既影响收信人的情绪,更影响表达效果,甚至可能误事。

(二) 封文

所谓封文,即写在信封上的文字。封文的主要内容是:① 收信人的地址。② 收信人的姓名。③ 寄信人的地址、姓名。但国内邮寄信函、国际邮寄信函与托人代转的信函,其封文有着不同的具体格式内容。

1. 国内邮寄信函

在交付邮寄的国内信函信封上,应先在左上角写清收信人所在地的邮编。然后另起一行书写收信人的详细地址。收信人姓名应以稍大字体书写于信封的正中央。信封的右下方,应写清寄信人的地址、姓名(有时可只写姓氏)以及邮编。

2. 国际邮寄信函

在交付邮寄的国际信函的信封上,收信人的姓名、地址和邮编应写在信封正面的中央偏右下方;寄信人的姓名、地址和邮编则应写在信封正面的左上方或信封背面的上半部。书写的具体顺序应是姓名、地址、邮编、国名。书写地址时应自小而大,与国内写法相反。书写时应尽量使各行文字左右对齐。

3. 托带信函

在托人带交的信封上,内容一般较为简洁。应该在信封上方偏左的地方,视具体情况,写上"请交""面交""烦交"等字样。收信人地址、姓名写法不变。如托带人知道收信人地址,可以不写地址而只写姓名。信封右下角一般只注明写信者姓名,不必写其地址。收信人和写信者的邮编均不必写。

不同的信函封文除了上述不同的格式要求外,还有一些应当严格遵守的规范和要求。

一是信封款式。信封有直式和横式两种。直式信封以中间印有红色长方框的最为适宜;横式信封则以纯白色为佳。吊唁用的信函,当使用素色信封。

二是封文字体。封文字体的书写,可用钢笔、圆珠笔、毛笔等,但切勿使用铅笔。颜色则以深蓝色或黑色为佳,忌用红色、绿色等彩色笔书写。写给长辈的信,应以端正的字体书写,以表尊敬。

三是封文称呼。封文上的称呼是供邮递员或捎信人对收信人称呼之用,因此必须采用邮递员或捎信人所能接受的称呼。"先生""同志""女士"或其他以职衔所作的称呼是普遍适用的,但切勿采用表示亲友、辈分关系的称呼,如"姥姥""九叔"等。许多人习惯在收信人的名字之后加上私人关系称谓,如"某某某父亲收""某某某爱妻收",这都是错误的用法。

四是邮编邮票。邮政编码是方便邮政工作人员分发、检索和投递信函用的。因此为便于邮局作业,寄信人务必要使用带有邮政编码的标准信封。书写要清晰工整,一字一格。邮票要贴放到位,应端正地贴在信封的右上方。

三、电子信函礼仪

电子信函又称电子函件或电子邮件。它是利用电子计算机所组成的互联网络,向交往对象发出的一种电子信件。使用电子邮件进行对外联络,不仅安全保密、节省时间、不受篇幅的限制、清晰度极高,而且还可以大大地降低费用。

人们在使用电子邮件对外联络时,应当遵守的礼仪规范主要包括以下三个方面。

(一)电子邮件应当认真撰写

向他人发送电子邮件,一定要精心构思、认真撰写。若是随想随写,既不尊重对方也不尊重自己。在撰写电子邮件时,以下三点要特别注意。

1. 主题要明确

一个电子邮件,大多只有一个主题,往往需要在前注明。若是归纳得当,收件人看到主题便对整个电子邮件一目了然了。

2. 语言要流畅

电子邮件要便于阅读,语言就需明白晓畅。尽量避免写生僻字、异体字,以及网络流行用语。引用数据、资料时,最好标明出处,以便收件人核对。

3. 内容要简洁

电子邮件的内容应当简明扼要,便于收件人了解信函的主要内容以及来函目的等。

(二)电子邮件应当避免滥用

在信息社会中,任何人的时间都是无比珍贵的。在社会交往中要尊重一个人,首先就要懂得替他人节省时间。

鉴于此,若无必要,不要向他人乱发电子邮件。尤其不要与他人谈天说地,只为了检验一下自己的电子邮件能否成功发出,更不宜以这种方式随意在网上"征友"等。目前,有不少人因自己的信箱堆满了无数无聊的电子邮件,甚至是陌生人的电子邮件而烦心不堪。对其进行处理,不仅浪费自己的时间和精力,而且还有可能耽搁自己重要的事情。不过一般而言,收到他人重要的电子邮件后,尽快回复对方也是必不可少的。

(三) 电子邮件应当慎选功能

现在市场上所提供的先进的电子邮件软件,有多种字体备用,甚至还有各种信纸可供选择。这固然可以强化电子邮件的个人特色,但在公务活动中须谨慎对待这些功能。因为,一方面,电子邮件修饰过多,会导致其容量增大、收发时间增长,而且会给人以华而不实之感。另一方面,电子邮件的收件人所拥有的软件不一定能够支持这些功能。这样一来,他所收到的电子邮件就很有可能会背离了发件人的初衷。

拓展阅读

英文书信的格式

英文书信一般由以下六部分组成:信头、信内地址、称呼、正文、结尾礼词、署名。

1. 信头(Heading)

信头是指发信人的地址和日期,通常写在第一页的右上角。行首可以齐头写,也可以逐行缩进写。地址的书写顺序由小到大:门牌号、街道、城市、省(州)、邮编、国名,最后写发信日期。私人信件一般只写寄信日期即可。例如:

"123 Tianhe Road

Tianhe District

Guangzhou

Guangdong Province 510620

P. R. C.

Jan. 8, 2010"

2. 信内地址(Inside Address)

信内地址要写收信人的姓名和地址。在公务信件中要写明这一项,在私人信件中,这一项常常省略。该项写在发信日期下一行的左上角,格式与寄信人地址一样。

3. 称呼(Salutation)

称呼是对收信人的称谓,应与左边线对齐,写在收信人姓名、地址下面1—2行处。在称呼后,英国人常用逗号,美国人则常用冒号。在私人信件中可直呼收信人的名字,但公务信件中一定要写收信人的姓。大部分信件在称呼前加"Dear"。如:

"Dear Professor/Prof. Bergen："

Dear Dr. Johnson："。

对不相识的人可按性别称呼：

"Dear Sir："或"Dear Madam：""Dear Ladies："。

如果不知收信人的性别则可用"Dear Sir or Madam："。

4. 正文（Body of Letter）

正文是书信的主体。与中文信件不同的是，英文书信的正文的开头不是先写一些问候语，再阐明写信的目的，而是直接说明写信人的身份及写信的目的，然后提出写信人的情况、想法或要求，并加以必要的解释或说明。英文书信陈述目的时，应该直截了当，意思明确，层次清楚，言简意赅。

书信正文的第一句话或第一段，通常被称为起首语。一般说来，人们习惯用一些客套的写法作为书信正文的起始，即先将对方来信的日期、主题加以简单描述，以便使对方一看便知该信是回答哪一封信的。如果是第一次给别人写信，也可用开头语作必要的自我介绍，并表明自己写信的主要目的。

5. 结尾礼词（Complimentary Close）

结尾礼词是写信人对收信人的谦称或致敬语，在中间偏右、正文下面的地方写起。公务信件的结尾礼词包含两部分：发信人的结尾套语与署名。结尾套语写在签名上面一行，第一个字母要大写，套语结尾后面要加逗号。在公务信件中，发信人常用的结尾套语有：

"Yours truly，Yours sincerely，Sincerely yours，Respectfully yours，Cordially yours，Yours cordially"等。

私人信件中，发信人常用的结尾套语有：

"Lovely yours，Yours lovely，Best regards，Best wishes，Your loving son/daughter"等。

6. 署名（Signature）

写信人的署名常位于结尾礼词正下方一二行。除非是给很熟悉的人写信，署名一般须写出全名。

第二节　电　话　礼　仪

电话被现代人公认为是便利的通讯工具，在日常工作中，使用电话的语言很关键，它直接影响着一个单位的声誉；在日常生活中，人们通过电话也能粗略判断对方的人品、性格。因而,掌握正确的、礼貌待人的打电话方法是非常必要的。随着科学技术的发展和人们生活水平的提高,电话的普及率越来越高,人们离不开电话,每天要接、打大量的电话。看起来打电话很容易,对着话筒同对方交谈,似乎和当面交谈一样简单,其实不然,打电话、接听电话大有讲究,可以说是一门学问、一门艺术。

一、拨打电话礼仪

1. 时间选择适宜

当需要打电话时,首先应确定此刻打电话给对方是否合适,也就是说,要考虑此刻对方是否方便听电话。要选择对方方便的时间打电话,就应该尽量避开在对方忙碌或是休息的时间打电话。选择打电话的时间和电话交谈所持续的时间长短都应适宜。

(1) 通话时间。通话的最佳时间有两种:一是双方预先约定的时间,二是对方方便的时间。按常规除有要事必须立即通告外,一般不宜在早上 7:00 以前、晚上 10:00 以后或就餐时间打电话,这几个时间打电话有可能会打扰对方休息或用餐。

给海外人士打电话,还应了解一下时差,不要不分昼夜,否则就会骚扰他人。打公务电话,尽量要公事公办,不要在他人的私人时间里,尤其是不要在节假日去影响对方。另外,如果有意识地避开对方通话高峰时间、业务繁忙时间,打电话的效果会更好。

(2) 通话时长。在一般情况之下,每一次通话的时长应有所控制,基本的要求是以短为佳,宁短勿长。在电话礼仪里,有一条"三分钟原则"。它的主要意思是:在打电话时,发话人应当自觉、有意识地将每次通话的长度限定在三分钟之内,尽量不要超过这一限定时间。如果打电话的时间须在三分钟以上,而又没有提前预约,应该向对方说明要办的事,征询对方是否方便,如果对方不方便就应与对方另约时间。

2. 内容准备充分

在通话前,发话人应做好充分准备,把受话人的姓名、电话号码、通话要点等一一列出,通话时就不会出现现想现说、缺少条理、丢三落四的情况了,就能做到内容简练。而根据礼仪规范,发话人要做到内容简练,讲话务必要务实。问候对方完毕,即应开宗明义,直言主题,绝不啰嗦。在通话时,最忌讳发话人讲话吞吞吐吐,含糊不清,东拉西扯。至于一厢情愿地逼着对方和自己共煲"电话粥",或者故弄玄虚,在电话上玩"捉迷藏""猜一猜",则更是令人生厌。

使用公用电话,而身后有人排队时,一定要自觉主动地尽快终止通话。切勿"表演欲"顿生,滔滔不绝有意拖延时间,让排队者久候。

3. 用语文明礼貌

在通话时,发话人应该使用雅语、敬语、文明语。通话之初,首先要向受话人恭恭敬敬地问一声"你好"或"您好",然后再言其他。在问候对方后,接下来须自报家门,以便对方明确来者何人。这里有四种模式可以借鉴。第一种,报本人的全名,如"您好,我是刘雅琴"。第二种,报本人所在单位,如"您好!我这里是某某保险公司。"第三种,报本人所在单位和全名,如"您好!我是环球公司的刘艳玫。"第四种,是报本人所在单位、全名以及职务,如"您好!我是环球公司办公室主任刘艳玫。"便于对方理解和适应场合对话。其中第一种模式适用于日常的私人交往,后三种多用于公务交往,以第四种最为正规。终止通话预备放下话筒时,必须先说一声"再见"。

4. 声音清晰明朗

在通话时,发话人首先要口齿清楚,有节奏感,不可说得太快太慢,以免对方摸不着头脑。要提问时,切忌不管对方是否清楚,只顾自己一味讲下去。其次,语气语调要温和,音量适中,让对方觉得你的声音是带着微笑的,娓娓而谈才会让人感到舒服与和谐。再次,在通话的时候,不要干其他的事情。如果万不得已,应当向对方说明:"对不起,请稍等一会儿,我要处理一件急事。"最后,切忌喋喋不休。也不能不分重点,三句话没讲完就挂断电话。要简明扼要、主次分明,并要节省双方的时间。

此外,打电话过程中绝对不能吸烟、喝茶、吃零食,即使是懒散的姿势对方也能够"听"得出来。如果你打电话的时候,弯着腰躺在椅子上,对方听你的声音就是懒散的,无精打采的;若坐姿端正,所发出的声音也会亲切悦耳,充满活力。因此打电话时,即使看不见对方,也要当作对方就在眼前,尽可能注意自己的姿势。

二、接听电话礼仪

接听电话不可太随便,得讲究必要的礼仪和一定的技巧,以免产生误会。无论是打电话还是接电话,我们都应做到语调热情、大方自然、音量适中、表达清楚、简明扼要、文明礼貌。接听电话尤其应注意下面几点。

1. 及时接听

一般来说,在办公室里,电话铃响三遍之前就应接听,六遍后再接听就应道歉:"对不起,让你久等了。"如果受话人正在做一件要紧的事情不能及时接听,代接的人应予以解释。如果既不及时接电话,又不道歉,甚至极不耐烦,是极不礼貌的行为。及时接听电话会给对方留下好印象,让对方觉得自己被看重。

2. 确认对方

对方打来电话,一般会自己主动介绍。如果没有介绍或者你没有听清楚,就应该主动问:"请问您是哪位?""我能为您做什么?""您找哪位?"等。但是,人们习惯的做法是,拿起电话听筒盘问一句:"喂!哪位?"这在对方听来,陌生而疏远,缺少人情味。接到对方打来的电话,拿起听筒应首先自我介绍:"你好!我是某某某。"如果对方要找的人在旁边,应说:"请稍等。"然后用手掩住话筒,轻声招呼对方要找的人接电话。如果对方要找的人不在,则应该告诉对方,并且问:"需要留言吗?我一定转告!",等等。

3. 讲究艺术

接听电话时,应注意使嘴和话筒保持四厘米左右的距离;要把耳朵贴近话筒,仔细倾听对方的讲话。

最后应让对方自己结束通话,然后轻轻把话筒放好。不可"啪——"的一下扔回原处,这极不礼貌。最好是在对方之后挂电话。

4. 调整心态

当拿起电话听筒的时候,一定要面带笑容。不要以为笑容只能表现在脸上,它也会体现在声音里。亲切、温和的声音会使对方产生良好的印象。如果绷着脸,声音会变得冷冰冰,给人以冷漠的感觉。

接电话的时候不能叼着香烟、嚼着口香糖;说话时,声音不宜过大或过小,吐词要清晰,保证对方能听明白。

5. 注意姿势

一般而言,应该用左手接听电话,右手准备纸笔,这样便于随时记录有用信息。

三、代接电话礼仪

在代接电话时,除要遵守接听电话的基本礼仪外,还有下述几条规则必须遵守。

1. 表明身份、主动帮助

首先应说明自己的身份,关键是要告知对方自己的身份及与对方所找之人的关系,以便对方斟酌是否可请自己代劳或由自己代为转达。然后可诚恳地告知对方:"方便的话,我可以代为传达。"假如对方拒绝,则不必勉强。

2. 区别情况、不使久候

被找之人不在的情况,可分为以下三种,一是忙于他事,不能立即接听;二是不在现场,不过一会儿有可能回来;三是因事外出,一段时间内不会返回。代接电话时,仅说一句"他(她)不在"会过于生硬。征得对方同意后,代接者可替对方去找人。但是,不能让对方等待时间过长。

3. 认真记录、及时传达

代接电话时,接听者要做好笔录。笔录的基本内容按惯例应为以下几项,即何人、何事、何因、何时、何地与如何做。需要自己处理的事情,要马上处理,及时传达,尽量不要再托他人转告。

4. 保守秘密、尊重隐私

自己代接的电话,不论涉及公务还是私事,接听者都不应擅自向其他人透露与此相关的任何信息。不要向发话人询问或打听对方不愿意透露的信息,如受话人与要找的人之间的关系等。

四、接打电话禁忌

1. 对方的话尚未说完前,忌随便插嘴

不等对方说完话就随便插嘴的行为,不仅对他人失礼,也浪费了宝贵的时间。为了避免发生这种错误,一定要耐心地听对方把话说完。

2. 忌挂上电话就批评对方

在电话礼仪中,切忌一挂断电话,就开始向同事谈论对方。同事间互道他人长短时,精神容易松懈,不但缺乏办公的气氛,一旦有电话来时也会影响电话交谈的态度。因此,就是挂断了电话,也不可在背地里议论对方。

3. 忌随便传话

当代接电话时,如对方要找的人不在,不要随便传话,以免误事。

4. 忌在办公场所打私人电话

任意以私人理由使用办公电话,容易遭人非议。使用办公电话谈论私事,既阻碍了电话的畅通,更会耽误工作,也给周围的人带来干扰。私人电话万一不可避免,就应妥善地加以处理,尽可能简短结束。

5. 在电话里,忌"是,是"地说个不停

电话中的应对表面看来简单,其实颇有讲究。比如有时不知如何配合别人的谈话,有时为了表示自己认真在听对方说话,我们常会"是,是""好,好"地说个不停,这确实有它的用处,但若不能把握得恰到好处,有时会起到相反的作用。想用这种方法来表示自己尊重别人时,应该适可而止,不要一直"是,是"地说个没完,这反而会妨碍彼此的沟通。

6. 电话没有挂断前,忌大声和他人谈笑

有些人在接听电话时喜欢用手盖住听筒后和旁人说话,甚至批评对方,这是非常不好的习惯,也是失礼的行为。

7. 打公共电话时,忌滔滔不绝

当外出打公共电话时,即使事情多,也应尽可能做到长话短说,让后面的人能早点使用。公共电话并非私人用品,占着不放,会给大家带来麻烦,也是缺乏社会公德的表现。

拓展阅读

手机和电脑使用礼仪

当今,手机和电脑是传递信息必不可少的传输工具,也是青年人的新时尚玩具,随着手机和电脑的日益普及,给我们的工作带来了很多方便,但是也带来了职场礼仪方面的新问题。所以,掌握手机与电脑使用的礼仪,将是职场礼仪的必修课。

一、手机礼仪

随着科技的发展和人民生活水平的逐步提高,手机已是现代生活和工作中必不可少的一部分,手机礼仪越来越受到关注。

(一)手机款式的选择

首先,选择一款适合自己生活环境的手机,或许有人觉得这是多此一举,其实,在手机外形的多样化发展中,就产生了手机与环境适配问题。由于手机可以看作是人除衣服以外的最大配件,所以其外观的合适性越来越被看重。何时何地何人选何款手机应该成为手机礼仪的要素之一。

那么,如何选择手机?简单地讲,按手机适配性别分男款、女款、中性款式;按手机功能分娱乐手机、商务手机;按手机颜色款式分青春型、稳重型、奇异型等。所以,选对一款手机,不仅只是看它的功能是否潮流,更要看它的外观设计是否适合自己的生活和工作环境。一般可以按照自己的身高体型来决定手机的款式大小。在生活中,可以根据自己的打扮和性格特征来选择适合自己的手机,可以选择很潮流的款式,但是在工作时,尽量选择功能简单、外观稳重的手机,不要乱贴手机贴或者悬挂手机挂件。当然,如果你的职业时尚潮流,你也可以选择对应的款式。总的原则是,选择适合你大部分使用环境的手机。

(二)手机铃音彩铃的选择

在一般的社交场合中,客户或朋友都是第一时间听到你电话铃音的人,而设置了手机彩铃的,在客户、朋友、上司给你打电话时首先听到的是你个性化的彩铃,所以在选择铃音彩铃的时候也需要格外注意。如果在家中或是与熟悉的朋友在一起,使用任何铃声都没有问题,但是在其他场合如公共场所尽量使用振动或选择优雅的铃声,尽量避免搞笑、节奏夸张的铃音,在根本不能接听电话的环境下应该选择静音或者留言、关机。面试时应选择关机或静音。

彩铃跟铃声一样避免搞笑、节奏夸张的音乐,可以选择一些流行歌曲或者舒缓的音乐,要给所有拨打者一种至少不难受的心情,或者就干脆不要使用彩铃。

(三)手机使用的注意事项

1. 在一切公共场合,手机在没有使用时,都要放在合乎礼仪的常规位置。不要在没使用的时候放在手里或是挂在上衣口袋外。放手机的常规位置有:一是随身携带的公文包里,这种位置最正规;二是上衣的内袋里。有时候,可以将手机暂放腰带上,也可以放在不起眼的地方,如手边、手袋里,但不要放在桌子上,特别是不要对着对面正在说话的人。

2. 在会议中、和别人洽谈的时候,最好的方式还是把手机关掉,起码也要调到振动状态。这样既显示出对别人的尊重,又不会打断发话者的思路。而那种在会场上铃声不断,像是业务很忙,使大家的目光都转向你,则是缺少修养的表现。

3. 注意手机使用礼仪的人,不会在公共场合或座机电话接听中、开车中、剧场里、图书馆里和医院里接打手机,就是在公交车上大声地接打电话也是有失礼仪的。

4. 给对方打手机时,尤其当知道对方是身居要职的忙人时,首先应想到的是,这个时间对方是否方便接听,并且要有对方不方便接听的准备。在给对方打手机时,注意从听筒里听到的回音来鉴别对方所处的环境。如果很静,应想到对方可能在会议上,有时大的会场能听到一种空阔的回声;当听到噪音时应想到对方就很可能在室外,开车时的隆隆声也是可以听出来的。有了初步的鉴别,对能否顺利通话就有了准备。但不论在什么情况下,是否通话还是由对方来定为好,所以"现在通话方便吗?"通常是拨打手机的第一句问话。其实,在没有事先约定和不熟悉对方的前提下,我们很难知道对方什么时候方便接听电话。所以,在有其他联络方式时,还是尽量不打对方手机比较好。

5. 公共场合特别是楼梯、电梯、路口、人行道等地方,不可以旁若无人地使用手机,应该把自己的声音尽可能地压低一下,绝不能大声说话。

6. 在一些场合,比如在看电影时或在剧院打手机是极其不合适的,如果非得回话,采用静音的方式发送手机短信是比较适合的。

7. 在餐桌上,关掉手机或把手机调到振动状态也是必要的。避免正吃到兴头上的时候,被一阵阵铃声打断。

8. 不要在别人能注视到你的时候查看短信。一边和别人说话,一边查看手机短信,对别人不尊重。

9. 在短信的内容选择和编辑上,应该和通话文明一样重视。因为你发的短信,意味着你赞同或至少不否认短信的内容,也同时反映了你的品味和水准。所以不要编辑或转发不健康的短信,特别是一些带有讽刺伟人、名人甚至是革命烈士的短信,更不应该转发。

10. 当与朋友面对面聊天时,不要正对着朋友拨打手机,避免手机发射信号时高频大电流对他人产生辐射,让对方心中不快。

二、电脑礼仪

电脑是我们工作的重要工具,使用电脑,也不只是开机、关机、上网那么简单,电脑礼仪也会体现一个人的素质和修养。

1. 在工作中，虽然使用的是单位的电脑，但也要倍加爱护，平时要擦拭干净，不要把白色电脑用成黑色了还没擦过；擦拭显示屏时，注意不要为了干净，用湿抹布一擦了之，损害屏幕；不用时要正常关机，不要丢下就走；外接插件时，要正常退出，避免导致数据丢失、电脑崩溃等故障。

2. 在单位上网，要查找与工作相关的内容和资料，而不是自己凭兴趣查看自己的东西，既违反单位的规章制度，慢慢地还会导致个人业务的生疏与落伍。

3. 很多单位不允许员工在电脑上玩游戏、网上聊天，但仍有人私自偷玩，从网站上下载图片等，这些行为都不妥。

4. 电子邮件在给人们带来方便的同时，也带来了职场礼仪方面的新问题。我们都应当讲究有关电子邮件的礼节，别让电子邮件出笑话。电子邮件是职业信件的一种，而职业信件中是没有不严肃的内容的。尤其在商界，应崇尚信誉、掌握时机及合作分工，信奉顾客至上，注重与顾客的沟通，以达成促销、增产与营利的目的。但有人常忽视了有关电子邮件的礼节，养成了一些邋遢懒散的习惯，不仅会引起员工的窃笑，更容易在顾客面前闹笑话。当今不少电子邮件充斥着笑话、垃圾邮件和私人便条，与工作相关的内容反而不多。使用电子邮件时应注意以下事项。

（1）标题要提纲挈领，切忌使用含义不清、胡乱浪漫的标题，例如："嘿！""收着！"添加邮件主题是电子邮件和信笺的主要不同之处，在主题栏里用短短的几个字概括出整个邮件的内容，便于收件人权衡邮件的轻重缓急，分别处理。尤其是回复的信件，要重新添加、更换邮件主题是要格外注意的环节，以便对方一目了然又便于保留。

（2）电子邮件的文体格式应该类似于书面交谈式的风格，开头要有问候语，但问候语的选择比较自由，像"你好""嗨"，或者仅仅是一个简单的称呼，结尾也可随意一些，比如"以后再谈""祝你愉快"等；也可什么都不写，直接注上自己的名字。但是，如果你写的是一封较为正式的邮件，还是要用和正式的信笺一样的文体。开头要用符合常规的称呼，如"尊敬的××"或者是"××先生/女士，您好"；结尾要有祝福语，并使用"此致/敬礼"这样的格式。

（3）内容简明扼要，针对需要回复及转寄的电子邮件，要小心写在电子邮件里的每一个字、每一句话。因为现在法律规定电子邮件也可以作为法律证据，所以发电子邮件时要小心，对单位和个人不利的内容，千万不要写上。发邮件时一定要慎重，还要定期重新审查你发过的电子邮件，评估其对工作往来所产生的影响。

（4）一定要清理重复的内容。在美国加州有一位传播学专家摩根女士曾举例说：我最近收到一份电子邮件，其中包括了辗转收送的12个人之姓名，我实在没有必要知道这些讯息。若为转发邮件，在转寄之前应删除一切无关紧要或重复的内容，例如：原件中摘要部分之主题、地址及日期等。

（5）注意回答问题的技巧。当回件答复问题的时候，最好只把相关的问题抄到回件，然后附上答案。不要用自动应答键，那样会把来件所有内容都包括到回件中；但也不要仅以"是的"二字回复，那样太生硬了，而且让读的人摸不着头脑。

（6）恰当地称呼收件者，并且在信尾签名。虽然电子邮件本身已标明了邮自哪方、寄与何人，但在邮件中注明收信者及寄件者姓名乃是必须的礼节，包括在信件开头尊称收信者的姓名，在信尾也注明寄件者的姓名以及通讯地址、电话等，以方便收信者未来与你的联系。

（7）重要邮件发出后要电话确认。另外，重要的机密和敏感的话题不要使用电子邮件，因为它不能保证严守机密。

（8）切忌全文使用英文大写字母。这样写成的邮件太强势，甚至暗示寄件人懒得使用正确的书写格式。毕竟，这仍是种文字沟通方式，应该遵守标准的文书规范。

三、微信礼仪

微课讲解
微信礼仪

微信（WeChat）是腾讯公司于2011年1月21日推出的一个为智能终端提供即时通讯服务的免费应用程序，微信支持跨通信运营商、跨操作系统平台通过网络快速发送免费（需消耗少量网络流量）语音短信、视频、图片和文字。同时，也可以使用通过共享流媒体内容的资料和基于位置的社交插件"摇一摇""朋友圈""公众平台"等服务插件。

随着信息技术的日益发展，微信也日益成为人们沟通交流的一个重要平台。当今，在工作和生活中互加微信好友是非常普遍的一件事，只是如何在这一过程中让彼此感觉到尊重与被尊重，避免产生被骚扰的误解，显得尤为重要。

用微信聊天或者互动同样也需要注意礼仪细节，比如微信昵称的使用，比如添加微信备注信息，比如选择发文字还是发语音，都需要事先考量，尤其是在职场与工作中，微信的对象是客户、同事或者领导。

朋友圈和微信群作为微信的特有功能，一方面拓展了微信互动的范围，另一方面也扩大了微信互动的影响，如果不注重礼仪细节，也会放大不良影响，使个人形象和企业形象受损。

熟练使用微信并且掌握微信的使用方法和礼仪是非常重要的。

(一) 微信好友添加礼仪

首先,主动申请加对方为微信好友,以示真诚。把添加微信好友的决定权给予对方。例如,与朋友互加微信时,应该主动问询对方的微信号,用自己的手机添加对方,并发出好友申请,让对方来决定是否通过。

其次,在添加微信的过程中,把便利让给对方。例如,商务交往中担心加客户微信号后,对方一直不通过申请,可以在互加微信之前,先将自己的微信设置为"无需验证"模式,打开自己的微信二维码名片递给对方,让对方扫码便可以直接成为微信好友了。把麻烦的程序留给自己,把轻松便利的微信添加好友过程让给对方。

最后,在添加微信好友之后,记得在微信备注一栏里备注对方的信息,例如:姓名和手机号码,文女士137****6266,或者在与对方聊天的过程中了解到的对方的个人信息,便于今后有针对性的沟通和交流。

(二) 微信沟通礼仪

1. 微信加好友需要验证,加别人好友时请表明身份。加微信好友,一次没通过,第二次最好说明你是谁,加好友的目的或者原因,若第二次还没有通过,就另外再找合适的机会,避免让对方产生被打扰的情绪。加好友时备注上自己的身份,不仅是对自己的尊重也是对别人的尊重。

2. 微信对话要及时回话,收到对方的消息要及时回复,休息时间段除外。如果微信好友给你发了消息,而你又有空,最好及时回复。如果确实因为种种原因没能及时回复,那么也要在回复时先说明一下原因,得到对方的谅解。微信对话要直截了当,有事说事,在互联网时代工作生活节奏之快,没有人会想浪费时间。休息时间段,即早上6:00之前、晚上10点以后,都不适合发微信消息,以免打扰他人休息。

3. 慎用微信视频功能。使用微信视频涉及到个人隐私,在没有得到对方允许的情况下,不要开启微信视频功能,以免造成对方拒绝视频的尴尬。

4. 慎用语音聊天功能。在公共场合,最好开启"听筒模式",避免工作信息或个人隐私的泄露。

5. 微信群聊不要发语音,听语音消息让人感觉既浪费流量又不方便接收信息。微信群比电脑时代的QQ群又进化了一步,群里的信息在大家互动的时候呈现瀑布流的形式,而语音不像文字或者图片直观方便获取,这个时候如果是发语音,必须点击播放听取。这样,操作太多可能令人感觉麻烦,又会浪费时间错过群聊的新内容。群聊发语音仅限于群内培训或会议主讲发言,开启禁言,语音信息方便回放。

6. 注意修改群昵称和开启群消息免打扰功能。建群或者进群以后的第一件事情就是修改群昵称,一则方便让大家记住彼此的名字和身份,二则也是便于微信群的管理和交流,一般建议将群昵称采用"地区＋称谓＋联系电话"的方式。此外,由于群消息的频繁性,建议开启"消息免打扰"模式,这样,即便在公共场合也不会因为群消息过多而打扰到周围的人。

7. 拉人进群首先应征求群主和被邀请人的意见,以示尊重。人最看重知情权和别人对自己的尊重,微信就是一个虚拟社会,人与人之间的交往,不打招呼就拉人进群是不尊重群主,不打招呼就把别人拉进一个群就是不尊重别人。

8. 不要公群私聊,不要在群里刷屏。在群里刷屏有三种情况:第一种,群里没有人说话,突然一个人冒泡,然后另一个人接话,然后其他人静静地看他俩在微信群里各种私聊,完全没有考虑到这是一个公共的微信群。第二种,一开始大家都在说话,慢慢只剩两个人对话,没人接得上对话,然后其他人就又静静看两人在微信群里私聊。最好的做法,应该是怎样呢?应该是两人在群里互加好友之后,转到群外私聊。第三种,一个人在群里连续发文字或语音或图片或表情包,这样的表现,只会被其他人认为是在刷存在感,也是非常无礼的。

9. 避免各种求点赞、求评论、求投票,把微信好友当点赞机和投票机的行为。有些发微信求点赞拿奖品或者福利者,还使用群发助手,一遍一遍地群发,不考虑对方的需求或感受,反复要求微信好友连续几天投票,又没有任何感谢或者实质意义的回报,容易引发对方的反感和为难。

10. 不要运用群发功能发删除或拉黑微信好友的测试消息。收到这样的微信,第一次可能会理解,第二次可能就会产生被轻视的感觉,或者直接就会引起对方的反感和厌恶,所以,最好的方式就是谨慎加微信好友,与好友保持互动,拉黑删除的行为只针对真正需要被拉黑删除的对象。

第三节　馈赠礼仪

馈赠是人们在社交过程中通过给交往对象赠送一些礼物来表达对对方的尊重、敬意、友谊、纪念、祝贺、感谢、慰问、哀悼等情感与意愿的一种交际行为。馈赠通过礼品作为媒介,与交往对象建立很好的沟通渠道,充分表达对对方的友情与敬意。馈赠的目的在于沟通感情和保持联系,所以它不仅是一种行为方式,更为重要的是通过这种方式能够体现馈赠者的品位和情意。

在现代人际交往中,随着交际活动的日益频繁,礼品成为人们往来的有效媒介之一,它像桥梁和纽带一样直接明显地传递着情感和信息,深沉地寄托着人们的情意,无言地表达着人与人之间的真诚关爱,久远地记载着人间的温暖。馈赠作为一种非语言的重要交际方式,以物的形式出现,以物表情;礼载于物,起到寄情言意的"无声胜有声"的作用。得体的馈赠,恰似无声的使者,给交际活动锦上添花,给人们之间的感情和友谊注入新的活力。

一、赠送礼品的基本要求

在交际活动中,无论我们赠送何种礼品,以何种方式赠送,都要符合一定的礼仪要求,这样我们才能达到所期望的目的。

(一) 明确赠送礼品的目的

在社交活动中,赠送礼品的目的主要有三种。

1. 以交际为目的

这是一种为达到交际目的而进行的馈赠,有两个特点:一是送礼的目的与交际目的的直接一致。无论是个人还是组织机构,在社交中为达到一定目的,针对交往中的关键人物和部门,通过赠送一定礼品,以促使交际目的达到。二是礼品的内容与送礼者的形象一致。礼品的选择,一个非常重要的原则就是要使礼品能反映送礼者的寓意和思想感情的倾向,并使寓意和思想感情倾向与送礼者的形象有机地结合起来。

2. 以人情往来为目的

人情即人际关系。人情礼强调礼尚往来,以"来而不往非礼也"为基本准则。这类馈赠,无论从礼品的种类、价值的轻重、档次的高低、包装的精美、蕴含的情义等方面都呈现出多样性和复杂性。这类馈赠在民间交际中尤其具有重要的作用。

3. 以酬谢为目的

这类馈赠是为答谢对方的帮助而进行的,因此在礼品的选择上十分强调其物质价值。礼品的贵贱厚薄,第一取决于他人帮助的性质。帮助的性质分为物质的和精神的两类。一般说来,物质的帮助往往是有形的、能估量的。而精神的帮助则是无形的、难以估量的,然而其作用又是相当大的。第二取决于帮助的目的。是慷慨无私的,还是另有所图的,或是公私兼顾的。只有那种真正无私的帮助,才是值得真心酬谢的。第三取决于帮助的时机。一般情况下,危难之中见真情。因此,得到帮助的时机是日后酬谢他人的最重要的衡量标准。

(二) 把握馈赠的基本原则

馈赠作为社交活动的重要手段之一,为古今中外人士普遍肯定。大凡送礼之人,都希望自己所送礼品能寄托和表达对受礼者的敬意和祝颂,并使交往锦上添花。然而,有时所赠礼品非但达不到这种目的,反而会事与愿违造成不良后果,正所谓"赔了夫人又折兵"。因此,认真研究和把握馈赠的基本原则,是馈赠活动得以顺利进行的重要前提条件。一般而言,馈赠的原则有以下几条。

(1) 轻重得当。通常情况下,礼品的贵贱厚薄,往往是衡量交往对象之间的诚意和情感浓烈程度的重要标志。然而礼品的贵贱厚薄与其物质的价值含量并不总成正比。因为礼物是言情寄意表礼的,它仅仅是人们情感的寄托物,人情无价而物有价,有价的物只能寓情于其身,而无法等同于情。也就是说,就礼品的价值含量而言,礼品既有其物质的价值含量,也有其精神的价值含量。"千里送鹅毛"的故事,在中国家喻户晓,被标榜为礼轻情义重的楷模和学习典范。"折柳相送"也常为文人津津乐道,因为柳的寓意有三:一为表示挽"留";二因柳枝在风中飘动的样子如人惜别的心绪;三为祝愿友人如柳能随遇而安。如果仅就礼物本身的物质价值而言,的确是很轻的,对于受礼人来说甚至是微乎其微的,然而它所寄寓的情意则是浓厚的。人们提倡"君子之交淡如水""礼轻情义重"。但是,在真正实施馈赠的过程中,则不妨既要注意以轻礼寓重情,又要入乡随俗地根据馈赠目的和自己的经济实力,择定不同轻重的礼物。对于人情礼轻重的把握尺度,目前国内常以个人月收入的1/3为最上限,下限则视情而定。总之,除非是有特殊目的的馈赠,其他馈赠礼物的贵贱厚薄都应以对方能愉快接受为尺度。一般讲,礼物太轻,又意义不大,很容易让人误解为瞧不起他。礼物太贵重,又会使接受礼物的人有受贿之嫌,一般人就很可能婉言谢绝,固要做到轻重得当。

(2) 投好避忌。由于民族、生活习惯、生活经历、宗教信仰以及性格、爱好的不同,不同的人对同一礼品的态度是不同的,或喜爱或忌讳或厌恶,等等,因此我们要把握住投其所好、避其禁忌的原则。在这里尤其强调要避其禁忌。禁忌是一种不系统的、非理性的、作用极大的心理和精神倾向,对人的活动影响强烈。当自己的禁忌被冒犯时,无论是有意的还是无意的,心中的不快不满,甚至愤恨是不言而喻的。当我们冒犯了别人时,就会引起纠纷甚至冲突,影响交往双方的感情。所以,馈赠前一定要了解受礼者的喜好,尤其是禁忌。例如,中国人普遍有"好事成双"的说法,因而凡是大贺大喜之事,所送之礼,均好双忌单;但广东人则忌讳"4"这个偶数,因为在广东话中,"4"与"死"谐音,是不吉利的。我国民间还常常讲究给老人不能送"钟",给夫妻、情人和病人不能送"梨",因为"送钟"与"送终","梨"与"离"谐音,是不吉利的。在国际交往过程中,对各国的馈赠习俗的了解更为重要,因为每个国家或地区都有各自的礼仪规则,比如给德国人送礼物,关系一般者不宜送香水,不能给女士送玫瑰等。给阿拉伯人送礼物,应首先考虑其宗教习俗,有猪、熊、狗和六角星图案的礼品或带有女性形象的礼品都不宜相送,而中国传统的工艺品,如景泰蓝、瓷器、漆器、银器都很受他们的欢迎,等等。

(3) 时机适宜。就馈赠的时机而言,及时适宜是最重要的。中国人很讲究"雨中送伞""雪中送炭",即十分注重送礼的时效性,因为只有在最需要时得到的礼物才是最珍贵的,也才是最难忘的。因此,要注意把握好馈赠的时机,包括时间的选择和机会的择定。一般说来,时间的选择贵在及时,超前延后都达不到馈赠的目的;机会的择定贵在事由和情感及其他需要的程度。"门可罗雀"和"门庭若市"时,人们对馈赠的感受会有天壤之别。

此外,最好的礼品应该是根据对方兴趣爱好选择的,富有意义、耐人寻味、品质不凡却不显山露水的礼品。选择礼物时要考虑它的思想性、艺术性、趣味性、纪念性等多方面的因素,力求别出心裁,不落俗套。

总而言之,我们在赠送礼品时要注意礼品定位。礼品定位解决了之后,才会涉及其他的问题,才能达到增进感情或加强合作的目的。

(三) 选择合适的赠送方式

赠送的方式主要有三种。

1. 当面赠送

这是最庄重、最常见的一种送礼方式。当面赠送,既可以充分表达赠送的目的,还可以介绍礼品的寓意、演示礼品的用法,使受礼者感受馈赠者的良苦用心等。这种赠送方式可以充分发挥馈赠的作用。

2. 托人赠送

当送礼者距离较远或者不宜当面赠送,就可以请第三者代为转送礼品。但采用这种方式,必须有充分的理由,并应事先电话告知受礼者。且应在礼物的包装内附上自己的名片或祝福的卡片。

3. 邮寄赠送

这是异地馈赠常用的方式。由于交往对象身处异地,无法当面赠送,通过邮寄及时赠送,弥补无法面送的缺憾。有时同处一地的交往对象为了给受礼者惊喜或者意外感,也可以选择邮寄赠送礼物。

二、赠送礼品的时机与场合

(一) 赠送礼品的时机

在赠送礼品的时机的选择上,我们主要从以下几个方面入手。

1. 传统的节假日

一般来说,选择新春、元旦、端午、中秋赠送礼品是最流行的做法。特别是对港、澳、台同胞和海外华人华侨,在中国的传统佳节里送礼,往往有意想不到的效果。

2. 赠送对象特有的纪念日

对方特有的纪念日主要有以下两个方面:

(1) 商务相关的纪念日。如对方的晋升、获奖、公司成立纪念日等。

(2) 家庭相关的纪念日。如对方的生日、结婚、生小孩、重病初愈等。

3. 其他特殊的赠送时机

(1) 在会见和会谈时,如果准备向主人赠送礼品,一般应当选择在起身告别之际赠送。

(2) 拜访、赴宴、道喜、道贺、酬谢时,如拟向对方赠送礼品,通常选择在双方见面之初相赠。

(3) 出席宴会时向主人赠送礼品,可在起身辞行时进行,也可选择在餐后吃水果之时。

(4) 观看演出时,可酌情预备一些礼品,并且在演出结束后登台祝贺时当面赠送。

(5) 浏览观光时,如果参观单位向自己赠送礼品,最好在当时向对方回赠礼品。

(6) 为专门的接待人员、工作人员准备的礼品,一般宜在抵达当地后尽早赠送给对方。

(7) 朋友家碰上意外之灾,及时去看望他们,即使只送上一份薄礼,但礼轻情义重,它会使朋友之间的感情更加深厚。

(8) 作为东道主接待外国来宾时,如要赠送一些礼品,可在外宾向自己赠送礼品之后进行回赠,也可以在外宾临行的前一天,前往其下榻之处进行探访时赠送。

4. 涉外交往时应注意的赠送时机

在涉外交往中,尤其要注意赠礼时机。如在日本,要选择人不多的场合送礼;而在阿拉伯国家,必须有其他人在场,送礼才不会有贿赂的嫌疑;在英国,合适的送礼时机是请别人用完晚餐或在剧院看完演出之后;在法国,不能向初次结识的朋友送礼,应等下次相逢的适当时机再送,等等。

(二) 赠送礼物的场合

馈赠礼物要考虑场合,不同的场合要选送不同的礼物。如一般性私人场合,可注重礼品的精巧、实用;而隆重、喜庆的公众场合,礼品也应相对大气一些。这样我们既能达到礼仪的要求,又能使得对方心情愉悦。如:

(1) 开业庆典时适宜送花篮或大型工艺品。

(2) 赴宴做客时应给女主人带些小礼品,主人有孩子的可给孩子送个玩具或其他小礼物。

(3) 参加婚礼可送上一束花或一件工艺品,并致以美好的祝福。

(4) 逢年过节,可送烟酒、糖茶等礼物。

(5) 如果赠送的礼品实用价值不高却具有某种象征意义,不妨在公开场合赠送。如一束鲜花、一枚徽章、一张贺卡等礼品,就可以直接送到对方的办公室。

(6) 如果想让众人变成你们真挚友情的见证人,送礼也适宜在公开场合进行。

三、选择礼品的技巧

如何挑选合适的礼品使得其为社交活动锦上添花,如何把握时机在合适的环境及场合送出礼品使得如细雨润物般自然而有益是需要研究的。

在选择礼品时,我们应从以下几个方面入手。

1. 按照对方的喜好

选择礼品时一定要考虑周全,有的放矢,投其所好。可以通过仔细观察或打听了解受礼者的兴趣爱好,然后有针对性地精心挑选合适的礼品。尽量让对方感觉到馈赠者在礼品选择上是花了一番心思的,是真诚的。

一般说来,送礼对家贫者,以实惠为佳;对富裕者,以精巧为佳;对恋人、爱人,以纪念性为佳;对朋友,以趣味性为佳;对老人,以实用为佳;对孩子,以启智新颖为佳;对外宾,以特色为佳。

2. 按照对方当地的习俗

送礼前应了解对方的身份、爱好、民族习惯,不能选择容易引起误解或歧义的物品作为礼品,免得送礼送出麻烦来。例如:去医院看望病人时,在上海不能拿苹果以示慰问,因为上海话中"苹果"跟"病故"二字发音相同;不要送钟,因为"钟"与"终"谐音,让人觉得不吉利;而日本人忌讳"4"和"9"及其倍数,故不宜送这些数目的礼物;法国人忌讳男士向女士送香水,等等。

3. 按照礼品的类别

(1) 实用型:笔、领带、钱包、香水、打火机、各类球拍等。此类礼品最常用,了解对方的爱好和性格投其所好。对方比较容易接受,可以有助于建立良好关系。

(2) 摆设型:台历、水晶摆设等。此类礼品没有太多实用及经济价值,主要是让对方能够常用常看见。

(3) 奢侈型:手表、高级礼品等。

4. 注意礼品选择的禁忌

在选择、准备礼品时,不能单凭个人意愿,想当然地自作主张。在努力选择最佳礼品之时,应当有意识地做到不送对方所不欢迎的礼品。我们在选购礼品时,要注意以下禁忌。

(1) 忌送违法的物品。在任何时候,选送礼品给他人时,都务必要首先树立法律意识,认真考虑一下,所赠礼品是否与我国现行法律相抵触。例如,具有严重政治问题,泄露国家秘密或本单位商业秘密,涉黄、涉毒、涉枪一类的物品,在任何时候都不可赠送于人。否则,就会既害人,又害己。赠送礼品给外国友人时,还应考虑到其不能违反对方所在国家的现行法律。

(2) 忌送违规的物品。所谓违规之物,这里指的是所赠礼品不符合赠送双方,尤其是对方一方的有关规定。赠送违规的物品给人,是明知故犯,成心让对方为难,甚至有害于对方。例如,我国规定:公务员在执行公务时,不得以任何理由因公收受礼品或变相收受礼品,否则,即有受贿之嫌。

(3) 忌送广告、宣传性物品。在一般情况下,除家人之外,轻易不要把带有广告标志或广告语的物品赠送给别人。用广告物品送人,非但等于什么都没有送,而且还会使人产生利用对方替自己免费进行宣传的感觉。

(4) 忌送对健康存在隐患的产品。有一些物品,虽然不为法律、规章所禁止,但对人们的工作、学习、生活以及身体健康、家庭幸福不但无益,而且有害。这就是属于不宜送人之列的有害物品。平日,最常见的此类物品有:香烟、烈酒、赌具以及庸俗低级的书刊、音像制品。将此类物品送人,有些时候或许恰能投其所好,但却难脱助纣为虐、存心害人之嫌。

(5) 忌送易于引起误会的物品。挑选赠品时,特别是在为交往不深的对象、外地人士或外国来宾挑选赠品时,还应当有意识地使赠品不与对方所在地的风俗习惯相矛盾、相抵触。如在我国的绝大部分地区,老年人忌讳送钟,恋人们反感送伞。而女性忌送领带和腰带给男性,除非你和他有亲密关系,因为这些东西有要拴住对方的意思;同样,男性送没有亲密关系的女性项链、戒指也不太合适。

此外,赠送礼品还应注重礼品的包装,尤其是在涉外交往中,礼品的包装也属于礼品的组成部分,同样也在需仔细考虑范围之内。

四、接受礼品的礼仪

在别人给你赠送礼物时,我们应当注意自己的行为,不能失礼于人。一般来说,我们可以从以下几个方面着手。

(一) 从容接受礼物

在接受对方赠送的礼物时,我们要落落大方。接受礼物时要注意礼貌,不论自己在做什么事,都应立即中止,起身站立,面向对方,以便有所准备。在对方取出礼品,预备赠送时,不应伸手去抢、开口相询,或者双眼盯住不放。此时此刻,最应当注意保持风度。神态既要专注、认真,更要显得稳重、大方。接受礼物时应双手接礼,然后用右手与对方握手并表谢意。不要过于推辞,以致伤害送礼者的感情,即使送的礼物不合意,也应有礼貌地加以感谢。

(二) 要当面打开礼物

在接过他人相赠的礼品之后,应当尽可能地当着对方的面,将礼品包装当场拆封。这表示自己看重对方,同时也很看重获赠的礼品。在启封时,动作要井然有序、舒缓文明,不要乱扯、乱撕、乱丢包装用品,此时,撕破包装纸被认为是粗鲁的举止。当面拆开包装后,要以适当的动作和语言,表示对礼品的欣赏。比如,可将他人所送的鲜花捧起来闻闻花香,随后再将其装入花瓶,并置于醒目之处。

(三) 及时感谢

在双手接过他人礼品的同时,应立即恭恭敬敬、认认真真地向对方道谢。与此同时,有条件的话,还应该即刻与对方握一下手,以示感谢之意。不要在对方递上礼品时,无所表示;也不要虚情假意、推推躲躲、反复推辞。

如果礼物不是当面相送,是通过邮寄、或者托人相送。收到礼物后可以书面的形式表示感谢,而不是随便一个电话。这表明你花了一些时间,就像送礼人花费时间来挑选礼物一样。在写感谢信时我们要注意以下内容。

(1) 感谢函要在收到礼物后尽快寄出,若写信给年长者应尽量快,这样才是有礼貌的。

(2) 如果我们同时收到很多礼物,也必须抽时间尽快回复,而且每一件礼物都该分开亲自致谢。在结婚的情况下可除外。

(3) 如果给我们送礼的人太多或时间太紧,不能及时给每位送礼者写感谢信,那么,我们可以给每位送礼者寄张明信片,表明已收到了礼物。这是万不得已的策略,稍后有空时仍应写封感谢信。

五、回赠礼品的主要方法

常言道:来而不往非礼也。在人际交往中,礼尚往来,互赠礼品,也是人之常情。在许多时候,接受他人礼品之后,即应铭记在心,在适当的时刻,以适当的方式,受礼人一般要回赠,从而加强联系,增进友谊。在回赠礼品时,我们应该注意以下几点。

(一) 回礼的时机

选择回礼的时机与赠送礼品的时机的要求大致是一致的,间隔时间的长短要适度,如果还礼过早容易被别人认为是"等价交换"。如果拖延太久,等事情完全冷淡了再还礼效果也不好。

但是,在一些特殊情况下,则不受此约束。

(1) 在节日庆典时期,可以在客人走时立即回赠。

(2) 在生日、婚庆、晋级升迁等时候接受的礼品,应在对方有类似的情形或适当时候再回赠。

(3) 在受礼后登门拜访时还礼。

(4) 适逢与对方赠送自己时情况相同的时机还礼。

(二) 回礼的形式

在还礼的时候要选择得体的还礼形式。如果还礼的形式不当,"还"不如不"还"。下面还礼的几种形式,可资借鉴。

(1) 回赠的礼品切忌重复,一般要价值相当,也可以根据自己的情况而定,但也不必每礼必回。

（2）每当接受他人的馈赠，应留心记住礼物的内容，回赠时以选择类似的物品为宜。比如你送我书刊，我可以送你影碟。

（3）因为一般人在选择礼物时，无意之间会透露个人的品位及喜好。因此，回赠对方时，不妨参考一下对方馈赠的礼物，较易赢得对方的喜悦。

（4）可用某种意在向对方表示尊重的方式来代替，不必非要还礼，一般对方也是非常愿意接受的。比如，在受礼后，口头上或书面上向对方致谢，或者下次见面的时候使用对方的赠礼等。

六、回绝礼品的礼仪

一般情况下，不论你怎样看待送你的这件礼物，最好表示谢意并接受它。当然，有时候有必要拒收礼品。但在拒绝他人的礼品时，一定要讲究方式、方法，处处依礼而行。要给对方留有退路，使其有台阶可下，而切忌令人难堪。因此，我们在拒绝对方所赠送的礼物时，应注意以下问题。

（一）及时反馈

在确定我们所要拒收的礼物时，我们应该快速高效地将礼品退回，一般情况下我们要在24小时之内作出反应。

（1）如果送礼人是善意的，向他解释一下将礼品退回的原因并对他表示感谢。

（2）如果送礼人不怀好意（如有性暗示、隐含附加条件等），则只需告诉他礼品不合适。为了自我保护，把退还礼品时写的信复印一份，保存在卷宗里，并注明退还礼品的日期以及退还方式。

（二）礼貌拒绝

通常，有以下几种比较礼貌的拒绝礼物方法。

1. 先收后退

如果当着很多人的面拒绝别人的礼物，无疑会让对方觉得很难堪，因此可以先将礼物收下，然后单独将礼物原封不动地退还给送礼人。要注意收下的礼物不能拆封，更不应该使用，要争取在24小时内送还，否则容易让人误解为你已经收下。比如老师如果觉得接受学生的礼物不妥，不要当面拒绝，应先收下礼物，然后通过家长谢辞。

2. 委婉拒绝

即采用委婉的、不失礼貌的语言，向赠送者暗示自己难以接受对方的好意。例如，当对方向自己赠送手机时，可告之：我已经有一部手机了。

3. 直接说明原因

也即直截了当而又所言不虚地向赠送者说明自己难以接受礼品的原因。如在涉及公务方面的往来中,如果遇到别人赠送贵重礼物时,可以采取直接告知不能收受礼品原因的方法来拒绝对方。

拓展阅读

送 花 礼 仪

送花既是一门学问,也是一门艺术,因为送花的目的是以花为礼,联系感情,增进友谊。什么时候送什么花,什么场合选什么花,什么人喜欢什么花,都需要根据具体情况,因时因地因对象而精心设计。否则会因考虑不周而适得其反,失去馈赠花卉的目的。

一、送花的时机

(一) 常用的送花时机

在人际交往中,人们通常会在以下场合以花赠人。

1. 喜庆之用。朋友熟人结婚、生子、乔迁、升学、晋职等诸般喜事,均可以赠送鲜花作为喜礼,恭喜对方。

2. 贺礼之用。参与某些应表示祝贺之意的活动,如公司开业、店铺开张等,可以赠送鲜花表示祝贺。

3. 节庆之用。如春节、中秋节、母亲节、父亲节等,都是赠花的好时机。

4. 慰问之用。当亲戚朋友遇到不幸或挫折时或是遇到其他一些天灾人祸时,应前去慰问,并赠以鲜花。

5. 祭奠之用。当祭祖、扫墓时,可以花为礼,追思、缅怀故人或表示自己的哀思。

(二) 巧用的送花时机

在如下一些情况下,用鲜花赠送,会令人耳目一新,增进双方的关系。

1. 迎送。当朋友来访或即将归来,向其赠送一束鲜花,可以巧妙、委婉地向对方表达自己的热情、友谊。

2. 做客。前往他人居所做客时,如能以鲜花为礼,则较为恰当。

3. 致歉。有些时候,因为自己的差错而与其他人产生了矛盾、误解甚至隔阂,可以通过向其赠送鲜花来表示歉意,必要时还可附以道歉卡。

二、花卉语言

每种花都有它特定的含义,送花就是要借用这些无形的语言,传递赠送者的心意。因此,在决定送什么花以前,首先要了解不同花的不同含义、有什么特别的花语,这样才会赠送恰当。

(一) 常用花语

1. 寓意品格高洁的花

梅花：在冷艳寒香的姿容中，展露出一种傲雪凌霜、不畏强暴的品格，象征着坚忍不拔的精神。

兰花：由于它生于幽谷，散发出超尘脱俗的幽香，故其花语是清芳圣洁、淡泊名利。

菊花：秋菊挺立，不畏风霜，独立寒秋，展示了甘于清寒、傲骨高洁的人格形象。

莲花：出尘离染，香溢清远，被誉为花中君子。象征爱情纯洁真挚，佛界也视其为圣洁无限的吉祥花。

水仙：素丽高雅，洁白无瑕，故有高洁清廉、自尊自重的寓意，也是全年幸福的吉祥预兆。

君子兰：生机盎然，展现出勃勃生机，有不畏强权、坚强奋进的花语象征和富有、高贵的君子之风。

2. 寓意吉祥幸福的花

牡丹：花形硕大，花色浓艳，花瓣层层叠叠，雍容华贵。被誉为花中之王。象征繁荣昌盛、富贵荣华。

百合：有百事合心、百年好合的寓意，又因其鳞茎上鳞片紧密抱合，象征着团结友好。

桂花：因"蟾宫折桂"的神话传说，被戴上了荣誉光环，是象征高贵荣誉的吉祥花。

大丽花：花朵丰满硕大，花色瑰美，雍容华丽，象征大吉大利、繁荣幸福。

金橘："橘"与"吉"谐音，人们把金橘看做是大吉大利的象征，是祝福亲友百事大吉、四季平安的吉祥花。

石榴：是多福、多寿的象征，与桃、佛手并称为三大吉祥果，也是象征人生前程似锦的幸福花。

唐菖蒲：叶形似剑，花穗自下而上，成串依顺序开放，给人以自强不息、奋发向上的形象感受。

玉兰：冰清玉洁，秀美娇丽，花大如莲，与海棠、牡丹插在一起，有玉堂富贵的吉祥意义。

富贵竹：似竹非竹，颇似翠竹的富贵竹，带有富贵吉祥的神韵，是寓意富贵吉祥的名贵观叶花卉。

吉祥草：四季常青，秋冬红果累累，形如观音座莲，象征着观音赐福的好运，其花语是吉祥如意。

3. 寓意亲情、友情的花语

康乃馨：又名香石竹。雍容华丽，端庄典雅，具有女性之爱、清纯爱慕之情的寓意，是风靡世界的"母爱之花"，是赠送母亲的首选花。

鸢尾：花茎挺立，花姿如展翅高飞的彩鹊，有鹏程万里、前途无量的寓意，是寄托友谊永存的友情花。

茉莉：冰姿玉蕊，高雅清纯，具有纯洁友情的象征意义，也是江南男女喜欢互赠的幸福爱情花。

白鹤芋：花叶轻盈，叶色青翠，恰似绿色海洋中白舟扬帆，因此赋予它一帆风顺的寓意，是友情祝福花。

常青藤：枝缠蔓绕，郁郁葱葱，密不可分，象征朋友之间的友情，花语是忠诚友情、友谊长存、永不分离。

芍药：有花中宰相之称，花大色艳，花瓣重叠紧抱，且清香四溢。自古就有惜别和难舍难分的花语寓意。

报春花：色彩艳丽妩媚，在春节前夕迎春怒放，因此人们把它看做是春天的使者，它的花语是希望的使者。

4. 寓意健康长寿的花

万年青：红果衬绿叶，经冬不凋，是祝福老人健康长寿的首选，也是祝愿青春永驻和友谊长存的生日友好花。

龟背竹：高雅挺拔，整个叶面形似龟甲图案，象征着吉祥长寿的美好寓意，是祝福老人生日的常用礼花。

五针松：葱郁苍劲，针叶密集，寓意长辈丰富而深邃的智慧阅历，是象征生命永存、老而不衰的长寿吉庆花。

长寿花：株形紧凑，小花密集锦簇，瑰丽如霞。且花期特长，因此得名长寿花，有美好幸福的寓意。

红枫：终年红艳，嫩叶鲜红艳美，老叶紫红灿烂。有老有所为，老当益壮的美好意义。

绿萝：柔枝蔓影，匍匐悬垂，郁郁葱葱，终年碧绿，显示出勃勃生机，因此有青春常驻的象征意义。

5. 寓意财运亨通的花

荷包花：花团锦簇，十分绚丽娇艳，象征着招财进宝，是元宵佳节祝福财源滚滚、发财吉祥的优美象征花。

金鱼草：花形俏丽，花朵繁茂紧凑，象征生意兴隆、繁荣昌盛。"金鱼"取其吉利谐音：有金有余。

蟹爪兰：绿意葱茏,繁花似锦,数十朵成百朵花成簇悬挂,倒挂在蟹爪上,寓意锦上添花、鸿运当头。

(二) 花的形式

从花的形式看,可以分为花篮、花束、盆花、插花、饰花、花环、花圈。其中花束包装简单,适用范围比较广。饰花是戴在身上的装饰品。从送递方式看,由本人亲自送递是最好的,送花最好不要请人代送,除非是不方便或者距离比较远。

1. 花篮。它是以形状各异的精编草篮或竹篮为容器,按一定的要求,盛放一定数量花大色艳的新鲜切花的形式。与花束相比较,赠送花篮显得更隆重、更高档。最适合在开业、演出、祝寿等场合送出。

2. 花束。它是以新鲜的数枝切花捆扎成束,精心修剪或包装而成的一种鲜花组合。在送花的具体形式中,它是适用面最广、应用最多的一种。

3. 盆花。即栽种在专门的花盆里,主要用作观赏的花草。送人的盆花,可以是自养的心爱之物,也可以是特意买来的珍稀品种。送盆花的最佳时机,有登门拜访、祝贺乔迁以及至交互访等。赠送的对象,最好是老年人、爱花人以及兼具时空条件者。

4. 插花。是指采用一定的技巧,将各种供观赏的鲜花在精心修剪之后,认真搭配,然后插放在花瓶、花篮、花插之中。将插花置放于室内案头,可使花香弥漫,花色宜人,春色满眼。插花主要适用于"孤芳自赏"、装饰居室、布置客厅或会议室,同时也可以赠与亲朋好友。

5. 饰花。在日常生活里,往往可以用单枝鲜花进行装饰,这就是所谓的饰花。按其装饰的部位不同,最常见的饰花有襟花、头花等。襟花可适用于各类社交场合,而头花则仅限于非正式场合使用。除亲朋好友外,饰花一般不宜送人。但是襟花在某些庆典仪式中,则可以统一发放。

6. 花环。此处所指的是用新鲜的切花编扎而成的环状物,可以手持,也可佩戴于脖颈、头顶或手腕上。它多用于自我装饰、表演舞蹈、迎送贵宾,有时亦可以之赠人,受赠对象通常是贵宾或好友。

7. 花圈。是用鲜花扎成的固定的圆状祭奠物,它仅能用在悼念、缅怀逝者的场合,例如参加追悼会、扫墓、谒陵等。

三、不同对象的送花礼仪

根据赠送对象的不同,花的选择也应该有所区别。

1. 看望父母：可选剑兰花、康乃馨、百合花、菊花、满天星,插成花篮或花束,祝父母百年好合、幸福美满。

2. 送别朋友：赠一束芍药花，表示依依惜别之情。

3. 迎接亲友：可选紫藤、月季、马蹄莲组成花束表示热情好客。

4. 热恋的情人：可互送玫瑰花、蔷薇花或桂花，这些花以其美丽、雅洁、芬芳而成为爱情的信物和象征。

5. 送商界朋友：可送杜鹃花、大丽花、常春藤等祝福其前程似锦，事业成功。

6. 给老人祝福：宜送万年青或长寿花，长寿花象征着健康长寿，万年青象征着永葆青春。

7. 祝贺新婚：宜用玫瑰、百合、郁金香、香雪兰、扶郎花等。至于新娘捧花，适当加入几支满天星，将会更加清丽脱俗。

8. 拜见德高望重的老者：宜送兰花，因为兰花品质高洁，又有"花中君子"之美称。

9. 探望病人：探病的花应选花色、香味淡雅的鲜花。花色浓艳、香气浓郁或花粉多者皆不适宜。宜送兰花、水仙、马蹄莲等，或选用病人平时喜欢的品种，有利病人怡情养性、早日恢复。不要送整盆的花，以免病人误会为久病成根。香味很浓的花对术后康复不利，宜引起咳嗽；颜色太浓的花会刺激病人的神经，激发烦躁情绪；山茶花容易落蕾，被认为不吉利。

四、送花的禁忌

世界各国的人民都有自己偏爱的花卉，但也有忌讳的花卉。有些鲜花在不同的国家、不同的地区有着不同的含义，所以在送花之前最好弄清楚对方国家或地区的花语习俗。

1. 在中国的一些传统年节或喜庆日子里，到亲友家作客或拜访时，送的花篮或花束，色彩要鲜艳、热烈，以符合节日的喜庆气氛。可选用红色、黄色、粉色、橙色等暖色调的花，切忌送整束白色系列的花束。在广东、香港等地，由于方言的关系，送花时尽量避免用以下的花：剑兰（见难），茉莉（没利）。

2. 有些鲜花在不同的国家、不同的地区有着不同的含义，所以在送花之前最好先了解对方国家或地区的花语习俗。

在国际交际场合忌用菊花、杜鹃花、石竹花以及黄色的花献给客人，已成为惯例。因此需要特别注意，以免引起不良后果。

在印度和欧洲国家，白色玫瑰和白色百合花，是送给死者的虔诚悼念品。

在巴西，人们忌讳黄色和紫色的花，绛紫的花主要用于葬礼。

在法国，当你应邀到朋友家中共进晚餐，切忌带菊花，菊花表示哀悼，因为只有在葬礼上才会用到；比利时人、意大利人和西班牙人同样不喜欢菊花，认为它是不祥之花，象征着悲哀和痛苦；但荷兰人对菊花却十分偏爱；而德国人认为红色的菊花代表热烈的爱意。

罗马尼亚人，一般送花时，送单不送双，过生日时则例外。

在拉丁美洲，千万不能送菊花，人们将菊花看作一种"妖花"，只有人死了才会送一束菊花。

日本人给病人送花不能有带根的，因为"根"的发音近于"困"，使人联想为一睡不起。此外，日本人忌讳荷花。

俄罗斯人送女主人的花一定要送单数，送给男子的花必须是高茎、颜色鲜艳的大花。俄罗斯人忌讳"13"，认为这个数字是凶险和死亡的象征，而"7"在他们看来却意味着幸运和成功。

英国人一般不喜欢观赏或栽植红色或白色的花。

在德国一般不能将白色玫瑰花送给朋友的太太；也避免送郁金香，德国人视郁金香为"无情之花"，送此花给他们代表绝交。

思考与练习

一、简答题

1. 书信的笺文包括哪些内容？
2. 接听电话时应该注意哪些事项？
3. 馈赠时礼品的选择有哪些禁忌？

二、案例分析

下面这封书信在格式和措词上有哪些不妥之处？请指出并改正。

毅然，你好！

惊悉你考上大学，非常高兴，谨向你致以忠心的祝贺！

说来惭愧，我们同学五年，独我落选。不过，鄙人虽然这次高考不幸名落孙山，但决不灰心，决意明年再考，即使再考不上也不悲观，学府外自学成才的人不是大有人在吗？时至今日，学习计划已初具雏形，诸君学习成效显著，有何经验之谈或锦囊妙计，望抛砖引玉，切莫保守，来信告诉我。

余不赘陈，愿我们在学习的道路上比翼双飞。

此致

敬礼！

2010 年 9 月 23 日

王军华于渝

第四章 餐饮礼仪

1. 掌握一定的餐饮礼仪规范。
2. 参加餐饮活动时能表现得体。

中华饮食文化源远流长。随着社会的进步,人们交往范围的扩大,餐饮成为一种常见的社交活动,餐饮礼仪更成为人们社会生活中不可缺少的内容。餐饮礼仪不仅是现代文明人必备的基本素质,而且是社会交往和事业成功的重要条件。

微课讲解
宴请礼仪

第一节 中餐礼仪

中国是文明古国,也是礼仪之邦,历来崇尚礼仪。礼的产生始于饮食。《礼记》的《礼运》篇中记载"夫礼之初,始诸饮食"。《论语·乡党》篇中强调的"食不语,寝不言""虽疏食菜羹,瓜祭,必齐如也""席不正,不坐""乡人饮酒,杖者出,斯出矣"等,都是餐饮礼仪。文献记载表明,最迟在周代,我们国家的饮食礼仪已自成体系。这些礼仪日臻成熟与完善,它们在古代社会发挥过重要的作用,对现代社会依然产生着影响,成为文明时代的重要行为规范。

餐饮是一种常见的社交活动,其中中餐是指具有中华民族传统风格的餐食菜肴,中餐礼仪是指遵循中国人饮食习惯的礼仪规范。

中餐宴请活动就其目的性质而言,大约分为三种:一种是礼仪性质的,如为迎接重要的来宾或政界要员的公务性来访、为庆祝重大的节日或举行一项重要的仪式等举办的宴会,属于礼仪上的需要,这种宴会要有一定的礼宾规格和程序,对于到场人数、穿着打扮、席位排列、菜肴数目、音乐演奏、宾主致词等,往往都有十分严谨的要求和讲究。另一种是交谊性的,主要是为了沟通感情、表示友好、发展友谊,如接风、送行、告别、聚会等。再一种是工作性质的,主人为解决某项工作而举行的宴请,以便在餐桌上与参加宴会的人商谈工作。这三种情况又常交相为用,兼而有之。宴会的目的、形式和性质虽各有不同,但宾主所遵循的基本礼仪是一致的。

那么,在具体的饮食过程中,都要注意哪些礼仪呢?

一、用餐地点的选择

在社交聚餐时,用餐地点的选择是非常重要的,直接影响着餐宴的效果。比如饭店的远近、方便程度、服务态度、可供挑选的食物品种与质量、卫生程度和价格,饭店的设施、装饰、服务项目、营业时间、交通情况,甚至饮食者自己的空闲时间等条件,都会对宴请活动产生不同的影响。在用餐地点的选择上,我们要注重以下两点。

1. 环境优雅

宴请不仅仅是为了"吃东西",也要讲究环境的优雅。如果用餐地点环境欠佳,卫生状况堪忧,即使菜肴再有特色,也会食而无味,使宴请效果大打折扣。在可能的情况下,一定要争取选择清静、优雅的用餐地点。

2. 交通便利

选择用餐地点时,对于交通方便与否,也要高度加以关注。要充分考虑到,聚餐者来去交通是不是方便、有没有公共交通线路通过、有没有停车场、是不是要为聚餐者预备交通工具等一系列的具体问题。

总之,选择宴请的地点,要根据主人意愿,邀请的对象,活动性质、规模大小及形式,商谈的内容等因素来确定。一场宴会,少则十几人,多则上千人,要想让一种宴会环境满足所有与宴者的心理要求是很难的,这就要求我们在尽量满足大多数与宴者的客观要求的同时,侧重迎合其中少数特殊人物的心理要求。譬如,当主宾的地位、身份、影响高于主人时,以主宾为主;当主宾的身份、地位低于主人时,则要以主人为主,一些部门和单位领导宴请时,即应如此。平民百姓、普通顾客宴请时,宴会设计要以"买单"者为主。会议宴请,要以会务组人员及大会主席为主。

二、点菜礼仪

(一)点菜的基本原则

点菜是宴请活动的最关键的一环。如果菜点安排太少,就会怠慢客人;反之安排得过多,则又会造成浪费。如果所安排的菜点,色泽一致,口味一样,盛器相同,则显单调。尽是荤,有肥腻之忌讳;尽是素,有清淡之嫌。点菜应掌握以下基本原则。

1. 明确宴请的目的

宴请的目的有正规待客的,有好友相聚的,有两情相悦的,有论功行赏的,有联络感情的,林林总总。不同的宴请目的决定了菜的质量和品种的不同。

2. 了解客人的喜好

知己知彼方可百战不殆,掌握同席之人的口味乃点菜之先。选菜不以主人的爱好为准,主要考虑的是主宾的喜好与禁忌。

3. 注重菜肴特色

中餐宴请时通常应该考虑以下几点:第一,有中餐特色的菜肴。尤其宴请外宾的时候,这一条更要重视。像炸春卷、煮元宵、蒸饺子、狮子头、宫爆鸡丁等,并不是高级菜品,但因为具有鲜明的中国特色,所以受到很多外国人的推崇。第二,有本地特色的菜肴。比如西安的羊肉泡馍、湖南的毛家红烧肉、上海的红烧狮子头、北京的涮羊肉,在当地宴请外地客人时,上这些特色菜,要比千篇一律的生猛海鲜更受欢迎。第三,餐馆的特色菜。很多餐馆都有自己的特色菜。上一份本餐馆的特色菜,能说明主人的细心和对客人的尊重。

4. 讲究搭配合理

点菜时要注重高、中、低不同档次菜肴的搭配。以中国菜而言,并不要求每个菜都出色精彩,但讲究一桌菜的五味俱全,且要搭配合理,咸淡互补,鲜辣不克,让每种味、每道菜都发挥到极致。菜肴应强调荤素、浓淡、干湿、多种烹调方法搭配,原料尽量不重复。

5. 考虑来宾的饮食禁忌

在安排菜单时,还必须考虑来宾的饮食禁忌,特别是要对主宾的饮食禁忌高度重视。饮食方面的禁忌主要有以下几项:

第一,宗教的饮食禁忌。如,穆斯林通常不吃猪肉,并且不喝酒。国内的佛教徒不吃荤腥食品,这不仅指的是不吃肉食,而且包括葱、蒜、韭菜、芥末等气味刺激的食物。

第二,出于健康的原因,对于某些食品,也有所禁忌。比如患有肝炎的病人忌吃羊肉和甲鱼;患有胃肠炎、胃溃疡等消化系统疾病的人也不适合吃甲鱼;高血压、高胆醇患者要少喝鸡汤等。

第三,不同地区,人们的饮食偏好往往不同。对于这一点,在安排菜单时要兼顾。比如湖南人普遍喜欢吃辛辣食物,四川人爱吃麻辣食物等。

第四,有些职业,出于某种原因,在餐饮方面往往也有各自不同的特殊禁忌。例如,国家公务员在执行公务时不准吃请、在公务宴请时不准大吃大喝、不准超过国家规定的标准用餐、不准喝烈性酒,忽略了这一点,有可能影响他人的工作和生活。

(二)点菜的技巧

根据我们的饮食习惯,与其说是"请吃饭",还不如说成"请吃菜"。所以对菜单的安排马虎不得。很多人请客吃饭,对各个菜系尚不熟悉,就经常会出现"乱点鸳鸯谱"的情况。目前,中国最具有代表性的八大菜系是鲁、川、粤、闽、苏、浙、湘、徽。有人用拟人化的手法将它们的特色描绘得淋漓尽致:苏、浙菜好比清秀素丽的江南美女;鲁、徽菜犹如古拙朴实的北方壮汉;粤、闽菜宛如风流典雅的公子;川、湘菜就象内涵丰富充实、才艺满身的名士。

不同的菜肴,也有不同的烹调方法,比如焖就是将经过煎、炸、炒或水煮的原料,加入酱油、糖等调味汁,用旺火烧开,再用小火长时间加热。制品形态完整,不碎不裂。烩就是将加工成片、丝、条、丁的多种原料和水一起用旺火制成半汤半菜的菜肴。此外,还有烘、煮、炸、烤、滚、爆、蒸、燉、煨等方法。了解基本的烹调技巧,也有助于点出宾主双满意的菜单。

1. 讲究点菜的顺序

一般情况下,一顿标准的中餐菜单结构包括:前菜(开胃菜)、主菜(大菜)、汤(羹汤)、面类或米饭、点心(甜点)、水果。开胃菜,通常是四种冷盘组成的大拼盘。有时种类可多达十种。最具代表性的是凉拌海蜇皮、皮蛋等。有时冷盘之后,接着出四种热盘。常见的是炒虾、炒鸡肉等。不过,热盘多半被省略。主菜,紧接在开胃菜之后,又称为大件、大菜,多于适当时机上桌。如菜单上注明有"八大件",表示共有八道主菜。主菜的道数通常是四、六、八等的偶数,因为,中国人认为偶数是吉数。在豪华的餐宴上,主菜有时多达16道或32道,但普遍的是6道至12道。这些菜肴是使用不同的材料,配合酸、甜、苦、辣、咸五味,以炸、蒸、煮、煎、烤、炒等各种烹调法搭配而成的。其出菜顺序多为口味清淡和浓腻交互搭配,或以干烧、汤类交配为原则。点心是指主菜结束后所供应的甜点,如馅饼、蛋糕、包子、杏仁豆腐等。最后则是水果。

2. 注意点菜的数量

菜肴的数量按实际就座的人数安排,一般来说,冷菜加热菜的总量是人数的两倍即可。无论从节约的角度还是从营养学的角度,崇尚奢华、数量过多不但会造成浪费,而且有损于健康。

三、餐具使用礼仪

(一) 筷子

筷子是中餐中最主要的进餐用具。握筷姿势应规范,一般用右手握筷子。握筷子的位置要适中,不可握得过高或过低。规范的执筷姿势的取位处,以成人为例,一般应是拇指捏按点在上距筷头(顶)约占三分之一筷长(或略少于三分之一)处为宜。这样既看起来雅观大方,又便于筷子的适当张合使用。

而用筷子取菜、用餐的时候,要注意下面几个问题:

第一,不要迷筷,即拿着筷子犹豫不决夹哪道菜;

第二,不要架筷,即用完筷子不将筷子放在筷架上,而架在碗盘上;

第三,不要探筷,即用筷子在碗盘里翻找;

第四,不要插筷,即把筷子竖插在食物上面;

第五,不要敲筷,即用筷子敲打碗盘的边缘;

第六,不要转筷,即用筷子在汤碗中不断搅拌;

第七,不要空筷,即已经用筷子夹起了食物,但是不吃又放回去;

第八,不要舔筷,即不论筷子上是否残留着食物,都不要去舔;

第九,不要磨筷,即拿着筷子相互摩擦筷尖;

第十,不要指筷,即和人交谈时,一边说话一边像指挥棒似地挥舞着筷子,甚至用筷子指着别人,而不将筷子暂时放下。

(二) 勺子

勺子也是常用的餐具。同使用筷子一样,使用勺子也有一定的讲究。使用勺子时,右手持勺子的柄端,食指在上,按住勺子的柄,拇指和中指在下支撑。它的主要作用是喝汤。有时,用筷子取食时,也可以用勺子来辅助。使用时,要注意以下几点:

第一,不要让勺子碰碗、盘发出声响。从外向里舀(吃西餐则应从内往外舀),勺子就口的程度,要以不离碗、盘正面为限,切不可使汤滴在碗、盘的外面。

第二,尽量不要单用勺子去取菜。用勺子取食物时,不要过满,免得溢出来弄脏餐桌或自己的衣服。在舀取食物后,可以在原处"暂停"片刻,待汤汁不会再往下流时,再移回来享用。

第三,暂时不用勺子时,应放在自己的碟子上,不要把它直接放在餐桌上,或是让它在食物中"立正"。用勺子取食物后,要立即食用或放在自己碟子里,不要再把它倒回原处。如果取用的食物太烫,不可用勺子舀来舀去,也不要用嘴对着吹,可以先放到自己的碗里等凉了再吃。不要把勺子塞到嘴里,或者反复吮吸、舔食。

(三) 盘子

中餐的盘子有很多种,稍小点的盘子就是碟子,主要用来盛放食物,亦即食碟,在使用方面和碗略同。盘子在餐桌上一般要保持原位,不要堆放在一起。

食碟主要是用来暂放从公用的菜盘里取来享用的菜肴的。用食碟时,一次不要取放过多的菜肴,看起来繁乱不堪。不要把多种菜肴堆放在一起,以防它们相互串味,不好看,也不好吃。不吃的残渣、骨、刺不要吐在地上、桌上,而应轻轻取放在食碟前端,放的时候不能直接从嘴里吐在食碟上,要用筷子夹放到碟子旁边。如果食碟放满了,可以让服务员更换。

(四) 水杯

水杯主要用来盛放清水、汽水、果汁等软饮料。不要用它来盛酒,也不要倒扣水杯。另外,喝进嘴里的东西不能再吐回杯中。

(五) 餐巾

中餐用餐前,比较讲究的话,会为每位用餐者上一块湿毛巾。它只能用来擦手。

擦手后,应该放回盘子里,由服务员拿走。有时,在正式宴会结束前,会再上一块湿毛巾。和前者不同的是,它只能用来擦嘴,却不能擦脸、抹汗。

(六)牙签

牙签也是中餐餐桌上的必备之物。它有两个作用,一是用于扎取食物;二是用于剔牙。但尽量不要当众剔牙。非剔不可时,需用一只手掩住口部,剔出来的东西,也不要随手乱弹、随口乱吐。剔牙后,不要长时间叼着牙签,更不要用剔过牙的牙签来扎取食物。

四、席位排列礼仪

(一)桌次排列

在中餐宴请活动中,往往采用圆桌布置菜肴、酒水。排列圆桌的尊卑次序,有两种情况。

第一种情况,是由两桌组成的小型宴请。这种情况,又可以分为两桌横排和两桌竖排的形式。当两桌横排时,桌次是以右为尊,以左为卑。这里所说的右和左,是由面对正门的位置来确定的。当两桌竖排时,桌次讲究以远为上、以近为下。这里所讲的远近,是以距离正门的远近而言的。如图4-1-1、4-1-2所示。

图4-1-1　　　　　图4-1-2

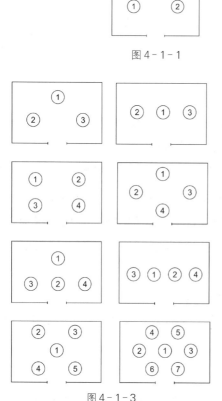

图4-1-3

第二种情况,是由三桌或三桌以上的桌数所组成的宴请,即多桌宴请。在安排多桌宴请的桌次时,除了要注意"面门定位""以右为尊""以远为上"等规则外,还应兼顾其他各桌距离主桌的远近。通常,距离主桌越近,桌次越高;距离主桌越远、桌次越低。如图4-1-3所示。

在安排桌次时,所用餐桌的大小、形状要基本一致。除主桌可以略大外,其他餐桌都不要过大或过小。

为了确保在宴请时赴宴者及时、准确地找到自己所在的桌次,可以在请柬上注明对方所在的桌次、在宴会厅入口悬挂宴会桌次排列示意图、安排引位员引导来宾按桌就坐,或者在每张餐桌上摆放桌次牌(用阿拉伯数字书写)等。

(二)座次安排

正式宴会,一般都事先安排座次,以便参加宴会者入席时井然有序,同时也是对客人的一种礼貌。这时,桌子上要摆桌次牌和姓名标志牌。非正式的宴会,只安排部分人的桌次和席位,其他客人仅安排桌次,甚至完全不预先排定,但通常就坐也要有主次之分。

1. 单桌宴席的席位安排(如图4-1-4,4-1-5所示)

(1) 主人席位的确定。第一主人(正主人)的席位一般面对宴会厅的入口处,以便环视整个宴席的进展情况。第二主人(副主人)位设于正主人位的对面,正副主人位与桌中心呈一条直线相对。

(2) 宾客席位的安排。第一客人(主宾)位应设于主人位的右侧,第二客人(副主宾)位应设于副主人位的右侧,使主宾位与副主宾位呈相对式。第三客人位与第四客人位分别在主人位与副主人位的左侧,也呈相对式;如主宾、副主宾均偕夫人出席时,此席位则分别为夫人席位;主宾与副主宾位的右侧分别为翻译席位。第三客人与第四客人位的左侧分别为陪同席位。

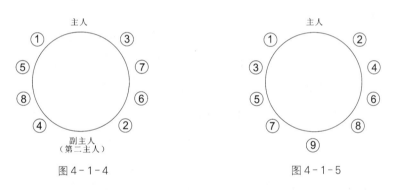

图4-1-4　　　　　　　图4-1-5

2. 多桌宴席的席位安排

当某一个餐厅由一家单位举办多桌宴会时,首先要确定主桌,然后再确定主位。主桌位置的确定十分重要,要视餐厅结构、门的朝向、主体墙面(或背景墙面)等因素而定。一般情况下,主桌台面设在面对大门、背靠主体墙面(指装有壁画或加以特殊装饰布置、较为醒目的墙面)的位置,但不是所有的主体墙面都是面对大门的,有的餐厅大门开在侧边,这时,主桌应以主体墙面为背景,放在背靠主体墙面的位置。

一般而言,圆桌离入口处最远的位置,或是大厅中央的桌次,属于上座,其次是主桌的左边,再次是右边,依序而下。而接近入口的座位是下座。按国际惯例,桌次高低由离主桌位置远近而定。近者为高,远者为低;平行者以右桌为高,左桌为低。

确定了主桌席面以后,主人席位也是根据主桌的确认方法来设定的。一般情况下,主人席就是主桌中正对大门、背靠有特殊装饰的主体墙面的一个席位。但有些餐厅的门不是正开,此时,主人席要以背靠主体墙面的位置为准。即使有的餐厅门是正开,但装饰特殊的主体墙面不与正门相对,此时也应根据实际情况以主体墙面为主要参照物,确定主人席位。其他桌的主人席位应与主桌主人呈对面式或侧对式。

安排座位时应考虑以下几点:

一是以主人的位置为中心。如有女主人参加,则以主人和女主人为中心,以靠近主人者为上,依次排列。

二是要把主宾及其夫人安排在最主要的位置。通常是以右为上,即主人的右手是最主要的位置。离门最远且面对着门的位置是上座,离门最近且背对着门的位置是下座,上座的右边是第二号位,左边是第三号位,依次类推。

三是在遵从礼宾次序的前提下,尽可能使相邻者便于交谈。

四是主人方面的陪客应尽可能插在客人之间,以便与客人交谈,避免自己的人坐在一起。

五、用餐礼仪

(一)取菜礼仪

中国菜的特色之一是一大盘或一大碗菜由一桌的人依序自取,而如汤类等会滴下汁液或不易取用的菜肴,有时会由服务生帮忙分菜,不过,绝大部分也都是自己取用。在取菜过程中应注意以下几点:

第一,一道菜上桌后,通常须等主人或长者动手后,其他人才可取食。若有需使用公筷或公勺的菜,应先用公用餐具将菜肴取到自己的碟盘中,然后再用自己的筷子或勺子慢慢食用。

第二,取菜时,不要盛得过多。盘中食物吃完后,如不够,可以再取。如由服务生分菜,需增添时,待服务生送上时再取。

第三,应视自己的需要酌量拿取菜肴,不要猛夹猛拿,无视他人存在。不要刚夹一样菜放于盘中,紧跟着又夹另一道菜;也不要把夹起的菜放回菜盘中,又伸筷夹另一道菜。有些菜比较零碎,如花生米等,可用勺子舀到自己的碗碟里再吃。

(二)席间交谈礼仪

良好的餐桌礼仪,应是既掌握吃喝技巧,又精于交谈,从而使宴会达到预期的效果。人们通常把联系工作、拉家常、谈古论今、结识新交看得比饭食本身更重要。但是餐桌上的交谈与日常交谈有所差异,应该做到以下几点。

1. 众欢同乐,切忌私语

在餐桌上应尽量多谈论一些大部分人能够参与的话题,得到多数人的认同。因为个人的兴趣爱好、知识面不同,所以话题尽量不要太偏,避免唯我独尊,神侃无边,而忽略了众人。特别是尽量不要与人贴耳小声私语,以免给别人一种神秘感。

2. 求同存异,避免冲突

餐桌上的交谈不是演讲,并非一定要语惊四座,重要的是保持双方谈话的共同兴趣。在与人交谈时,还要学会求同存异,避免冲突;学会聆听和沉默,对别人多肯定少否定。

3. 语言得当,诙谐幽默

餐桌上也可以显示出一个人的才华、学识和修养,有时一句诙谐幽默的语言,会给客人留下很深的印象,使人无形中对你产生好感。所以,应该知道什么时候该说什么话,语言得当、诙谐幽默很关键。

六、吃中餐的禁忌

入座后姿势端正,脚踏在本人座位下,不可随意伸直;手肘不得靠桌缘或将手放在邻座椅背上。

取菜的时候,不要左顾右盼,翻来覆去,在公用菜盘内挑挑拣拣。要是夹起来又放回去,就显得缺乏教养。多人一桌用餐,取菜要注意相互礼让,依次而行,取用适量。不要好吃多吃,争来抢去,而不考虑别人享用过没有。够不到的菜,可以请人帮助,不要起身甚至离座去取。

用餐的时候,不要当众修饰。比如梳理头发,化妆补妆,脱袜脱鞋等。如确有必要可以去化妆间或洗手间。用餐的时候不要离开座位,四处走动。如果有事要离开,也要先和旁边的人打个招呼,可以说声"失陪了""我有事先行一步"等。

不要大口塞食,食物未咽下,不能再塞入口。口内有食物,应避免说话。

不要用手指掏牙,应用牙签,并以手或手帕遮掩。避免在餐桌上咳嗽、打喷嚏、打嗝。万一不禁,应说声"对不起"。

如欲取用摆在同桌其他客人面前之调味品,应请邻座客人帮忙传递,不可伸手横越、长驱取物。

饮食过程中可以建议他人品尝某道菜肴,但不要擅自作主,主动为别人夹菜、添饭。这样做不仅不卫生,而且还会让对方勉为其难。

拓展阅读

中国八大菜系[①]

中国是一个餐饮文化大国,长期以来在某一地区由于地理环境、气候物产、文化传

---

① 中国菜系[EB/OL]. http://baike.baidu.com/view/703014.htm.

统以及民族习俗等因素的影响,形成的有一定亲缘承袭关系、菜点风味相近、知名度较高,并为部分群众喜爱的地方风味著名流派,称作菜系。中国菜肴在烹饪中形成了不少流派,其中最有影响和代表性的也为社会所公认的有:鲁、川、粤、闽、苏、浙、湘、徽等菜系,即人们常说的中国"八大菜系"。

一、鲁菜

山东菜简称鲁菜,是中国著名的八大菜系之一,也是黄河流域烹饪文化的代表。鲁菜的形成和发展与山东地区的文化历史、地理环境、经济条件和习俗好尚有关。山东是我国古文化发祥地之一。山东地处黄河下游,气候温和,胶东半岛突出于渤海和黄海之间;境内山川纵横,河湖交错,沃野千里,物产丰富,交通便利,文化发达。其粮食产量居全国前列;蔬菜种类繁多,品质优良,号称"世界三大菜园"之一。如胶州大白菜、章邱大葱、苍山大蒜、莱芜生姜都蜚声海内外。

经过长期的发展和演变,鲁菜系逐渐形成包括青岛在内,以福山帮为代表的胶东派,以及包括德州、泰安在内的济南派两个流派,并有堪称"阳春白雪"的典雅华贵的孔府菜,还有星罗棋布的各种地方菜和风味小吃。胶东菜擅长爆、炸、扒、熘、蒸;口味以鲜夺人,偏于清淡;选料则多为明虾、海螺、鲍鱼、蛎黄、海带等海鲜。其中名菜有"扒原壳鲍鱼",主料为长山列岛海珍鲍鱼,以鲁菜传统技法烹调,鲜美滑嫩,催人食欲。其他名菜还有蟹黄鱼翅、芙蓉干贝、葱烧海参、烤大虾、炸蛎黄和清蒸加吉鱼等。济南派则以汤著称,辅以爆、炒、烧、炸,菜肴以清、鲜、脆、嫩见长。其中名肴有清汤什锦、奶汤蒲菜等,清鲜淡雅,别具一格。而里嫩外焦的糖醋黄河鲤鱼、脆嫩爽口的油爆双脆、被誉为"素菜之珍"的锅塌豆腐,则显示了济南派的火候功力。

二、粤菜

广东菜简称粤菜,是中国著名八大菜系之一。由广州、潮州、东江客家菜三支地方菜构成。而三支地方菜又有各自不同的特色。

广州菜是粤菜的主要组成部分,包括珠江三角洲和肇庆、韶关、湛江等地的名食在内。以味美色鲜、菜式丰盛而赢得"食在广州"的美誉。广州菜有三大特点:一是鸟兽虫鱼均为原料,烹调成形态各异的美味佳肴;二是即开刀即烹和即席烹制,独具一格,吃起来新鲜;三是夏秋清淡、冬春香浓,深受大众的喜爱。

潮州菜在广东菜中占有重要的位置。潮菜主要以海味、河鲜和畜禽为原料,擅烹以蔬果为原料的素菜,制作精妙,加工多样。可分为炒、烹、炸、焖、炖、烧、烤、焗、卤、熏、扣、泡、滚、拌,刀工讲究,汤菜功夫尤深,其中以清炖、红烧、汤泡最具特色。

东江菜又称客家菜,用料以肉类为主,原汁原味,讲求酥、软、香、浓。注重火功,以炖、烤、煲、焗见称,尤以砂锅菜见长。做法上仍保留一些传统的烹饪技艺,具有古代中原的风貌。

三、川菜

四川菜简称川菜,是中国著名的八大菜系之一,历史悠久,风味独特,驰名中外。

随着生产的发展和经济的繁荣,川菜在原有的基础上,吸收南北菜肴之长及官、商家宴菜品的优点,形成了北菜川烹、南菜川味的特点,享有"食在中国,味在四川"的美誉。

川菜讲究色、香、味、形,在"味"字上下功夫,以味的多、广、厚著称。川菜口味的组成,主要有"麻、辣、咸、甜、酸、苦、香"七种味道,巧妙搭配,灵活多变,创制出麻辣、酸辣、红油、白油等几十种各具特色的复合味,味别之多,调制之妙,堪称中外菜肴之首,从而赢得了"一菜一格,百菜百味"的称誉。

川菜在烹调方法上,善于根据原料、气候和食者的要求,具体掌握,灵活运用。38种川菜烹调方法中,现在流行的仍有炒、煎、炸、烧、腌、卤、煸、泡等30多种。在烹调方法中,特别以小煎小炒、干烧干煸见长。川菜与四川风景名胜一样闻名于世,扬名天下。

四、湘菜

潇湘风味,以湖南菜为代表,简称"湘菜"。湘菜擅长香、酸、辣,具有浓郁的山乡风味。湖南省,位于中国大陆中南地区,长江中游南岸。这里气候温暖,雨水充沛,阳光充足,四季分明。南有雄奇天下的南岳衡山,北有一碧万顷的洞庭湖,湘、资、沅、澧四水流经全省,自然条件优越,利于农、牧、渔的发展,故物产特别富饶。湘北是著名的洞庭湖平原,盛产鱼虾和湘莲,是著名的鱼米之乡。《史记》中曾记载,楚地"地势饶食,无饥馑之患"。长期以来,"湖广熟,天下足"的谚语,更是广为流传。湘东南为丘陵和盆地,农牧渔都很发达;湘西多山,盛产笋、蕈和山珍野味。丰富的物产为饮食提供了精美的原料,著名特产有:武陵甲鱼,祁阳笔鱼,洞庭金龟,东安鸡,临武鸭,武冈鹅,湘莲及湘西山区的笋、蕈和山珍野味。在长期的饮食文化和烹饪实践中,湖南人民创制了多种多样的菜肴。据考证,早在两千多年前的西汉时期,长沙地区就能用兽、禽、鱼等多种原料,以蒸、熬、煮、炙等烹调方法,制作各种款式的佳肴。随着历史的前进及各地烹饪技术的不断交流,逐步形成了以湘江流域、洞庭湖区和湘西山区三种地方风味为主的湖南菜系。

五、闽菜

福建菜俗称闽菜,以福州菜为代表,素以制作细巧、色调美观、调味清鲜著称。

福建菜以海鲜类为主,口味方面则咸、甜、酸、辣、香具备,咸的调味品有虾酱、虾油、豉油等;酸的有白醋、陈醋等;甜的有红糖、冰糖等;辣的有胡椒、芥末等;香的有五香粉、八角、桂皮等。福建菜对清汤的调制特别讲究,一般都以油鸡、火腿、蹄髈为原料。方法是先用小温火将油鸡、火腿、蹄髈等熬出汤汁,并过滤;另将生鸡骨斩碎,加水和盐调和,放入汤内,继续用小温火边烧边搅匀(又称吊汤),然后再过滤一次,便成为莹洁鲜美的清汤,用来调制菜肴,对色、香、味均有帮助。

福建菜也有煎、炸、炻(类似于煮)、烤、炖、拌、醉、卤、扒、糟、煨、扣、熘、炒、熏、焖、扛、腌、炝等,其中最具特色的是糟,有扛糟、炝糟、爆糟、炸糟之分。

闽菜系历来以选料精细,刀工严谨,讲究火候、调汤、佐料,和以味取胜而著称。其烹饪技艺,采用细致入微的片、切、剞等刀法,使不同质地的原料,达到入味透彻的效果,故闽菜的刀工有"剞花如荔,切丝如发,片薄如纸"的美誉。如凉拌菜肴"萝卜蜇",将薄薄的海蜇皮,每张分别切成2～3片,复切成极细的丝,再与同样粗细的萝卜丝合并烹制,放凉后拌上调料上桌。

六、浙菜

浙江菜简称浙菜,是浙江地方风味菜系。

浙江是江南的鱼米之乡。浙菜发展到现代,是精品迭出,日臻完善,自成一统,有"佳肴美点三千种"之盛誉。归纳起来,浙菜有如下几大特征:一是用料广博,配伍严谨,主料注重时令和品种,配料、调料的选择旨在突出主料、增益鲜香、去除腥腻;二是刀工精细,形状别致;三是火候调味,最重适度;四是清鲜嫩爽,滋、味兼得;五是浙菜三支,风韵各具。

浙江菜主要由杭州、宁波、绍兴三支地方风味菜组成,携手联袂,并驾齐驱。杭州素有"天堂"之称。杭州菜制作精细,清秀隽美,擅长爆、炒、烩、炸等烹调技法,具清鲜、爽嫩、精致、醇和等特点。宁波地方厨师尤善制海鲜,技法以炖、烤、蒸著称,口味鲜咸适度,菜品讲究鲜嫩爽滑,注重本味,用鱼干制品烹调菜肴更有独到之处。绍兴菜品香酥绵糯,汤浓味醇,富有水乡古城之淳朴风格。

浙菜系成名较早,历史也相当悠久。京师人南下开饭店,用北方的烹调方法将南方丰富的原料做得美味可口,"南料北烹"成为浙菜系一大特色。如过去浙江当地人口味并不偏甜,北方人南下后,影响浙江人口味,导致浙菜中也放糖了;汴京名菜"糖醋黄河鲤鱼"到临安后,以鱼为原料,烹成浙江名菜"西湖醋鱼"。

七、苏菜

苏菜即江苏地方风味菜。江苏是名厨荟萃的地方。我国第一位典籍留名的职业厨师和第一座以厨师姓氏命名的城市均在这里。相传因彭祖在某地制作野鸡羹供帝尧食用,故当地被封为大彭国,亦即今天的徐州。此外,早在夏禹时代就有"淮夷贡鱼"的记载,该鱼即淮白鱼,直至明清均系贡品。

江苏的历代名厨造就了苏菜风格的传统佳肴,而古有"帝王洲"之称的南京、"天堂"美誉的苏州及被史家叹为"富甲天下"的扬州,则是名厨美馔的摇篮。江苏菜系正是以这三方风味为主汇合而成的。

概括起来,江苏菜有如下几个特点:一是选料严谨,制作精细,因材施艺,按时治肴;二是擅长炖、焖、煨、焐、蒸、烧、炒等烹饪方法,且精于泥煨、叉烤;三是口味清鲜,咸甜得宜,浓而不腻,淡而不薄;四是注重调汤,保持原汁。其中南京刀工细腻,火工纯熟,菜肴滋味醇,兼有四方之美,适应八方口味,尤以鲜香酥嫩取胜;苏州菜口味趋甜,以烹制四季佳蔬、江河湖鲜见长;扬州菜史称淮扬风味,刀工精细,火候精微,色调清新,造型别致,突出主料,强调本味,清淡可口,适应面宽,尤以擅长制汤而著称。

八、徽菜

徽菜是徽州菜的简称,不等于安徽菜,不包括皖北地区的菜肴,主要指徽州地区的地方风味菜。安徽省江南地区"徽菜"名中"徽"字就是由徽州而来。徽菜是中国八大菜系之一,起源于黄山麓下的歙县,即古代的徽州。后因新安江畔的屯溪小镇成为"祁红""屯绿"等名茶和徽墨、歙砚等土特产品的集散中心,致饮食业发达,徽菜的重点逐渐转移到屯溪,在这里得到进一步发展。徽菜系在烹调技艺上擅长烧、炖、蒸,而爆、炒菜较少,重油、重色、重火功。

徽菜的形成与江南古徽州独特的地理环境、人文环境、饮食习俗密切相关。绿树丛荫、沟壑纵横、气候宜人的自然环境,为徽菜提供了取之不尽、用之不竭的原料。得天独厚的条件成为徽菜发展的有力物质保障,同时徽州名目繁多的风俗礼仪、时节活动,也有力地促进了徽菜的形成和发展。

徽菜的特点是:一、就地取材,以鲜制胜。徽地盛产山珍野味河鲜家禽,就地取材使菜肴地方特色突出并保证原料鲜活。二、善用火候,火功独到。根据不同原料的质地特点、成品菜的风味要求,分别采用大火、中火、小火烹调。三、娴于烧炖,浓淡相宜。除爆、炒、熘、炸、烩、煮、烤、焐等技法各有千秋外,尤以烧、炖及熏、蒸菜品而闻名。四、注重天然,以食养身。徽菜继承了我国医食同源的传统,讲究食补,这是徽菜的一大特色。

第二节 西餐礼仪

西餐的"西"是西方的意思,一般指西欧各国;"餐"就是餐品菜肴。我们通常所说的西餐不仅包括西欧国家的菜肴,同时还包括东欧各国,以及美洲、大洋洲、中东、中亚、南亚次大陆以及非洲等国的菜肴。西餐一般以刀叉为餐具,以面包为主食,多以长条桌为台形。随着生活方式的更新和社会交往的活跃,我国吃西餐的人越来越多。在涉外活动中,为照顾外国客人的饮食习惯,有时也要用西餐来招待客人。西餐十分注重礼仪,讲究规矩,所以了解一些西餐方面的知识是十分必要的。

一、西餐的种类

西餐主要特点是主料突出、形色美观、口味鲜美、营养丰富、供应方便等。西餐大致可分为法式、英式、意式、俄式、美式等,不同国家的人有着不同的饮食习惯,其菜式也有着不同特点。

1. 法式西餐

对于法国人,食物的用途不止是填饱肚子,更是一种享受生活的态度和艺术,因此法国菜肴以精致、浪漫、品位举世闻名。

法式菜肴的特点是:选料广泛(如蜗牛、鹅肝都是法式菜肴中的美味),加工精细,烹调考究,滋味有浓有淡,花色品种多样化。法式菜肴还比较讲究吃半熟或生食,如牛排、羊腿以半熟鲜嫩为特点,海味的蚝也可生吃,烧野鸭一般以六成熟即可食用等。法式菜肴重视调味,调味品种类多样;常用酒来调味,什么样的菜选用什么酒都有严格的规定,如清汤用葡萄酒,海味品用白兰地,甜品用各式甜酒或白兰地等。法国的奶酪品种多样,法国人十分喜爱吃奶酪。著名的法国菜有:法式蓝带芝士鸡胸、法式香料羊排、法式土豆焗扇贝、法式熏鲑鱼炖饭等。

2. 英式西餐

英国的饮食烹饪,有"家庭美肴"之称。英式西餐的特点是:油少、清淡;调味时较少用酒;调味品大都放在餐台上由客人自己选用;烹调讲究鲜嫩;选料注重海鲜及各式蔬菜;菜量要求少而精。英式菜肴的烹调多以蒸、煮、烧、熏、炸见长。英式菜肴的名菜有:鸡丁沙拉、烤大虾苏夫力、薯烩羊肉、冬至布丁等。

3. 意式西餐

意大利曾是欧洲的政治、经济、文化中心,就西餐烹饪来讲,意大利可以与法国、英国媲美。意大利的农业和食品业都很发达,其中面条、奶酪和萨拉米肉肠著称于世。

意式菜肴的特点是:讲究原汁原味,以味浓著称。烹调以炒、煎、炸、烩等方法见长。意大利人喜爱面食,做法吃法甚多。其制作面条有独到之处,各种形状、颜色、味道的面条至少有几十种,如字母形、贝壳形、实心面条、通心面条等。意大利人还喜食意式馄饨、意式饺子等。意式菜肴的名菜有:意大利汤菜、焗菠菜面条、通心粉素菜汤、焗馄饨、奶酪焗通心粉、肉末通心粉、比萨饼等。

4. 美式西餐

美国人大部分是欧洲移民的后裔,也有中美洲人、中东地区人及亚洲人等。美国农业和饲养业非常发达。美式菜是在英式菜肴的基础上发展起来的,继承了英式菜肴简单、清淡的特点,口味咸中带甜,一般对辣味不感兴趣。美国人喜欢铁扒类的菜肴,常用水果作为配料与菜肴一起烹制,如菠萝焗火腿、菜果烤鸭;喜欢吃各种新鲜蔬菜和各式水果。美式菜中的甜食很讲究,如各种布丁、苹果派、南瓜派等,品种很多,而且装饰特别。美国人对饮食的要求是营养、快捷。美式菜肴的名菜有:烤火鸡、橘子烧野鸭、美式牛扒、苹果沙拉、糖酱煎饼等。

5. 俄式西餐

沙皇俄国时代的上层人士非常崇拜法国,贵族不仅以讲法语为荣,而且饮食和烹饪技术也主要学习法国。但经过多年的演变,特别是俄国地带,食物讲究热量高,逐渐形成了自己的烹调特色。俄国人喜食热食,爱吃鱼肉、肉末、鸡蛋和蔬菜制成的小包子和肉饼等,各式小吃颇负盛名。

俄式菜肴口味较重,喜欢用油,制作方法较为简单。口味以酸、甜、辣、咸为主,酸黄瓜、酸白菜往往是饭店或家庭餐桌上的必备食品。烹调方法以烤、熏、腌为特色。俄式菜肴在西餐中影响较大,一些地处寒带的北欧国家和中欧斯拉夫民族人们日常生活习惯与俄罗斯人相似,大多喜欢腌制的各种鱼肉、熏肉、香肠、火腿以及酸菜、酸黄瓜等。俄式菜肴的名菜有:什锦冷盘、鱼子酱、莫斯科红菜汤、酸黄瓜汤、冷苹果汤、红烩牛肉、鱼肉包子、黄油鸡卷等。

二、西餐的点餐技巧

在西餐点餐时,首先由餐前酒点起,再决定是要套餐或是单点,最后再搭配料理选择适合的葡萄酒。选择单点式的话,在餐点结束之后也可继续加点芝士、甜点、咖啡、餐后酒。点菜时,需衡量用餐人数,选择单品的料理,需依照套餐的顺序来点菜。在西餐厅预先订下菜单宴客,当客人到齐准备开始上菜时,主人有义务将菜单的内容向客人做介绍,并询问其中有无客人忌食的餐点,以适时更换。若客人均无意见,主人最好把安排这套菜单的理由,也向所有客人作出说明。

(一) 菜单的种类

1. 套餐

套餐由前菜、主菜、甜点、咖啡等组成,是一种事先由餐厅为顾客搭配组合的形态。在调理手法或味道方面的调配也较平衡,比起单点更能将费用压低。当不大懂食物的名称,或是首次光临某家西餐厅时,比较适合选择套餐。

2. 单点

单点是一种可自行从菜单中挑选自己喜欢的食物的点餐形态。一般而言,菜单上有四或五大分类,分别是开胃菜、汤和沙拉、海鲜、肉类、点心。有时可在菜单上找到一页附在菜单上的"今日特餐"或"主厨推荐",这些往往是餐厅精心制作且物超所值的特餐。若未看到,亦可向侍者询问是否提供特餐。同时,千万不要害怕向侍者提问题,有些餐厅甚至可根据个人需求为你点的餐做适当改变。

3. 组合式套餐

所谓的组合式套餐则是介于套餐和单点之间的点餐形态。虽然形式上和套餐大同小异,但程序中的每一道菜,都有数种选择可供参考。

4. 两种形式的菜单

在正式的餐厅里,即使是相同的菜单,也分有标示价格以及不标示价格两种形式。服务人员会将标有价格的菜单递给招待的一方,递给被招待一方的,则是未标示价格的菜单。

(二) 正规的西餐餐序

1. 头盘

西餐的第一道菜是头盘,也称为开胃品。开胃品的内容一般有冷头盘或热头盘之分,常见的品种有鱼子酱、鹅肝酱、熏鲑鱼、鸡尾杯、奶油鸡酥盒、焗蜗牛等。因为是要开胃,所以开胃菜一般都具有特色风味,味道以咸和酸为主,而且数量较少,质量较高。

2. 汤

与中餐有极大不同的是,西餐的第二道菜就是汤。西餐的汤大致可分为清汤、奶油汤、蔬菜汤和冷汤等,如牛尾清汤、各式奶油汤、海鲜汤、美式蛤蜊汤、意式蔬菜汤、俄式罗宋汤、法式焗葱头汤;冷汤的品种较少,有德式冷汤、俄式冷汤等。

3. 副菜

鱼类菜肴一般作为西餐的第三道菜,也称为副菜。品种包括各种淡、海水鱼类、贝类及软体动物类。因为鱼类菜肴的肉质鲜嫩,比较容易消化,所以放在肉类菜肴的前面。西餐吃鱼讲究使用专用的调味汁,如鞑靼汁、荷兰汁、酒店汁、白奶油汁、大主教汁、美国汁和水手鱼汁等。

4. 主菜

肉、禽类菜肴是西餐的第四道菜,也称为主菜。肉类菜肴的原料是取自牛、羊、猪等各个部位的肉,其中最有代表性的是牛排。牛排按其部位又可分为沙朗牛排(也称西冷牛排)、菲利牛排、T骨牛排、薄牛排等,其烹调方法常用烤、煎、铁扒等。肉类菜肴配用的调味汁主要有西班牙汁、浓烧汁精、蘑菇汁、白尼斯汁等。禽类菜肴的原料取自鸡、鸭、鹅,通常将兔肉和鹿肉等野味也归入禽类菜肴。禽类菜肴品种最多的是鸡,有山鸡、火鸡、竹鸡等,可煮、可炸、可烤、可焖,主要的调味汁有黄肉汁、咖喱汁、奶油汁等。

5. 蔬菜类菜肴

蔬菜类菜肴可以安排在肉类菜肴之后,也可以与肉类菜肴同时上桌,所以可以算为一道菜,或称之为一种配菜。蔬菜类菜肴在西餐中称为沙拉。与主菜同时服务的沙拉,称为生蔬菜沙拉,一般用生菜、西红柿、黄瓜、芦笋等制作。沙拉的主要调味汁有油醋汁、法国汁、千岛汁、奶酪沙拉汁等。除了蔬菜之外,还有一类是用鱼、肉、蛋类制作的,这类沙拉一般不加调味汁,在进餐顺序上可以做为头盘食用。还有一些蔬菜是熟食的,如煮花椰菜、煮菠菜、炸土豆条。熟食的蔬菜通常与主菜的肉类菜肴一同摆放在餐盘中上桌,称之为配菜。

6. 甜品

西餐的甜品是主菜后食用的,它包括所有主菜后的食物,如布丁、煎饼、冰淇淋、奶酪、水果等。

7. 咖啡、茶

西餐的最后一道是饮料,如咖啡或茶。饮咖啡一般要加糖和淡奶油。茶一般要加香桃片和糖。

在西餐的饮食过程中,正式的全套餐点没有必要全部都点,点太多却吃不完反而失礼。此外,点菜并不是由前菜开始点,而是先选一样最想吃的主菜,再配上适合主菜的汤。

三、西餐餐具使用礼仪

广义的西餐餐具包括刀、叉、匙、盘、杯、餐巾等。其中盘又有菜盘、布丁盘、奶盘、白脱盘等。酒杯更是讲究,正式宴会几乎每上一种酒,都要换上专用的玻璃酒杯。

狭义的餐具则专指刀、叉、匙三大件。刀分为食用刀、鱼刀、肉刀(刀口有锯齿,用以切牛排、猪排等)、黄油刀和水果刀。叉分为食用叉、鱼叉、肉叉和虾叉。匙则有汤匙、甜食匙、茶匙。公用刀、叉、匙的规格明显大于餐用刀叉。

西餐餐具摆放一般遵循以下规矩:展示盘(垫盘)或叠好的餐巾摆放于餐位正中,盘前横匙,左叉右刀。展示盘两侧的刀、叉、匙要排列整齐,或平行或直线,距桌边距离相等,刀刃要一律朝向垫盘的一侧,一般刀均放在垫盘的右侧。各类匙匙心朝上,餐叉则放在垫盘的左边,叉齿均朝上。一个席位一般摆放三副刀叉。面包刀又称黄油刀,专供抹奶油、果酱用,而不是用来切面包的,它被放在客人左边的面包碟上,只放一把,不可与竖放的刀、叉发生交叉现象。餐具与菜肴相配,根据食用菜肴的先后顺序,从外向内依次排放。

西餐宴席由于用餐方式、使用餐具等方面的不同,故在摆台上与中餐宴席有明显的区别。

(一) 刀叉的使用

吃西餐,一般是左手拿叉,右手拿刀(习惯用左手的人可相反)。拿叉时用左手拇指、食指、中指拿住叉。拿刀的姿势是,用右手食指压在刀背上以出力,其余手指拿住刀柄。使用时主要注意以下几点。

(1) 开始进餐时,餐具一律由外向内取用。

(2) 切割食物的时候,要先用叉子将食物固定(可直接叉住,也可以用叉背压住),然后用刀切成一口大小,再送入口中嚼食;不要全切完再吃,以免盘面零散不好看,食物的鲜美原汁也会流失。使用刀叉切割食物时应轻巧迅速,不可发出割锯餐盘的声音。

(3) 如果不习惯双手并用的话。也可先将食物切成适当大小,再以右手执叉取用食物。

(4) 用餐的中途,如果要暂时离席,放下的刀叉应在盘内摆成"八"字形(左刀右叉),且刀锋朝内、叉尖向下,并将刀叉柄架在盘缘而非桌面上。

(5) 用餐完毕后,刀叉要并排放在盘里(左叉右刀,刀锋朝内,叉背朝下)。

(6) 使用刀叉时,尽量不使其碰撞,以免发出大的声音,更不可挥动刀叉与别人交谈。

(二) 餐巾的使用

餐巾的主要作用是在用餐时拿来擦拭嘴角和手,西方人用餐时不能没有餐巾。

1. 餐巾的使用方法

(1) 在点完餐点,第一道菜尚未上桌之前,先将餐巾展开,然后将餐巾对折或是折三折(餐巾不宜全部展开),把折痕对向自己放于膝盖。除了起身离开桌子,餐巾始终是在腿上,不应该放在桌上盘碟的下面。

(2) 中途离开座位的时候。要将餐巾稍稍折叠一下置于椅子上或是折好放在盘子的旁边。

(3) 用餐完毕,将餐巾随意叠放在桌子上即可(不用叠得很整齐)。不过一定要避免"扔"这个动作。

2. 使用餐巾的礼仪

(1) 不要沾上口红的痕迹。应事先在餐前以面纸轻轻按压嘴唇,拭去口红。

(2) 除儿童外,一般不必挂到脖上或像围兜一样围挂在胸前。不然,会让人感觉很孩子气,也不高雅。

(3) 不要弄得皱巴巴的。不要将用过的餐巾弄得褶皱不堪,而使人感到不舒服。

建议将餐巾轻轻地折好并放置好。

(4) 不要用餐巾擦脸,它仅仅是用来擦嘴和手的。

(5) 用餐巾擦嘴时动作要轻,不要太夸张地用力去抹。

(6) 如果不小心把食物洒到桌上,不要用自己的餐巾去擦,应当把侍者叫来处理。

(三) 洗指碗的使用

洗指碗通常只有在正式的餐宴场合上才会派上用场。服务人员通常在上甜点之前,或者在客人吃过某种会让手指变脏的食品后,如蜗牛、龙虾、玉米棒、小羊肉、小排骨、烤鸡等,会端来洗指碗。

洗指碗体积不大,通常以玻璃制成,碗中盛装约四分之三的冷水,常见有一朵小花或装饰品浮于水面上。服务人员通常会在洗指碗下角垫一块以亚麻或细棉布制成,且缀有花边的小巧精美垫布,放在甜点盘子的中央。需要时,把两手手指分别伸入碗中洗过,然后用餐巾擦干。但是如果你的手指很干净,也可以不用洗。然后,把洗指碗连同垫布拿起,放在左前方。

四、餐位的安排

(一) 桌次安排

西餐的餐桌一般为长条桌。如果西式宴请中涉及三桌或三桌以上的桌数,桌次的高低依距离主桌位置的远近而定。其他各桌距离主桌越近,桌次越高;距离主桌越远,桌次越低。这项规则亦称"主桌定位"。在安排桌次时,所用餐桌的大小、形状应大体相仿。除主桌略大之外,其他餐桌不宜过大或过小。

(二) 位次安排

西式宴请虽多采用长条餐桌,但席位安排类似中式的圆桌,遵循以下原则。

1. 女士优先

非正式宴会中座位遵守女士优先的原则,即男士主动为女士移动椅子让女士先坐。

2. 以右为尊

西餐在排定座位时,与中餐一样也遵循以右为尊的原则。如男主宾坐在女主人的右侧,女主宾坐在男主人的右侧等。

3. 交叉排列

西餐排席位时,男女应当交叉排列,熟人和主人也应当交叉排列。

五、用餐礼仪

1. 用餐姿势

用餐时,上臂和背部要靠到椅背,腹部和桌子保持约一个拳头的距离。进食时,身体稍稍向前倾,把食物送入嘴中,不要弯腰和歪头。

2. 进餐礼仪

嚼东西时嘴要闭紧,无论你有什么惊人的妙语,时机多么恰到好处,只要嘴里有食物,绝不能开口说话。不能为了着急说话而马上将食物吞下,要保持细嚼慢咽的姿势,将食物咽下后会意地露出笑容,以传达出内心的活动:刚才完全可以有妙语出口,只是口中有食物。

喝汤时,用匙进食。握匙的正确姿势为:用大拇指按住匙柄,其他手指轻轻托住另一边,不要太紧张,也不能太松弛。舀汤时,应从盘子里面向外舀,盘中汤不多时,千万不可端起汤盘吮吸,而应用左手将汤盘微微外倾,用匙舀尽。

3. 调味品的使用

(1) 酱料。

取用薄荷胶、葡萄干胶、芥末、苹果酱等时,要先用汤匙将其舀入盘子里,然后用叉子叉肉蘸取抹匀食用。液体酱汁如薄荷、樱桃或杏鸭酱,要直接浇到肉上。吃蛋卷和饼干用的果胶、果酱和蜜饯要用汤匙舀到黄油盘子的一边,然后用面包刀平抹在蛋卷或饼干上。如果没有汤匙,用刀取果胶前,先在盘子边上擦一擦。吃咖喱菜时,可把花生、椰子、酸辣酱等调料放到盘子里混合后配咖喱食用。酸辣酱也可作为配菜直接食用,不用混合。

(2) 盐和胡椒粉。

先品尝食物,后加盐和胡椒粉。先放盐或胡椒粉是对厨师不礼貌的表现。如果桌上有盐罐,使用里面的盐匙取盐,如果没有,就用干净的刀尖取用。如果为你提供一个专用盐罐,则可以用手捏取。蘸过盐的食物要放在自己的黄油盘里或餐盘里的一边。

4. 肉类食物的吃法

吃肉类时有两种方式:一是边割边吃;二是先把肉块(如牛排)切好,然后把刀子放在食盘的右侧,单用叉子取食。前者是欧洲的古老习惯,后者则是美式的吃法。

烤肉:按照烧烤程度,烤肉大致可分为半熟、略生、生熟适中、略熟、熟透等多种。点菜时,要先选好烤肉的烧烤程度。

牛排:首先将调味酱钵拿到盘子旁边,以汤匙取酱料时注意不要滴到桌巾上。调味酱不能直接淋在牛排上,应取适当的量放在盘子的内侧,调味酱的量约以两汤匙为最适量。取完调味酱后,将汤匙放在调味酱钵的侧边,并传给下一个人。切牛排时应从左往右将肉切成一口大小的块状,再蘸酱料食用。

鸡肉:先吃鸡的一半。把鸡腿和鸡翅用刀叉从连结处分开。然后用叉稳住鸡腿、鸡脯或鸡翅,用刀把肉切成适当大小的片。每次只切两三片,吃鸡腿时应先将骨去掉,不要用手拿着吃。

鱼：应从鱼的中间切开，把肉拨到两边取掉鱼刺鱼骨，慢慢食用。

5. 面包的吃法

面包一般用手掰成小块送入口中，不要拿着整块面包去咬。抹黄油和果酱时也要先将面包掰成小块再抹。吃硬面包时，直接用手撕不但费力而且面包屑会掉满地，此时可用刀先将其切成两半，再用手撕成块来吃。切时可用手将面包固定，避免发出声响。

6. 水果的吃法

吃水果时不要整个去咬，应先用水果刀将其切成瓣状或块状，再用刀去掉皮、核，用叉子叉着吃。

苹果、梨：在宴席上，要用手拿取苹果或梨，放在盘里。可以将其螺旋式削皮。如果觉得比较有难度的话，就把水果放在盘中，先切成两半，再去核切块，然后用叉或水果刀取食。

香蕉：如果是在餐桌上吃香蕉，要先把皮纵向划一条直线后剥开，再用刀从左边开始切成段一口一口吃，不要用手拿着剥皮直接吃。

芒果、木瓜：芒果要先用水果刀纵向切成两半，然后再切成四分之一大小。用叉子将每一块放入盘中，果皮朝上，并剥掉芒果皮。也可以像吃鳄梨那样，把芒果切成两半，挖食果肉，保留皮壳。木瓜的吃法与吃鳄梨和小西瓜一样，先切成两半，掏出籽，然后用勺挖果肉吃。

菠萝：通常出现在桌子上的菠萝都是已经剥好的纯果肉，所以吃起来很简单，吃鲜菠萝片时，要使用刀和叉。

草莓：大草莓可以用手拿着柄部，蘸着自己盘中的白砂糖整个吃，然后将草莓蒂放入自己的盘里。如果草莓是拌在奶油里的，则要使用勺子。

西瓜：切成块的西瓜一般用刀和叉来吃，吃进嘴里的西瓜籽要吐在手中，然后放入自己的盘子。

浆果、樱桃：吃法很多，可视情况而定。一般来说，吃浆果时，不管有无奶油，都要用勺子；吃樱桃要用手拿，将樱桃核吐在手中，然后放入自己的盘子。

7. 甜点的吃法

冰淇淋：吃冰淇淋一般使用小勺。当和蛋糕或馅饼一起吃或作为主餐的一部分时，要使用一把甜点叉和一把甜点勺。

馅饼：吃水果馅饼通常要使用叉子。但如果同时有一把叉子和一把甜点勺的话，那么就用叉子固定馅饼，用勺挖着吃。

煮梨：使用勺和叉。用叉竖直把梨固定，用勺把梨挖成方便食用的小块。叉子还可用来旋转煮梨，以便挖食梨肉。如果只有一把勺子，就用手旋转盘子，把梨核留在盘里,用勺把糖汁舀出。

果汁冰糕:如果作为肉食的配餐食用可以用叉;如果是作为甜点食用,使用勺子。

炖制水果:吃炖制水果要使用勺子,不过可以用叉子来稳住大块水果。把樱桃、梅干、李脯等的核体面地吐到勺里,放在盘边。

拓展阅读

牛排小知识

食用牛肉的习惯最早来源于欧洲的中世纪。猪肉及羊肉是平民百姓的食用肉,牛肉则是皇宫贵族们食用的高级肉品,"尊贵"的牛肉被他们搭配上了当时也是享有尊贵身份的胡椒及香辛料一起烹调,并在特殊场合中供应,以彰显主人的尊贵身份。到了18世纪,英国已经成了著名的牛肉食用大国。当今,美国是消费牛肉的最大国家,牛排则早在十九世纪中叶就已成了美国人最爱的菜肴。各国对牛肉的态度、风俗不同,所以牛肉的食用方法也不同。

美国食用牛排的方式粗犷且豪迈,不拘小节,如将整块腓力牛排烧烤后再切片。

罗马风味的牛排则最让人津津乐道,料理时,用油煎至表面金黄,并注入白葡萄酒调味。

而对英国人来说,则习惯于将大块的牛排叉起来烤。

法式牛排特别注重酱汁的调配,用各式的酱汁凸显牛排的尊贵地位。

德国人吃牛排的方式非常奇特,"酸牛肉"光听名字就够让人匪夷所思,而生鲜牛肉则更是需要拿出勇气尝试的。

一、牛排种类

英文"Steak"一词是牛排的统称,其种类非常多,常见的有以下四种。

1. 嫩牛柳,牛里脊(Tenderloin)

又叫菲力(Fillet),是牛脊上最嫩的肉,几乎不含肥膘。因此很受爱吃瘦肉朋友的青睐。由于肉质嫩,煎成三分熟、五分熟和七分熟皆宜。

2. 肉眼牛排(Rib-eye)

瘦肉和肥肉兼而有之,由于含一定肥膘,这种肉煎烤味道比较香。不要煎得过熟,三分熟最好。

3. 西冷牛排,牛外脊(Sirloin)

含一定肥油,由于是牛外脊,在肉的外延带一圈呈白色的肉筋,总体口感韧度强,适合年轻人和牙口好的人吃。切肉时连筋带肉一起切,另外不要煎得过熟。

4. T骨牛排(T-bone)

呈T字型,是牛背上的脊骨肉。T型两侧一边量多一边量少,量多的是肉眼,量稍小的便是菲力。此种牛排在美式餐厅更常见,由于法餐讲究制作精致,对于量较大而质较粗糙的T骨牛排较少采用。

二、牛排熟度

按牛排内部颜色划分:

牛排内部为血红色而且温度不高(very rare steak)。

一分熟牛排(rare):牛排内部为血红色且内部各处保持一定温度(高于very rare steak)。

三分熟牛排(medium rare):内部为桃红且带有相当热度。

五分熟牛排(medium):牛排内部为粉红且夹杂着浅灰和棕褐色,整个牛排温度较高。

七分熟牛排(medium well):牛排内部主要为浅灰棕褐色,夹杂着粉红色。

全熟牛排(well done):牛排内部为褐色。

按温度划分:

牛排内部为血红色而且温度不高:120°F

一分熟牛排(rare):125°F

三分熟牛排(medium rare):130°F~135°F

五分熟牛排(medium):140°F~145°F

七分熟牛排(medium well):150°F~155°F

全熟牛排(well done):160°F

第三节 自助餐礼仪

自助餐,有时亦称冷餐会,它是目前国际上所通行的一种非正式的西式宴会,在大型的商务活动中尤为多见。它的具体做法是,不预备正餐,而由就餐者在用餐时自行选择食物、饮料,然后或立或坐,自由地与他人在一起或是独自一人用餐。自助餐之所以称为自助餐,主要是因其可以在用餐时调动用餐者的主观能动性,由其自己动手,自己帮助自己,自己在既定的范围之内安排选用菜肴。自助餐又被叫作冷餐会,主要是因其提供的食物以冷食为主。当然,适量地提供一些热菜,或者提供一些半成品由用餐者自己进行加工,也是允许的。

一、自助餐的起源与发展

自助餐(buffet),是起源于西餐的一种就餐方式。厨师将烹制好的冷、热菜肴及点心陈列在餐厅的长条桌上,由客人自己随意取食,自我服务。这种就餐形式起源于公元8—11世纪北欧的"斯堪的纳维亚式餐前冷食"和"亨联早餐"。

相传这是当时的海盗最先采用的一种进餐方式,海盗们性格粗野,放荡不羁,以至于用餐时讨厌那些用餐礼节和规矩,只要求餐馆将他们所需要的各种饭菜、酒水用盛器盛好,集中在餐桌上,然后任由他们肆无忌惮地畅饮豪吃,吃完不够再加。海盗们这种特殊的就餐形式,起初被人们视为是不文明的现象,但久而久之,人们觉得这种方式也有许多好处。对顾客来说,用餐时不受任何约束,随心所欲,想吃什么菜就取什么菜,吃多少取多少;对酒店经营者来说,由于省去了顾客的桌前服务,自然就省去了许多劳力和人力,可减少服务人员的使用,为企业降低了成本。因此,这种自助式服务的用餐方式很快在欧美各国流行起来,并且随着人们对美食的不断追求,自助餐的形式由餐前冷食、早餐逐渐发展成为午餐、正餐;由便餐发展到各种主题自助餐,如情人节自助餐、圣诞节自助餐、周末家庭自助餐、庆典自助餐、婚礼自助餐、美食节自助餐等;按供应方式,由传统的客人取食,菜桌成品发展到客前现场烹制、现烹现食,甚至还发展为由顾客自助食物原料、自烹自食"自制式"自助餐,真可谓五花八门、丰富多彩。

随着西餐传到中国以后,自助餐的就餐方式自然随之带到我国。这种就餐方式最早出现在20世纪30年代外国人在中国开的大饭店里,然而它真正与中国的老百姓接触,是在20世纪80年代后期。随着中国对外开放,新兴的合资旅游宾馆、酒店将自助餐推广到我国大众化餐饮市场。自助餐以其形式多样、菜式丰富、营养全面、价格低廉、用餐简便等诸多优势深受消费者喜爱,尤其受青年、儿童的青睐。

二、自助餐的特点

1. 自由就坐

正规的自助餐,往往不固定用餐者的座次,甚至不提供座椅。这样一来,既可免除座次排列之劳,而且还便于用餐者自由地进行交际。

2. 经济实惠

因为自助餐多以冷食为主,不提供正餐,不上高档的菜肴、酒水,故避免了浪费,并可大大地节约主办者的开支。

3. 各取所需

参加自助餐时,用餐者完全可以根据自己的喜好取食。若碰上自己偏爱的菜肴,可多次自行取用,完全不必担心他人会为此而嘲笑自己。

4. 招待多人

当需要为众多的人士提供饮食时,自助餐不失为一种好选择。它不仅可用来款待数量较多的来宾,而且还可以较好地处理食物众口难调的问题。

三、自助餐礼仪

尽管自助餐气氛比较随意,但其中也有一些礼仪细节需要注意,否则这些失礼的举动就容易让你在众目睽睽中成为令大家侧目的焦点人物。

自助餐礼仪,指人们安排或享用自助餐时所需要遵守的基本礼仪规范。具体来讲,自助餐礼仪又分为安排自助餐的礼仪与享用自助餐的礼仪。

1. 安排自助餐的礼仪

安排自助餐的礼仪,指的是自助餐的主办者在筹办自助餐时的规范性做法,一般而言,它又包括备餐的时间、就餐的地点、食物的准备、客人的招待等四个方面的问题。

(1) 备餐的时间。在社会交往之中,依照惯例,自助餐大都被安排在各种正式的商务活动之后,每次用餐的时间不宜长于一个小时。按惯例,自助餐的用餐时间不必进行正式的限定。只要主人宣布用餐开始,大家就可就餐。在整个用餐期间,用餐者可以随到随吃,大可不必非要在主人宣布用餐开始之前到场恭候。在用自助餐时,也不像正式的宴会那样,必须统一退场。用餐者只要自己觉得吃好了,在与主人打过招呼之后,随时都可以离去。通常,自助餐是无人出面正式宣告其结束的。

一般来讲,主办单位如预备以自助餐对来宾进行招待,最好事先以适当的方式对其进行通报。同时,必须注意一视同仁,即不要安排一部分来宾用自助餐,而安排另外一部分来宾去参加正式的宴请。

(2) 就餐的地点。选择自助餐的就餐地点,重要的是要既能容纳下全部就餐之人,又能提供足够的交际空间。

按照正常的情况,自助餐安排在室内外进行皆可。通常大多选择在主办单位所拥有的大型餐厅、露天花园之内进行。有时,亦可外租、外借与此相类似的场地。

在选择、布置自助餐的就餐地点时,应注意以下三点:

一是要为用餐者提供一定的活动空间。除了摆放菜肴的区域之外,在自助餐的就餐地点还应划出一块明显的用餐区域。这一区域,不要显得过于狭小。考虑到实际就餐的人数往往具有一定的弹性,所以用餐区域的面积可以适当准备得宽敞一些。

二是要提供数量充足的餐桌与座椅。尽管真正的自助餐所提倡的是就餐者自由走动、立而不坐,但是实际上,有不少的就餐者,尤其是年老体弱者,还是期望在就餐期间,能有一个暂时的歇脚之处。因此,在就餐地点应当预先摆放好一定数量的桌椅,供就餐者自由使用。在室外就餐时,提供适量的遮阳伞往往也是必要的。

三是要使就餐者感觉到就餐地点环境宜人。选择就餐地点,不只要注意面积、费用问题,还须兼顾安全、卫生、温湿度等问题。要是用餐期间就餐者感到异味扑鼻、过冷过热、空气不畅,或者过于拥挤,显然都会影响到对方对此次自助餐的整体评价。

(3) 食物的准备。在自助餐上,为就餐者所提供的食物,既有其共性,又有其个性。其共性在于,为了便于就餐,以提供冷食为主;为了满足就餐者的不同口味,应当尽可能地使食物在品种上丰富多彩;为了方便就餐者进行选择,同一类型的食物应集中摆放在一处。

其个性则在于,在不同的时间或是款待不同的客人时,食物可在具体品种上有所侧重。有时以冷菜为主;有时以甜品为主;有时以茶点为主;有时还可以酒水为主。除此之外,还可酌情安排一些时令菜肴或特色菜肴。

一般的自助餐上所供应的菜肴大致应当包括冷菜、汤、热菜、点心、甜品、水果以及酒水等几大类型。通常,冷菜有沙拉、香肠、火腿、牛肉、猪舌、虾松、鱼籽等。常上的汤类有红菜汤、牛尾汤、玉米汤、酸辣汤、三鲜汤等。热菜有炸鸡、炸鱼、烤肉、烧肉、烧鱼、土豆片等。点心有面包、菜包、热狗、炒饭、蛋糕、曲奇饼、三明治、汉堡包、比萨饼等。甜品有布丁、果盘、冰淇淋等。水果有香蕉、菠萝、西瓜、木瓜、柑橘、樱桃、葡萄、苹果、桂圆、荔枝等。酒水则有牛奶、咖啡、红茶、可乐、果汁、矿泉水、鸡尾酒等。

在准备食物时,务必要注意保证供应。同时,还须注意食物的卫生以及热菜、热饮的保温问题。

(4) 客人的招待。招待好客人,是自助餐主办者的责任和义务。要做到这一点,必须特别注意下列环节。

一是要照顾好主宾,不论在任何情况下,主宾都是主人照顾的重点。在自助餐上,也并不例外。主人在自助餐上对主宾所提供的照顾,主要表现在陪同其就餐,与其进行适当的交谈,为其引见其他客人等。只是要注意给主宾留下一点供其自由活动的时间,不要始终伴随其左右。

二是要充当引见者。作为一种社交活动的具体形式,自助餐自然要求其参加者主动进行适度的交际。在自助餐进行期间,主人一定要尽可能地为彼此互不相识的客人多创造一些相识的机会,并且积极为其牵线搭桥,充当引见者,即介绍人。应当注意的是,介绍他人相识,必须了解彼此是否有此心愿,而切勿一厢情愿。

三是要安排服务者。小型的自助餐,主人往往可以同时充当服务者。但是,在大规模的自助餐上,显然是不能缺少专人服务的。在自助餐上,直接与就餐者进行正面接触的,主要是服务人员。根据常规,自助餐上的服务人员须由健康而敏捷的男性担任,他的主要职责是:为了不使来宾因频频取食而妨碍同他人所进行的交谈,而主动向其提供一些辅助性的服务。比如,推着装有各类食物的餐车,或是托着装有多种酒水的托盘,在来宾之间巡回走动,而听凭宾客各取所需。再者,还可以负责补充供不应求的食物、饮料、餐具等。

2. 享用自助餐的礼仪

所谓享用自助餐的礼仪,在此主要是指在以就餐者的身份参加自助餐时,所需要具体遵循的礼仪规范。一般来讲,在自助餐礼仪之中,享用自助餐的礼仪对绝大多数人而言,往往显得更为重要。通常主要涉及以下几个方面。

第一,要排队取菜。在享用自助餐时,用餐者往往成群结队。此时大家都必须自觉地维护公共秩序,讲究先来后到,排队选用食物。不允许乱挤、乱抢、乱插队,更不允许不排队。排队应遵守先来后到的规矩,与前面的人保持一定距离,以免碰撞。一般应按照顺时针方向,跟随队伍循序前行,不可反向逆行取菜。

在取菜之前,先要准备好一只食盘。轮到自己取菜时,要用匙、夹等公用餐具取菜,并要注意专具专用;不可在盛菜的容器中挑三拣四,要为后边的人着想;不要把整齐摆放的食品搅乱,也不可把自己已经夹入盘中的食物放回去,应在看准自己需要的菜肴后,从速取走。

第二,要循序取菜。在自助餐上,按照常识,取菜时标准的先后顺序,依次应当是:冷菜、汤、热菜、点心、甜品和水果。如果想要吃饱吃好,那么在具体取用菜肴时,就一定要首先了解合理的取菜顺序,然后循序渐进。

如果不了解合理取菜的先后顺序,而在取菜时完完全全地自行其事,乱装乱吃,难免会使本末倒置,咸甜相克,令自己吃得既不畅快又不舒服。

第三,要量力而行。参加自助餐时,食物往往不限数量,保证供应,这正是自助餐大受欢迎之缘由。不过,应当注意的是,在根据本人的口味选取食物时,必须要量力而行。切勿为了吃得过瘾,而狂取食物,结果是自己"眼高手低",力不从心,从而导致了食物的浪费。严格地说,在享用自助餐时,多吃是允许的,而浪费食物则是不可取的。这一条,亦称为自助餐就餐时的"少取"原则。

第四,要多次取菜。在自助餐上遵守"少取"原则的同时,还必须遵守"多次"的原则。"多次"的原则,是"多次取菜"的原则的简称。它的具体含义是:用餐者在自助餐上选取某一种类的菜肴,允许其再三再四地反复去取;而每次应当只取少量,待品尝之后,觉得它适合自己的口味,便可以再次去取,直至自己感到吃好了为止。"多次"是为了量力而行,"少取"是为了避免造成浪费。所以,二者往往也被合称为"多次少取"的原则。

会吃自助餐的人都知道,在选取菜肴时,最好每次只为自己选取一种。待吃好后,再去取用其他的品种。要是不谙此道,在取菜时将多种菜肴盛在一起,必然相互串味,导致口感不佳。

第五,要送回餐具。在自助餐上,既然强调的用餐者以自助为主,就应认真地付诸行动。不但要求就餐者取用菜肴时以自助为主,而且还要求其善始善终,在用餐结束之后,自觉地将餐具送至指定之处。在一般情况下,自助餐大都要求就餐者在用餐完毕之后、离开用餐现场之前,自行将餐具整理到一起,然后一并将其送回指定的位置。在庭院、花园里享用自助餐时,尤其应当这样。不允许将餐具随手乱丢,甚至任意毁损餐具。在餐厅里就座用餐,有时可以在离去时将餐具留在餐桌之上,而由服务人员负责收拾。虽是如此,亦应在离去前对其稍加整理,不要弄得自己的餐桌上杯盘狼藉,不堪入目。自己取用的食物,以吃完为宜,万一有少许食物剩余,也不要私下里乱丢、乱倒、乱藏,而应将其放在适当之处。

第六,要照顾他人。参加自助餐时,除了对自己用餐时的言行举止要严加约束之外,还须与他人和睦相处。对于自己的同伴,特别需要加以关心,若对方不熟悉自助餐,不妨向其简要地进行介绍。在对方乐意的前提下,还可向其具体提出一些有关选取菜肴的建议。对于在自助餐上碰见的熟人,不可以自作主张地为对方直接代取食物,更不允许将自己不喜欢或吃不了的食物"处理"给对方。

在用餐的过程中,对于其他不相识的用餐者,应当以礼相待。在排队、取菜、寻位以及行动期间,对于其他用餐者要主动加以谦让,不要目中无人,蛮横无理。

第七,要积极交际。一般来说,参加自助餐时,必须明确,吃东西往往属于次要之事,而与其他人进行适当的交际活动才是自己最重要的任务。在参加由商界单位所主办的自助餐时,情况就更是如此。所以,不应当以不善交际为由,只顾自己躲在僻静之处一心一意地埋头大吃,或者来了就吃,吃了就走,不同其他在场者进行任何形式的正面接触;而应该主动寻找机会,积极地进行交际活动。

第八,要避免外带。所有的自助餐,不分是以之待客的由主人亲自操办的自助餐,还是对外营业的正式餐馆里所经营的自助餐,都有一条规定,即自助餐只许可就餐者在用餐现场自行享用,而绝对不允许就餐者在用餐完毕之后将食物打包带走。

拓展阅读

酒 会 礼 仪

酒会,是一种经济简便与轻松活泼的招待形式。它起源于欧美,一直被沿用至今,并在人们社交活动方式中占有重要地位,常为社会团体或个人举行纪念和庆祝生日,或联络和增进感情而用。

具体而言,酒会是便宴的一种形式,会上不设正餐,只是略备酒水、点心、菜肴等,而且多以冷味为主。

一、酒会类型

酒会按举行时间的不同可分为两种类别：正餐之前的酒会和正餐之后的酒会。一般习惯于将正餐之前的酒会称为鸡尾酒会，而对于正餐之后的酒会，在请帖中则常以聚会或家庭招待会代替。

(一) 鸡尾酒会

鸡尾酒会是始于下午6时或6时半，持续约两个小时的酒会。一般不备正餐，只备有酒水和点心。这类酒会有明确的时间限制，一般应在请帖中写明。

1. 酒水

鸡尾酒会上的酒品分为两类，即含酒精的饮料和不含酒精的饮料。

(1) 含酒精的饮料。一般说来，鸡尾酒会提供的酒精饮料可以是雪利酒、香槟酒、红葡萄酒和白葡萄酒，也可提供一种混合葡萄酒，以及各种烈性酒和开胃酒。

而所谓鸡尾酒，主要由酒底（一般以蒸馏酒为主）和辅助材料（鸡蛋、冰块、糖）等两种或两种以上材料调制而成。鸡尾酒具有口味独特、色泽鲜明的特点，能够增进食欲，提神解暑。鸡尾酒调配的方式以及调配的效果如何，一要看客人的口味偏好，二则依赖主人及调酒师的手艺。

鸡尾酒的饮用方法因时令而有所不同。冬天，马提尼和掺入水和苏打的威士忌备受人们欢迎；而在夏天，饮用掺入汽水、伏特加和杜松子酒的大杯酒则是时尚之一。

(2) 不含酒精的饮料。鸡尾酒会上还应准备至少一种不含酒精的饮料，如番茄汁、果汁、可乐、矿泉水、姜汁、牛奶等。这些不含酒精的饮料一般可以替代含酒精的饮料和调制酒品。

2. 点心

鸡尾酒会以酒水为主，食品从简，只有一些点心和开胃菜等，这些食品一般制作精美，味道上乘。常见的食品有蛋糕、三明治和橄榄、烤制小香肠、成串儿的烤小红肠、面包等。

如果自己是酒会的主人，则应注意点心或开胃品一定要适合用手拿着吃，避免给宾客用餐造成不便。

(二) 餐后酒会

正餐之后的酒会通常在晚上9时左右开始，一般不严格限定时间的长短，客人可以根据自身情况确定告辞时间。

正餐之后的酒会一般规模较大，常常播放音乐，并准备了场地供来宾跳舞，但这要在请帖中说明。因为宾客是在用完正餐之后参加酒会，所以餐后酒会通常可以不供应食品。但若为大型或正式的酒会,则可能会安排夜餐。

二、酒会特点

酒会深受欢迎,得以不断延续和推广,主要是由于自身有易被他人接受的诸多特点。主要表现如下。

(一) 时间自由

尽管鸡尾酒会和正餐后酒会在请帖上会约定固定的时间,但实际上,何时到场一般可由宾客自己掌握,不一定非要准时到场。

(二) 衣着不限

参加酒会,不必像正式宴请那样穿着正式,只要端庄大方、干净整洁即可。

(三) 食物自选

酒会上就餐采用自选方式,宾客可根据自己口味偏好去餐台和酒吧选择自己需要的点心、菜肴和酒水。

(四) 座次不定

酒会上,用餐者一般均站立,没有固定的席位和座次,主人也可设置一些座位,以供年长者及疲惫者稍作休息之用。

(五) 交际自主

由于不设座位,酒会具有较强的流动性,宾客之间可自由组合,随意交谈。

三、酒会筹备

工作人员在筹备酒会时,应仔细谨慎,尽量考虑周全,做到不失礼节,让来宾感觉轻松自如,方便自在。这样的酒会才是一个高质量的酒会,才能收到良好的社交效果。

使客人方便舒适是酒会举办成功的一个标准。因此在筹备酒会时,工作人员要着重考虑以下几个方面。

(一) 请帖及时发出

对于小型酒会,不必非要印制请帖,口头发出邀请即可。邀请可在举办时间两周之前发出,也可再迟一些,但一定要给客人留出选择的时间。

对于大型或正式的酒会,最好印制专用请帖,并以"聚会"或"家庭招待会"为名义。一般邀请应在举办时间两周之前发出。

通常情况下,主人发出的请帖或口头邀请要多于实际筹划的人数,以免出现空缺现象。

(二) 人群密度适中

成功的酒会一般应人群密度适中,过于嘈杂和拥挤是酒会的大忌。因此,筹备酒会时,必须充分考虑场所的容量和通风情况,做出合理而恰当的安排。

通常情况下,可将举办酒会的主厅周围的房间、阳台、花园等利用起来,以供客人自行调节密度、置身自己感觉舒适的场所。

(三) 全面了解客人

筹备酒会前,要对客人的各方面特点都有一个清晰全面的了解。比如来宾中老年人居多,那么要尽量考虑到中老年人的身体状况和特殊需求。因此,餐桌旁多放些椅子十分必要;若是来宾以年轻人为主,则这种考虑不必过多。

(四) 食物取放方便

让客人取食方便,十分容易地找到自己想要的东西也是酒会成功的重要因素。因此要注意以下3点:

(1) 香烟可置于合适的容器中,烟灰缸应该既大又深,并将它们放置于场地各处。

(2) 果仁、点心之类的食品应方便持拿,最好将其放于合适的碗或盘中,置于场地各处,以方便取用。

(3) 酒水要准备充足,供应及时。尤其要注意给不饮酒的客人准备无酒精饮料。

四、参加酒会的礼仪

在参加酒会时,既要了解酒会形式松散的特点,又要认真遵守参加酒会所必备的礼仪,了解酒会的餐序、取食规则和各种禁忌,这样才能体现出自身的良好素质,成功达到社交的目的。

(一) 用餐顺序合理

酒会一般以酒水为主,食品从简,餐序不像正式宴会那么繁琐。但用餐时,依照合理顺序进行,既能保证自己吃好,又使自己不失风度。

标准的酒会餐序依次为:开胃菜、汤、热菜、点心、甜品、水果,也有很多酒会不备热菜。鸡尾酒可以在餐前或吃毕甜品时喝。

酒会上用餐,切忌大吃大喝,最好做到合理搭配,取食有度。

(二) 取食文明有序

1. 排队取食

在酒会上用餐时,无论是去餐台取菜、去酒吧添酒,还是从侍者的托盘中取酒,都应做到礼貌谦让,遵守秩序,排队按顺时针方向进行拿取。

取食时切忌显得急不可待,不顾及他人需求,这既影响他人进餐,又有损自己的形象。

2. 多次少取

"多次少取"是参加酒会就餐时的一条重要原则。由于酒会采用自助形式,要由宾客自己取食,因此宾客取食时的表现会成为其礼仪素养的重要表现。

3. 禁止外带

酒会上一般酒水和食品供应充足,宾客可按自己需要享用,但这只限于在酒会之上,绝对不可"吃不了兜着走"或"顺手牵羊",将食物和酒水等带走,那样是非常失礼的。

五、交际方式得当

从某种意义上说,酒会的交际意义远远大于酒会的饮食意义。展示个人魅力,促进社交成功,是酒会的主要目的之一。因此,酒会上交际时也要讲究适当的礼仪原则,以免事与愿违,因自身失礼而造成孤立。酒会上交际时应注意的问题主要有以下几个方面。

(一) 主动攀谈

酒会是交流信息的重要场合,因此参加酒会时不可矜持不谈,故作深沉之态,而要抓住时机,积极主动选择自己感兴趣的对象进行交谈。这样才能达到获得信息,联络感情,结交新知的目的。

对于旧友,首先主动打一声招呼往往使自己显得亲切、友善,有利于双方关系的深化。对于想要结识的新朋友,则要具备自我介绍的信心,踊跃自荐,以使交际局面迅速打开。

(二) 善待他人

同他人攀谈,若话不投机,千万不要显出不耐烦的神色,或急于脱身而造成他人的不愉快。谈话时,也不要心不在焉,掠过对方的肩膀扫视别人或左顾右盼。这样的行为很容易让人理解为是敷衍了事,是对对方不重视的一种表现,好像自己正在寻找更重要、更吸引人的谈话对象,是十分失礼的。

最好的办法是,交谈时给对方留出随意离开的机会,或提议两人一起去见同一位都熟识的人,或参加到附近的人群中。

(三) 照顾女宾

虽然酒会上宾客应独善其身、自酌自助,但男士照顾女士的原则依然适用,这也是男士体现自身修养的重要方式。

如果女士的酒杯空了,男士应主动上前添满,或为其叫来侍者斟满酒水。

(四) 饮酒有度

酒会上虽然备有各种美味酒水,但切记参加酒会要饮酒有度,不要开怀畅饮,也不应猜拳行令,大呼小叫,或对别人劝酒。因为那样会给人以缺乏教养之感。

同时,参加酒会一定要熟悉自己的酒量,适度取酒,切不可贪恋杯盏,引起醉酒,导致言行失态。

（五）适时告辞

酒会并不严格限定时间，但宾客也应体谅主人，适时离开。这样既使得主人有充足的时间休息，又不妨碍主人的其他社交安排，如晚宴、约会等。

一般鸡尾酒会持续两个小时左右，在晚8时左右结束；而正餐之后的酒会则在晚11时或12时结束，周末可以更晚些。如果有事提前离开，告辞不应引人注目，以免破坏酒会气氛。离开前最好向主人当面致谢。

第四节 酒 水 礼 仪

酒水是人们日常生活中所说的饮料（Beverage）的统称，是人们就餐、娱乐、休闲及人际交往中不可缺少的饮品。在餐桌上，因为有了酒水参与，才充满生机，富有情趣。

一、饮酒礼仪

早在远古时期，酒的饮用即与礼仪有密切关系。

（一）酒的种类

酒的品种繁多，风格各异。按酒精含量，可分为高度酒、中度酒和低度酒；根据生产工艺的不同，分别有蒸馏酒、发酵酒和配制酒；从人们的习惯和商业分类上看，则分为白酒、黄酒、果（露）酒、啤酒和药酒等。

1. 按生产工艺

目前按生产工艺的不同，酒可以分为三类。

（1）发酵酒。以水果、谷物等为原料，经发酵后过滤或压榨而得的酒，酒精度数一般都在20度以下，刺激性较弱，如葡萄酒、啤酒、黄酒等。

（2）蒸馏酒。蒸馏酒又称烈性酒，是指以水果、谷物等为原料先进行发酵，然后将含有酒精的发酵液进行蒸馏而得的酒。蒸馏酒酒精度较高，一般均在20度以上，刺激性较强，如白兰地、威士忌、中国的各种白酒等。

（3）配制酒。配制酒是指在各种酿造酒、蒸馏酒或食用酒精中加入一定数量的水果、香料、药材等浸泡后，经过滤或蒸馏而得的酒，如杨梅烧酒、竹叶青、蛇酒、人参酒、利口酒、味美思等。

2. 按酒精含量

根据酒精含量的多少，酒可以分为高度酒、中度酒和低度酒。

（1）高度酒。高度酒是指酒精度数在40度以上的酒，如白兰地、茅台酒、五粮液等。

(2) 中度酒。中度酒是指酒精度数在20～40度之间的酒,如孔府家酒、五加皮等。

(3) 低度酒。低度酒是指酒精度数在20度以下的酒,如黄酒、葡萄酒、日本清酒等。

3. 按商业经营

中国酒通常采用商业经营的分类方法,将酒分为下列五类。

(1) 白酒。白酒是以谷物为原料的蒸馏酒,因酒度较高而又被称为"烧酒"。其特点是无色透明、质地纯净、醇香浓郁、味感丰富。

(2) 黄酒。黄酒是中国生产的传统酒类,是以糯米、大米(一般是粳米)、黍米等为原料的酿造酒,因其酒液颜色黄亮而得名。其特点是醇厚幽香,味感谐和,越陈越香,营养丰富。

(3) 果酒。果酒是以水果、果汁等为原料的酿造酒,大多以果实名称命名,如葡萄酒、山楂酒、苹果酒、荔枝酒等。其特点是色泽娇艳,果香浓郁,酒香醇美,营养丰富。

(4) 药酒。药酒是以成品酒(以白酒居多)为原料加入各种中草药浸泡而成的一种配制酒。药酒是一种具有较高滋补、营养和药用价值的酒精饮料。

(5) 啤酒。啤酒是以大麦、啤酒花等为原料的酿造酒。其特点是具有显著的麦芽和酒花清香,味道纯正爽口,营养价值较高,促进食欲,帮助消化。

4. 按酒的香型

按酒的香型可划分为五种。

(1) 酱香型酒。所谓酱香,就是有一股类似豆类发酵时发出的酱香味。这种酒的特征是:酱香突出,幽雅细腻,酒体丰富醇厚,回味悠长,香而不艳,低而不淡。茅台酒就属此类酒的典型代表,且具有隔夜留香、饮后空杯香犹存的特点。

(2) 浓香型酒。泸州老窖、五粮液酒属此类之代表。它们以乙酸乙酯为主体香,主要特征是:窖香浓郁,绵甜甘洌,香味协调,尾净余长。这种香型酒在市面上较多,很受消费者喜爱。

(3) 清香型酒。这种香型的酒以乙酸乙酯和乳酸乙酯两者的结合为主体香。它的主要特征是:清香醇正,诸味协调,醇甜柔和,余味爽净,甘润爽口,具有传统的老白干风格。山西杏花村汾酒是这类香型酒的代表,其他如宝丰酒,特制黄鹤楼酒也是清香型白酒。

(4) 米香型酒。如桂林三花酒、全州湘山酒、广东长乐烧等属于此类白酒,以清、甜、爽、净见长,其主要特征是:蜜香清雅,入口柔绵,落口爽洌,回味怡畅。

(5) 其他香型酒。不属以上四种香型而又没有给定香型名字的白酒,暂时统统划为其他香型白酒。如董酒、平坝窖酒、匀酒、朱昌窖酒、白沙液等许多好酒都属于其他香型,它们都有各自的特殊香味和风格。

(二)选酒及取用

在餐桌上,吃中国菜时可以喝白酒、黄酒、啤酒。吃西餐时,可以选用葡萄酒或啤酒等。

在国内,白酒是饮用最普遍的酒,它可以净饮干喝,也可以用来帮助吃菜下饭,甚至可以用来作为药引泡药。应注意的是,白酒一旦和其他酒类如啤酒,或汽水、可乐等饮料同饮,很容易醉酒。

在正式场合最好用专门的"肚量不大"的瓷杯或玻璃杯盛酒,这样比较适合我们中国人讲究的"一饮而尽""酒满敬人"等不成文的规定。喝白酒时,不用加温、加冰,也不必用水稀释。

西餐用酒分饭前、进餐和饭后三类。饭前酒亦称开胃酒,是在入席前请客人喝的酒类,常用的有鸡尾酒、威士忌、麦亨登、浮毛斯、马提尼以及啤酒等。另外还应准备果汁、汽水及可乐等饮料。开胃酒的目的是刺激食欲,喝得太多反而会降低食欲,所以要少量为佳。进餐酒,是上菜时配合菜肴用的葡萄酒,常用的有雪醴、白葡萄酒、红葡萄酒、香槟,以及我国的黄酒、绍兴酒等。宴会中,如果是喝中国酒,主人仅供应一种酒,客人无须选择;但最好多备几种酒,请客人自行选用。正式西餐,每上一道菜,侍者就会奉上一次酒,酒随菜不同而不同。饭后酒亦称助消化酒,常用的有白兰地、雪醴及薄荷酒等。

在西方,正确的斟酒方法是只倒半满的酒在杯子里;而吃中餐时,主人习惯于给客人斟满杯酒,表示对客人的敬意。

如果饮用红葡萄酒,应该保存在温度适宜的房间,好的红葡萄酒要在餐前先打开瓶盖,让它呼吸一个小时的空气,以使口味更好。如果在很冷的季节为客人上红葡萄酒,应该建议客人把酒杯握在手里几分钟,这样可以使酒快速升温。

如饮用白葡萄酒,在餐前,至少应该把酒在冰箱里放两个钟头。如果有冰酒器,在有冰块的水里放20分钟。要多准备一些酒杯,因为在用过的杯里倒另外一种酒,会使酒的味道改变。

(三)酒和菜的搭配

酒水的主要功能,是在用餐时开胃助兴。然而欲使酒水正确发挥这一作用,就必须懂得酒菜搭配之道。唯有如此,二者才会相得益彰。不然,就很有可能会事倍功半,甚至坏人食欲。下面,分别就中餐与西餐聚餐、宴请时酒水与菜肴的正确搭配方法,略作一些介绍。

1. 中餐中酒菜的搭配

若无特殊规定,正式的中餐宴会通常要上白酒与葡萄酒这两种酒。因为饮食习惯方面的原因,中餐宴请中上桌的葡萄酒多半是红葡萄酒,而且一般都是甜红葡萄酒。

选用红葡萄酒,是因为红色充满喜气,而选用甜红葡萄酒,则是因为不少人对口感不甜、微酸的干红葡萄酒不太习惯。通常在用餐者面前餐桌桌面的正前方,排列着大小不等的三只杯子,自左而右,它们依次分别是白酒杯、葡萄酒杯、水杯。具体来讲,在搭配菜肴方面,中餐所选的酒水讲究不多,喜欢喝什么酒就可以喝什么酒,想什么时候喝酒亦可自便。正规的中餐宴会一般不上啤酒,而在便餐、大排档中,啤酒比较多见,常以之搭配凉菜。

2. 西餐中酒菜的搭配

在正式的西餐宴会里,酒水是主角,它与菜肴的搭配十分严格。一般来讲,吃西餐时,每道不同的菜肴要配不同的酒水,吃一道菜便要换一种新的酒水。西餐宴会中所上的酒水,可以分为餐前酒、佐餐酒、餐后酒等三种。它们各自又拥有许多具体种类。

餐前酒,别名开胃酒。它是在开始正式用餐前饮用,或在吃开胃菜时与之搭配的。在一般情况下,人们喜欢在餐前饮用的酒水有鸡尾酒、味美思和香槟酒等。

佐餐酒,又叫进餐酒。毫无疑问,它是在正式用餐期间饮用的酒水。西餐里的佐餐酒常为葡萄酒,而且大多数是干葡萄酒或半干葡萄酒。在正餐或宴会上选择佐餐酒,有一条重要的讲究不可不知,即"白酒配白肉,红酒配红肉"。这里所说的白肉,即鱼肉、海鲜、鸡肉,吃它们时,须以白葡萄酒搭配;而红肉,即牛肉、羊肉、猪肉,吃这类肉时,则应配以红葡萄酒。鉴于西餐菜肴里的白肉多为鱼肉,故这一说法有时又被表述为"吃鱼喝白酒,吃肉喝红酒"。其实二者的本意相同,不过,此处所说的白酒、红酒,都是葡萄酒。

餐后酒,指的是在用餐之后,用以助消化的酒水。最常见的餐后酒是利口酒,它又叫香甜酒。最有名的餐后酒,则是有"洋酒之王"美称的白兰地。

在一般情况下,饮不同的酒水,要用不同的专用酒杯。在每一位用餐者面前桌面上右边餐刀的上方,大都会横排放置着三四只酒水杯。取用它们时,可依次由外侧向内侧进行,亦可"紧跟"主人的选择。在它们之中,香槟杯、红葡萄酒杯、白葡萄酒杯以及水杯,往往必不可少。

(四)斟酒礼仪

1. 斟酒的顺序

在餐饮过程中,第一次斟酒时,做主人的可以亲自为所有客人倒酒,从坐在右侧的客人开始,最后才轮到主人自己。客人喝完一杯后,可以请坐在主人对面的人(也就是副主人)帮忙为其附近的人添酒。如果同时准备了红酒和白酒,需把两种酒瓶分放在桌子两端。不要让客人用同一个杯子喝两种酒,这是基本礼节。倒酒时瓶口尽量朝上,免得酒溢出来。

在招待客人的家宴上斟酒,一般应先给长辈、远道客人或职务、职衔较高者斟酒;

如属同一辈分或夫妻之间,则应先给对方斟酒;如同一辈分成员较多,则可以按年龄高低或按顺时针方向依次斟酒。

按国际惯例,服务员斟酒顺序应从男主人右侧的女宾或男主宾开始,接着是男主人,由此自右向左按顺时针方向进行。如宴会规格较高,须由两人服务,其中一人按上述顺序开始,至女主人或第二主人右侧的宾客为止;另一服务人员从女主人或第二主人开始,依次向右,至前一侍者开始的邻座为止。在国际礼仪中,客人绝不会亲自倒酒,而由主人和侍者来负责斟酒。

但是,由于宴会的规格、对象、民族风俗习惯不同,斟酒顺序也应灵活多样。宴请亚洲地区客人时,如主宾是男士,则应先斟男主宾位,再斟女宾位,最后为主人斟酒,以表示主人对来宾的尊敬。如为欧美客人斟酒服务时,则应先斟女主宾位,再斟男主宾位。

斟酒时的注意事项:其一,是要一视同仁,切不可有挑有拣,只为个别人斟酒。其二,是斟酒需要适量。白酒与啤酒均可以斟满,而其他洋酒则无此讲究,要是斟得过满溢出,显然不合适,而且也是浪费。其三,除主人与侍者外,其他宾客一般不宜自行为他人斟酒。

2. 接受斟酒的礼仪

宴席上斟酒时,接受斟酒者一般应起身或俯身,以手扶杯或作欲扶杯状,以示感谢或恭敬。

接受斟酒时,酒杯置于桌上原处即可,只要对斟酒者微笑致意,便符合礼仪了。如果是主人亲自斟酒时,必须端起酒杯致谢甚至是起身站立或欠身点头致谢。也可以使用"叩指礼",即用右手拇指、食指、中指捏在一起,指尖向下,轻叩几下桌面表示谢意。

对于拒绝斟酒的人,斟酒者(尤其是斟酒的主人)应该持理解和宽容的态度,而不应该强人所难。

(五) 敬酒礼仪

敬酒可以随时在饮酒的过程中进行。若要致正式祝酒词,就应在特定的时间进行,并不要影响来宾用餐。祝酒词适合在宾主入座后、用餐前开始。也可以在吃过主菜后、甜品上桌前进行。

微课讲解
敬酒礼仪

1. 敬酒的顺序

在正式宴席上,一般先由主人向列席的来宾或客人敬酒,会饮酒的人则回敬一杯。如果宴席规模较大,主人则应依次到各桌敬酒,而各桌可由一位代表到主人所在的餐桌上回敬。向外宾敬酒时,应按礼宾顺序由主人首先向主宾敬酒。而在国外正式宴席上,通常由男主人首先举杯敬酒,并请客人们共同举杯。一般情形下,客人、长辈、女士不宜首先向主人、晚辈、男士敬酒。

2. 敬酒的姿势

敬酒时,上身挺直,双腿站稳。需干杯时,应起身站立,右手端起酒杯,或者用右手拿起酒杯后,再以左手托扶杯底,面带微笑,目视其他特别是自己的祝酒对象,同时说着祝福的话。应按礼宾顺序由主人与主宾先干杯。

3. 敬酒的态度

敬酒时态度要热情、大方,应起立举杯并且目视对方,而且整个敬酒过程中都不应将目光移开。敬酒要适可而止,见好就收。因为在很多情况下,敬酒就意味着干杯,有人提议干杯后,要手拿酒杯起身站立。即使是滴酒不沾,也要拿起杯子。将酒杯举到眼睛高度,说完"干杯"后,将酒一饮而尽或喝适量。有些人借敬酒之名,行灌醉别人之实,甚至偷偷在别人的饮料中倒上烈性酒,还以"感情浅,舔一舔;感情深,一口闷"之类的话语劝酒,这些都是有违礼仪要求的。

(六)饮酒禁忌

一忌饮酒过量,造成醉酒,既影响身体,也可能耽误工作。

二忌饮酒过猛过快,饮酒后5分钟乙醇就可进入血液,30～120分钟时血中乙醇浓度可达到顶峰。饮酒快则血液中乙醇浓度升高得也快,很快就会出现醉酒状态。若慢慢饮入,体内的酶可有充分的时间把乙醇分解掉,不易喝醉。

三忌空腹饮酒,因为空腹时酒精吸收快,人容易喝醉;而且空腹喝酒对肠胃伤害大,容易引起胃出血、胃溃疡,最好的预防方法就是在喝酒之前,先行食用油质食物,如肥肉、蹄膀等,或饮用牛奶,利用食物中脂肪不易消化的特性来保护胃部,以防止酒精渗透胃壁。

四忌带病饮酒,特别是肝病、肾病、胃肠溃疡以及精神疾病患者,这样会加重病情。酒精对肝脏的伤害较大,喝酒的时候应该多吃绿叶蔬菜,其中的抗氧化剂和维生素可保护肝脏。还可以吃一些豆制品,其中的卵磷脂有保护肝脏的作用。

五忌啤酒、白酒混用,先饮啤酒,后饮白酒,会增强酒精的刺激性,使人易醉。

六忌烟酒同时并用,喝酒时吸烟,尼古丁易溶解于酒精,被人体吸收,加重危害。

二、饮茶礼仪

茶、咖啡和可可被称为世界三大饮料。我们在接待来访的客人时,沏茶、上茶已经成为了一项必不可少的待客礼节。不管是自己喝还是待客,喝茶都很有讲究。

(一)茶叶的品种和饮用特点

根据加工、制作方法的不同,茶叶可分为绿茶、红茶、乌龙茶、黑茶、花茶等几个品种。

1. 绿茶

绿茶是指采取茶树新叶,未经发酵,经杀青、揉拧、干燥等典型工艺制成的,其成品冲泡后的茶汤较多的保存了鲜茶叶的绿色主调。绿茶是中国产量最多,饮用最为广泛的一种茶,其特点是汤清叶绿。绿茶更适合在夏天饮用,可以消暑降温。

我国著名的绿茶有:杭州的龙井茶、江苏太湖洞庭山的碧螺春、安徽黄山的黄山毛峰、湖南洞庭湖的君山银针、安徽六安齐云山的六安瓜片、河南信阳大别山区的信阳毛尖、贵州黔南都匀山区的都匀毛尖等。

2. 红茶

红茶的加工制作方法和绿茶相反,它是以新鲜的茶叶经过烘制,等完全发酵后制作而成的。在冲泡沏水之前,它的色泽油润乌黑。在冲泡后,它具有独特的浓香和爽口的滋味,还能暖胃补气,提神益智。红茶性温热,适合在冬天饮用。

我国生产的红茶品种不少,其中最著名的就是安徽祁门县的祁门红茶。此外,还有产于云南西双版纳的滇红茶等。

3. 乌龙茶

乌龙茶的制作加工方法介于绿茶和红茶之间,是一种半发酵的茶叶。乌龙茶外形肥大、松散,茶叶边缘发酵,中间不发酵,整体外观上呈黑褐色。沏水冲泡后的乌龙茶色泽凝重鲜亮,芳香宜人。喝过后,不仅可以化解油腻,而且健胃提神。

我国乌龙茶多产于福建,其中最著名的是福建安溪县的铁观音、福建武夷山的武夷岩茶等。

4. 黑茶

黑茶属于后发酵茶,其基本工艺流程是杀青、揉捻、渥堆、干燥。黑茶一般原料较粗老,加之制造过程中往往堆积发酵时间较长,因而叶色油黑或黑褐,故称黑茶。主要产于湖南的安化县、湖北、四川、云南、广西等地。主要品种有湖南安化黑茶、湖北老青茶、四川边茶、广西六堡散茶、云南普洱茶等。

5. 花茶

又叫香片,是以绿茶经过各种香花薰制而成的茶叶。它的最大特点,是冲泡沏水后芳香扑鼻,口感浓郁,味道鲜嫩,一年四季都可以饮用。

花茶可以分为茉莉花茶、桂花花茶、玫瑰花茶、白兰花茶、珠兰花茶、米兰花茶等多个品种。其中以茉莉花茶最受欢迎。

(二)茶具的选择

喝茶时,因所选茶叶不同,所以茶具的品种也不同。但一般情况下,喝茶都少不了储茶用具、泡茶用具、喝茶用具。

储茶用具的基本要求是:防潮、避光、隔热、无味。如果要存放好的茶叶,最好用特制的茶叶罐,如铝罐、锡罐、竹罐,尽量不用玻璃罐、塑料罐,更不要长时间以纸张包装、存放茶叶。

喝茶讲究的人，对泡茶用具也十分挑剔。在比较正规的情况下，泡茶用具和喝茶用具往往要区分开。正规的泡茶用具，最常见的是茶壶，多是紫砂陶或陶瓷制成。

喝茶用具，主要是茶杯、茶碗。用茶杯喝茶最常见，也正规。使用茶碗喝茶，多出现在古色古香的茶馆里。

为帮助茶汤纯正味道的发挥，茶杯应该选用紫砂陶茶杯或陶瓷茶杯。如果是为了欣赏茶叶的形状和茶汤的清澈，也可以选用玻璃茶杯。最好不用搪瓷茶杯。

如果喝茶时同时使用茶壶，最好茶杯、茶壶相配套，以便美观而和谐，尽量不要东拼西凑。要同时用多个茶杯，也应注意配套问题。不要选用破损、残缺、有裂纹、有茶垢或污垢的茶杯待客。

（三）敬茶的礼仪

以茶敬客时，要注意客人的喜好、上茶的规矩、敬茶的方法以及续水的时机等几个要点。

1. 装茶的礼仪

这里所谓的装茶，指的是向客人的杯（碗）中放入茶叶。装茶礼仪主要涉及两个问题：一是茶具必须完好、清洁。一套完整的茶具，一般包括茶杯（碗）、茶托和茶盘等物。当然，由于具体条件的限制，有些时候往往没有茶托或茶盘。完好指的是每一样茶具都不能有破损。清洁指的是每一样茶具都要干净，茶杯或茶碗中的茶垢一定要洗净。二是装茶之前要先洗手。因为装茶是需要用手来操作的，将手洗干净，不但是卫生的需要，更是对客人的尊重。装茶时应用茶匙，即便洗过手了也不应该用手去抓茶叶。

2. 上茶的礼仪

用茶待客时，由谁为来宾奉茶，往往涉及对来宾的重视程度。在家里待客，通常由家里的晚辈或是家庭服务员为客人上茶。接待重要的客人时，最好是主人自己亲自奉茶。在工作单位待客时，一般应由秘书、接待人员为来客上茶。接待重要的客人时，应该由本单位在场的职位最高的人亲自奉茶。

主人向客人献茶时，应起身，用双手将茶杯（碗）递给客人，同时道一声"请喝茶"。客人亦应起身，用双手接过茶杯（碗），同时道一声"谢谢"。工作人员或服务人员上茶时，一定要注意上茶的先后顺序：在客人与主人之间，要先给客人上茶；在客人与客人之间，要先给主宾上茶。有两位及以上客人时，用茶盘端出的茶色要均匀，并用左手捧着茶盘底部，右手扶着茶盘的边缘，如有茶点，应放在客人的右前方，茶杯应摆在点心右边。

如果客人多，可以遵循先客后主、先主宾后次宾、先女后男、先长辈后晚辈的原则；可以以进入客厅为起点，按顺时针方向依次上茶；也可以按客人的先来后到的顺序；还有一种"偷懒"的办法,就是把所有的茶都泡后,让客人自己拿。

上茶时,要用双手捧上茶杯,从客人的右侧将茶杯递到客人面前,尽量避免从客人的正前方上茶,这样不礼貌,更不要单手上茶,切勿将手指搭在茶杯杯口上或是将其浸入茶水,这些动作都是不雅观、不礼貌的。

3. 斟茶的礼仪

所谓斟茶,指的是往茶杯(碗)中加入沸水。它可以是开始沏茶时加入沸水,也可以是初次沏茶之后间隔一段时间再往茶杯(碗)中添上或续上沸水。而无论是哪种情况,都一定不能将水斟满,因为中国人待客的礼节是"浅茶满酒""酒满茶半"故以八分满为宜,如果斟满杯(碗),则有厌客或逐客之嫌。在为客人续水斟茶时,不要妨碍到对方。应一只手拿起茶杯(碗),使茶杯(碗)远离客人身体、座位、桌子,另一只手把水续入。

4. 饮茶的礼仪

俗话说"吃有吃相,睡有睡相",饮茶也是一样。无论客人、主人,饮茶时都应慢慢地小口地细心品尝,切忌大口大口地吞咽茶水,或者喝得咕噜咕噜直响。和别人说话的时候,最好别喝茶。即使要喝,礼貌的做法是小口地品尝。不要连茶叶一并吞进嘴里。万一把茶叶喝进嘴里,也不要吐出来或是用手从嘴里拿出来,而是吃掉或是在其他地方吐掉。

三、咖啡饮用礼仪

咖啡是西方待客的一种通用饮料。目前,咖啡在我国也很流行,已为越来越多的人所接受和喜爱,成了人们进行公务和社交活动的一种普通饮料。了解和掌握咖啡饮用的礼仪,对于我们顺利开展公务交往活动是十分有益的。

(一)咖啡的种类

1. 黑咖啡

指不加糖和牛奶等其他配料的纯咖啡。这种咖啡可以化解油腻、帮助消化。因此,西餐中往往以黑咖啡作为最后一道餐品。

2. 白咖啡

是在饮用前加入牛奶、奶油或特制的植物粉末的咖啡。白咖啡是否加糖要依据个人喜好而定。白咖啡可以在正式或非正式场合中饮用,但在非正式场合中更为普遍。

3. 浓黑咖啡

来自意大利,原称意大利浓黑咖啡。它以特殊的蒸汽加压的方法制作,极黑极浓,因此有浓黑咖啡之称。饮用时,可以加入糖或少量的茴香酒,但不宜加入牛奶或奶油。这种咖啡会使人兴奋,不宜多饮。

4. 浓白咖啡

全名意大利式浓白咖啡,也是经蒸汽加压制作而成的,与黑咖啡不同之处在于,白咖啡中加入了以牛奶为原料的奶油或奶皮,因此在饮用时,一般不再添加牛奶,但可加少许用柠檬皮榨取的汁液。糖则可以根据自己喜好选择是否添加。

(二) 咖啡饮用礼仪

1. 饮用数量及配料的添加

(1) 数量要少。在社交场合,咖啡的饮用数量在1~3杯之间为好。

(2) 入口要少。饮咖啡时忌大口吞咽,更不应咕咕作响,而应该小口品尝,细细品味,动作优雅。

(3) 添加砂糖,应该用汤匙舀取。添加方糖,应该用夹子夹取,放入汤匙内,最后放入咖啡杯中。不要直接将方糖放入咖啡杯中,以免咖啡溅出。

2. 饮用方法

(1) 杯碟摆放。咖啡杯碟的摆放是有讲究的。咖啡杯碟应当放在饮用者的正面或者右侧,杯耳应指向右方。

(2) 握杯方法。喝咖啡时,应该以右手拇指和食指捏住杯耳,左手轻轻托着咖啡碟,将杯子端起送至嘴边,不可以手指穿过杯环去拿住杯子。站立时,则应该用左手将杯、碟一起端至胸高,再以右手端起杯,送至嘴边饮用,饮用完,立即将杯子置于咖啡碟中。咖啡杯与咖啡碟不分开,即使在添加咖啡时,也不要将咖啡杯从咖啡碟中拿起。持握咖啡杯,不要用双手握杯,也不宜满把握杯,更不要俯身就着杯子去喝咖啡,这些行为都是不礼貌的。

(3) 匙的用法。给咖啡加糖或冰块是常用的饮咖啡习惯。加入后应用小汤匙沿着杯子的周边将其搅拌均匀,将小汤匙放于碟子左边或横放于靠近身体的一侧。汤匙放在杯内是不文明的举动,而用匙搅得杯子乱响也是失礼的。添加配料后,应以小汤匙轻轻地搅动,使其与咖啡迅速溶合。但不要动作过大,也不要用匙去捣碎杯中的方糖。标准的搅拌手法是将咖啡匙立于咖啡杯中央,先顺时针由内向外划圈,到杯壁再由外向内逆时针划圈至中央,然后重复同样的手法,这种方法令咖啡浓淡均匀。搅拌之后,应将小汤匙取出,不要让其立在杯中,否则很容易使咖啡杯泼翻。

3. 品饮咖啡

喝咖啡时,不能像喝白开水一样,一口气把一杯都喝完,而且喝咖啡也不像喝茶或果汁,可以连续喝几杯。饮用咖啡时,不要用咖啡匙舀着一匙一匙地喝。如果咖啡太热,可用咖啡匙在咖啡杯内轻轻地搅拌使之冷却或待其自然冷却后再饮用。不要试图用嘴去把咖啡吹凉,那是极不规范也不文雅的动作。如果自己的座位离桌子稍远,不使用双手端着杯子饮用,此时可以稍做一下变通,左手将咖啡碟子端至齐胸处,右手从碟中端起咖啡杯饮用。

4. 取食甜点

应别人邀请饮用咖啡时,主人常常会同时以一些小点心来招待客人,以免空腹饮用咖啡伤及胃肠。但是,在吃点心和喝咖啡时,作为客人应注意一些必要的礼仪。

(1) 取食点心时,量要适中。毕竟在此饮用咖啡为主,食用点心为辅。不能食用过多甜点,以破坏饮用咖啡的氛围。

(2) 甜点与咖啡不能同时享用。即不能一手拿点心,一手拿杯子,边吃边喝。正确的做法是:吃点心时,先放下咖啡杯,吃完后,再继续饮用咖啡。

(3) 吃甜点时,要抿嘴轻轻地嚼,不能吧嗒吧嗒地大声咀嚼,这会显得无礼。

5. 正确交谈

社交场合中喝咖啡只是一种手段,真正的目的是要通过饮用咖啡增加彼此间的了解,沟通信息,交流感情等。因此,喝咖啡时,别顾此失彼,忘了喝咖啡的真正用意。当然,在交谈时,不要高谈阔论,宜柔声细语;不要乱开玩笑,大声喧哗,宜含蓄有度,礼让谦恭。不要在别人正喝着咖啡时突然提问,以免对方措手不及,仓促应对。

总之,在社交场合饮用咖啡,不能过于随便,应注意必要的礼仪。这样,才会在社交场合应对自如,受到欢迎。

拓展阅读

中外饮茶习俗

饮茶习俗是指日常饮茶的习惯和风俗。人们常说:"开门七件事,柴米油盐酱醋茶。"可见茶在我们日常生活中的地位之重要。

在我国,众多民族的饮茶习俗各有不同的特点;在国外,虽然茶是从中国传去的,但饮茶习俗又有当地的特色。下面给大家介绍国内外的一些饮茶习俗。

一、我国国内的部分饮茶文化

1. 藏族的酥油茶

喝酥油茶是藏族同胞一种独特的风尚。

"宁可一日无粮,不可一日无茶",他们对茶的需要量特别大,目前西藏自治区全区平均每年人均消费茶叶约 15 公斤,是全国茶叶高消费区。西藏人饮茶千变万化,有喝奶茶的,也有喝酥油茶的,还有泡茶喝的;而喝酥油茶是其中最讲究的饮茶方法,喝酥油茶要有茶具、茶、酥油和佐料。

茶具:有一个专门打酥油茶的长桶和一套精美的茶具;

酥油:是从奶油中提炼出来的,营养价值很高,常预先制成长方形、方形或圆珠

形,以便备用;

茶:不喜欢沏泡,而崇尚熬煮,偏爱汤浓味醇的紧压茶类,诸如普洱茶、砖茶等;

佐料:根据各家的不同爱好,一般用胡桃泥、芝麻粉、花生仁、瓜子仁、松子仁和盐巴作佐料。

酥油茶的制作分为三步。

(1) 先把茶叶放在茶壶中煮沸;

(2) 约半小时后把茶汁倒入已放好各种佐料和酥油的打茶筒中,用手上下打;

(3) 打到茶、油、佐料已充分混匀,即可取饮。

喝酥油茶有一定的礼节,主妇先把装有糌粑(炒熟的青稞粉和茶汁捏成的粉团子)的精美竹盒放在桌子中间,每人前面放好茶碗,然后主人边依次倒酥油茶边热情地招呼着,客人一边喝酥油茶,一边用手指尖拈起糌粑放入口中。

喝酥油茶时,不要迫不及待地一饮而尽,因为按照当地风俗,这是不礼貌的举动。喝时碗中留下一些,表示主人手艺不凡,还想再吃一碗。于是主人又会把你的碗斟满。

如果不想再喝,可以喝完茶汤,将茶渣泼在地上,表示已经喝足,主人见状就不再向你敬茶了。

2. 维吾尔族的奶茶和香茶

居住在天山南北的维吾尔族,虽是同一民族,又住同一区域,但饮茶习惯和煮茶方法却截然不同:住南疆的人爱饮香茶,而不喝奶茶;住北疆的人却酷爱奶茶,而不喜欢香茶。

饮奶茶的方法:一般是先将砖茶敲碎,抓一把投入铁锅或铝茶壶内,加清水煮沸,待茶汁熬出,再兑入新鲜牛奶或奶疙瘩(用牛、羊奶浓缩而成的奶团子),然后再加少许食盐,继续煮沸。数分钟以后用茶杓分别盛入碗中,全家人即着地就坐于矮桌旁,一边吃着抓饭或用酥油、蜂蜜涂味的饭,一边慢慢喝着咸滋滋、热乎乎的奶茶。

3. 云南的盐巴茶和龙虎斗茶

云南是茶树的原产地,全省有8个民族自治州,各族人民都爱好饮茶,但习惯不尽相同。除汉族的清饮雅赏外,兄弟民族多饮盐巴茶、山茶、烤茶、烧茶、油茶、龙虎斗茶等;其中以盐巴茶流传最广,龙虎斗最为奇特。

(1) 盐巴茶:茶叶原料为当地生产的紧压茶或饼茶,再加上少量盐巴即可。制作方法:先掰下一块紧压茶或饼茶,砸碎放入小瓦罐内,当即将瓦罐移向火塘,当茶叶烘到"噼啪"作响,并散发出茶叶焦香味时,向罐内缓缓冲入开水,再煮5分钟,然后把用线扎紧的盐巴块(井盐)投入茶汤中抖动几下后移出,使茶汤略有咸味,即可将瓦罐移出火塘,把罐内浓茶汁分别倒入瓷杯中,最后加开水冲淡即可饮用。当地流传着这样一首歌谣:"早茶一盅,一天威风;午茶一盅,劳动轻松;晚茶一盅,提神去痛;一日三盅,雷打不动。"

(2)龙虎斗茶:居住在云南深山密林中的兄弟民族,还有一种治疗感冒的饮茶秘方,称之为龙虎斗,即将经煎熬的浓涩热茶,冲入有酒的杯中(不能将酒反过来倒入热茶中)。

4. 蒙族的奶子茶

汉族人一日三餐饭是不能少的,蒙族人却习惯于每天"三茶一饭",即每天早、中、晚要喝三次茶,只在收工回家的晚上,一家人才欢聚一堂吃一顿饭。

蒙族人喝茶时都要同时吃一些点心,诸如炒米、奶饼、油炸果或手扒肉等,而且茶也与众不同,不是清茶一杯,而是香喷喷的奶子茶。所谓奶子茶,就是把蒙族人喜爱的青砖或黑砖等紧压茶瓣开砸碎,抓一些放入铝质或铜质茶壶中煎熬,待茶水煮沸时,兑入牛奶或羊奶,然后再加些盐巴,这样喝起来又热又香又解渴,别有一种风味。

二、部分外国国家饮茶文化

1. 英国人的午后茶

英国人饮茶始于十七世纪,最初流传于宫廷贵族之中,后来咖啡馆中才开始有茶供应,但是价格昂贵。在1714—1720年乔治一世时期,中国茶进入伦敦市场,饮茶风尚逐渐在英国流行。

相传十八世纪中叶,英国人早餐特别丰盛,午餐则马马虎虎的类似野餐,并且无仆人侍候,直到晚上八时才进晚餐,晚餐后则在会客室中饮茶,两餐之间相隔时间较长。于是裴德福公爵夫人安娜就想出一个办法,在下午5时请大家进糕点饮茶,说这样可以消疲提神、点饥解闷,深得大家赞赏。许多贵夫人竞相仿效,午后茶逐渐成了一种时兴的礼仪,它是社交中聚会、议事的最好时机。大凡咖啡馆、餐厅、茶室、旅馆、剧院、电影院和俱乐部等,都供应午后茶。各种集会或社交活动倘若没有午后茶,就会失去英国的特色。

午后茶也称"五时茶",通常在午后四五点钟饮用,实质上是一餐简化了的茶点,一般只供应一杯茶和一盘糕点,招待贵宾的午后茶则另当别论。英国铁路上有一种特殊的茶篮,专供旅客午后茶之用。篮里不仅有茶,还有开水、牛奶、糖、面包、奶油、饼干和水果等。英国人爱好饮茶,而且崇尚汤浓味醇的红茶,是世界茶叶消费国中消费最多的国家之一。

2. 美国人的凉茶

美国人爱好冷饮,喜欢在茶汤中加入佐料,使之成为牛奶糖茶、柠檬茶、蜂蜜茶、冰茶等。据有关方面统计,美国人热饮茶叶者仅占30%～35%,而冷饮者占65%～70%。

凉茶一般是用袋泡茶或速溶茶制作的,过去多用红茶,现在也喜欢用绿茶、花茶或乌龙茶制作。制作方法较为简便,即将茶水泡好(或煮沸)冷却,滤去茶渣或用温开水把速溶茶调成浓茶汁;饮用时,将茶汁倒入事先放置好冰块(或冰屑)的杯中,再加少许糖(或蜂蜜)、柠檬片(或鲜果汁)等调味品;或把浓茶汁贮放冰箱内,饮用时加冷开水冲淡即可。

总之,若以茶类而言,亚洲人大多爱好绿茶、红茶和花茶,崇尚清饮雅赏;欧洲人爱喝红茶,并加奶、糖等调味品;非洲人特别酷爱珠茶、眉茶,常常在茶汤中加糖与薄荷。

思考与练习

一、简答题

1. 中餐宴请超过三桌时,桌次的排列应遵守哪些礼仪规则?
2. 西餐就餐时,餐巾应该如何使用?
3. 西餐中酒和菜应该怎样搭配?
4. 饮用咖啡时有哪些禁忌?

二、案例分析

杨平是个性格豪爽的北方人,酒量不错。一次外商来考察合作事宜,在欢迎晚宴上他就充分发挥自己的"特长",不停地劝酒,一会儿来一句"感情深一口闷(干)",一会儿又来一句"饮酒不醉非君子",且不顾客人的推托,热情地为客人夹菜;之后当着众人拿起牙签,当众剔牙,并将剔出的食物随意放在了桌上。第二天一早,杨平准备好了合同书,等待与外商签署合同。但就在第二天上午,外商们竟然直接回国了。

请问杨平的表现是否合乎礼仪规范?他应该怎样做才正确?

第五章 公 共 礼 仪

1. 掌握基本的公共礼仪。
2. 能遵守交通礼仪。
3. 能在不同的公共场所表现得体。

公共礼仪是指人们置身于公共场所时,所应遵守的礼仪规范。它既是个人文明素质的具体体现,又是社会人际关系的桥梁纽带,是实践社会公德的基本要求。公共礼仪是社交礼仪的重要组成部分,也是人们在交际应酬之中所应具备的基本素养。

人是社会的人,除了个人生活、家庭生活之外,人们还必不可少地要置身于公共场所,参与社会生活。所谓公共场所,指的是可供全体社会成员进行各种活动的社会公用的公共活动空间。例如,街头、公园、车站、码头、机场、商厦、图书馆、娱乐场所、交通工具,等等。公共场所最显著的特点,是它的公用性和共享性。它为全体社会成员服务,是全体社会成员进行社会活动的处所。因此公共礼仪的内容很广泛,包括乘坐公共交通工具(含公交、出租车、火车、飞机、轮船等)礼仪、乘电梯(含自动扶梯)礼仪、入住宾馆礼仪、旅游观光礼仪、影剧院观影观演礼仪、观看体育比赛礼仪、参加舞会礼仪,等等。

第一节 出 行 礼 仪

一个人在日常工作、学习和社会生活中,都离不开出行;要出行,总离不开乘车走路。在这平常的出行中,同样包含着一系列的礼仪要求,同样需要注意讲求公德礼仪。

微课讲解
出行礼仪

一、步行礼仪

不论是上学读书、上街购物,还是出门访友、漫步散心,总是离不开步行。在这平常的步行中,也能体现一个人的修养,也包含着一系列的礼仪要求。主要体现在以下几方面。

(一) 遵守规则

遵守交通规则是步行安全的重要保障。城市的交通法规对行人和各种车辆的行驶均有严格的规定,人人都应自觉遵守。步行要走人行道,不走自行车或机动车道,还应自觉让出专用的盲道。穿越马路时,一定要从人行横道线处走,并注意红灯停、绿灯行,不可随意穿越,不可低头猛跑,更不可翻越栏杆,要注意避让来往车辆,确保安全。在有信号指示或交通警察指挥的地方,一定要遵守信号和听从指挥。

(二) 文明行路

(1) 行走时,走路的姿势要端庄,应挺胸抬头,不驼背含胸,乱晃肩膀;目光要自然前视,不左顾右盼,东张西望。不要摇头晃脑,也不要哼着小调或吹着口哨。

(2) 行人之间要互相礼让。马路上车水马龙,人来人往,比肩接踵,因此要提倡相互礼让。遇到老、弱、病、残、孕,应自觉礼让。在人群特别拥挤的地方,要有秩序地通过,万一不小心撞了别人或踩到别人的脚,要主动道歉。如果是别人踩了自己的脚或碰掉了自己的东西,应表现出良好的修养,对主动道歉者说声"没关系",切不可口出恶言,厉声责备,可以宽容和气地说:"慢一点,别着急。"如果遇到残疾人或老年人不仅要主动让路,必要时还要主动上前搀扶一把,绝不可与其抢道,更不能以强欺弱,无视公德。

(3) 两人走路时不要勾肩搭背,多人走路时不要依仗人多而无所顾忌、高声说笑或横占道路而影响他人行走,应自觉排成单列或双列。男女同行时,通常男子应走在女子的左侧;需要调换位置时,男子应从女士背后绕过,不要胳膊相挽而行,不要亲热地拥在一起行走。当一个男子与两个以上的女子结伴而行时,男子不应走在女士的中间,而应走在女士们的外侧。在街上遇到熟人不可没完没了地说话,交谈时不要站在马路中央,影响他人通行。如果遇到的是异性,更不要长时间交谈,确需长谈,应另约地点。在拥挤狭窄的路上行走,应自觉礼让,特别对年长者、妇女、患病体弱者一定要主动让路。

(4) 走路遇到熟人,应主动打招呼或进行问候,不能视而不见,把头扭向一边,擦肩而过。如果在路上碰到久别重逢的朋友,想多交谈一会儿,应靠边站立,不要站在路中间或拥挤的地方,以免妨碍交通,增加不安全的因素。

(5) 走路时不要边走边吃东西。这既不卫生,又不雅观。如确实是肚子饿或口渴了,也可以停下来,在路边找个适当的地方,吃完后再赶路。走路时要注意爱护环境卫生,不要随地吐痰、随手抛弃脏物,应将废弃物品投入专用的垃圾箱。

(三) 礼貌问路

需要问路时,首先,应选择合适的对象,最好不要去问正在急于行走的人或正在与人交谈的人,以及正忙碌的人。如果民警正在指挥车辆,也应尽量不去打扰。可以另找那些神色比较悠闲的人进行询问。其次,问路时要礼貌地称呼对方,可根据对方年龄、性别和当地的习惯来判断,绝不能用"喂""嗨"等一些不礼貌的语气称呼对方。最后,当别人给予回答后,要诚恳地表示感谢,若对方一时答不上你的提问,也应礼貌地说声"再见"。

如接受他人问路时,应注意倾听对方要求,指明交通线路或需乘坐的交通工具;当被问到不了解的情况时,应向对方表示歉意,并可请他人代为帮助。

二、乘车礼仪

乘坐公交车、出租车、火车等,几乎是我们每天生活的一部分,特别是在交通繁忙的今天,除了避免交通的混乱、注意安全之外,更应该注意乘坐各种车辆的礼仪,以免贻笑大方。

(一) 乘公共汽车的礼仪

公共汽车是市民出行首选的交通工具,同时又是公共场所之一。大多数市民,尤其是朝九晚五的上班族及学生,几乎天天都需要搭乘公共汽车等大众运输工具,可就这小小的车厢,方寸之间应对进退的礼貌却大有学问,有的人可能因为一早搭乘公共汽车发生了不愉快的事情,导致一整天的情绪低落。其实,只要掌握一定的原则,做一个快乐的乘车族是不难的。

1. 遵守乘车秩序

在车站候车,应依次排队,并按顺序登车。对妇女、儿童、老年人及病残者要照顾谦让。不要在行车道上候车或拦车,车停稳后先下后上或依规前门上后门下,依次登乘,上车后不要堵在车门口,严禁攀爬车窗上下车。

2. 尊重司乘人员

要尊重司乘人员的辛勤劳动,协助他们维护好上下车秩序。上车后要及时买票或主动出示月票,无人售票车要主动投币或刷卡。

3. 乘客间礼让照顾

上车后要主动往车厢空处疏散,不堵塞在车门处,以免妨碍其他乘客上下车。要主动给妇女、儿童、老弱病残者及抱小孩的乘客让座。对方致谢,可说"不用谢""不客气"等。如遇别人给自己让座,则应主动致谢。如车上乘客较多,不慎碰撞了他人或被他人碰撞,应主动赔礼致歉,取得互相谅解。下车时要待车子停稳后有秩序地安全快速地下车。

4. 注意公共卫生

不要在车厢内吸烟,不随地吐痰,不将瓜果之类的东西随地乱扔,更不能扔出车窗外。在咳嗽、打喷嚏时,要用手帕捂住口鼻,防止唾沫飞溅。雨天乘车,应把雨伞放入事先准备好的塑料袋中，以免沾湿他人衣物。

5. 杜绝不文明乘车行为

（1）不排队候车。尤其是在每天早晚乘车高峰期，车一来就蜂拥而上，这样不仅延误时间，带来不必要的争吵，而且秩序混乱，也给小偷行窃带来可乘之机，造成乘客出行中的很多安全隐患，甚至发生严重事故。

（2）衣冠不整。赤膊乘车、穿拖鞋乘车，或在车厢内随意脱鞋、整理袜子，都是不雅观、不文明的行为，是对他人的不尊重。尤其是穿拖鞋上下车，不仅不礼貌而且还可能因为拖鞋不方便而影响到自己和他人的乘车安全。

（3）抢占座位。乘坐公交车通常讲究先来后到，自由择座，但上车后与人争抢座位，为他人占座位都是无礼行为。当今的公交车一般都为老、弱、病、残、孕设有专门的座位，不要假冒身份去占用这些专设座位。

（4）在公交车厢内旁若无人地大声喧哗、与朋友高谈阔论、不停地打手机、高声交谈等，都是不文明的行为，既影响其他乘客乘车，也分散司机的注意力，容易发生事故，令人反感。大家出行都愿意有一个安静和谐的环境，在公共场所保持安静，也是个人高素质涵养的体现。

（二）乘坐出租车礼仪

为了快速到达目的地，出租车成了无车族较为理想的交通工具。但是，当我们在生活中享受出租车带来便捷的同时，也应该讲究公德、遵守规章。乘坐出租车应该做到以下几点：

（1）路边招停，以不影响公共交通为宜。乘坐出租车，一般应在出租车停靠站点叫车。其他情况叫车时，应在既不影响交通又安全的地方。不要在路口，尤其是有红绿灯的路口和有黄色分道线的区域叫车，也不要在公共汽车站、快车道旁叫车。

（2）同女士、长者、上司或嘉宾一起打车时，应当照顾其先上车。一般情况下，乘客应当坐在后排，座次依据上下车是否方便、乘坐者是否舒适来定；多人乘车时，由付费或带路的一方坐前面。

（3）上下车、开关门时要前后观察，以防伤及他人。

（4）保持车内卫生。不在车内吸烟，不往车外吐痰、扔杂物，不在车上脱鞋、脱袜、换衣服，湿雨伞和雨衣不要放在乘客座椅上，不要用脚蹬踩座位，更不要将手或腿、脚伸出车窗外。不要将垃圾、废弃物留在车上。

（5）在出租车行驶过程中，乘车人之间可适当交谈，但不宜过多与司机交谈，以免司机分神。话题一般不要谈及车祸、劫车、凶杀、死亡等事件。

（6）按计价器付钱，不提无理要求。对出租车司机要谦和有礼，下车时，对司机说声"谢谢""再见"，会让司机感到温暖愉快，也可体现个人的修养。

(三) 乘坐轿车礼仪

轿车为我们的工作生活带来了便捷。但乘坐轿车之时，要保持风度、以礼待人。

乘坐轿车时，应当注意的礼仪问题主要涉及座次安排、上下车顺序和行为举止三个方面。

1. 座次安排要合理

在比较正规的场合，乘坐轿车时一定要分清座次的尊卑，并在合适之处就座。而在非正式场合，则不必过分讲究。

乘坐轿车的座次礼仪可概括为"四个为尊，三个为上"。所谓"四个为尊"，即客人为尊、长者为尊、领导为尊、女士为尊，此四类人应为上座；"三个为上"即指方便为上、安全为上、尊重为上。

轿车上座次的尊卑，在礼仪上来讲，主要取决于下述几个因素。

（1）轿车的驾驶者。轿车的驾驶者，一般为两种人：一是主人，即轿车的拥有者，二是专职司机。目前我国所见的轿车多为双排座与三排座，以下根据驾驶者的不同，分别介绍车上座次尊卑的差异。

其一，由主人亲自驾驶轿车时，上座为副驾驶座，后排座为下；以右为尊，以左为卑。如双排五座轿车上其他四个座位的座次，由尊而卑依次应为副驾驶座，后排右座，后排左座，后排中座。三排七座轿车上其他六个座位的座次，由尊而卑依次应为：副驾驶座，后排右座，后排左座，后排中座，中排右座，中排左座。

乘坐主人驾驶的轿车时，最重要的是不能冷落主人，也就是不能令前排座位空着，一定要有人坐在那里，以示相伴。由男士驾驶自己的轿车时，若夫人或女友在场，她一般应坐在副驾驶座上。由主人驾车送其友人夫妇回家时，其友人之中的男士，一定要坐在副驾驶座上，与主人相伴，而不宜形影不离地与自己夫人坐在后排，那是失礼的。若同坐多人，中途坐前座的客人下车后，在后面坐的客人应改坐前座。

其二，由专职司机驾驶轿车时，通常仍讲究右尊左卑，但座次变化为后排为上，前排为下。如双排五座轿车上其他的四个座位的座次，由尊而卑依次应为：后排右座，后排左座，后排中座，副驾驶座。

三排七座轿车上其他的六个座位的座次，由尊而卑依次应为：后排右座，后排左座，后排中座，中排右座，中排左座，副驾驶座。

三排九座轿车上其他的八个座位的座次，由尊而卑依次为：中排右座，中排中座，中排左座，后排右座，后排中座，后排左座，前排右座，前排中座。

（2）座次的安全系数。从某种意义上讲，乘坐轿车当优先考虑安全问题。从客观上讲，轿车后排座比前排座要安全。最不安全的座位，当数前排右座。最安全的座位，则当推后排左座（驾驶座之后），或是后排中座。

当主人亲自开车时,之所以以副驾驶座为上座,既是为了表示对主人的尊重,也是为了显示与之同舟共济。由专职司机驾车时,副驾驶座一般也叫随员座,通常坐于此处者多为随员、译员、警卫等。

因此,一般不应让女士坐于专职司机驾驶的轿车的前排座,孩子与尊长也不宜在此座就座。

(3) 嘉宾的本人意愿。通常,在正式场合乘坐轿车时,应请尊长、女士、来宾就座于上座,这是给予对方的一种礼遇。然而,更为重要的是,不要忘了尊重嘉宾本人的意愿和选择。应当认定:必须尊重嘉宾本人对轿车座次的选择,嘉宾坐在哪里,即应认定哪里是上座。即便嘉宾不明白座次尊卑,坐错了地方,也不要轻易指出或纠正。这时,务必要讲"主随客便"。

上面几条因素往往相互交错,在具体运用时,可根据实际情况而定。

2. 上下车有序

上下轿车,也有礼可循的。若条件允许,须请尊长、女士、来宾先上车、后下车。具体而言,主要有以下几种情况:

第一,主人亲自驾车时,出于对乘客的尊重和照顾,如有可能,应后上车,先下车。

第二,由专职司机驾驶轿车时,坐于前排者,大多应后上车,先下车,以便照顾后排者,因为此时,后排客人是受尊重的一方。

第三,同坐于后排时,应请尊长、女士、来宾从右侧车门先上,自己再从左侧车门后上车;下车时,自己先从左侧下,从车后绕过来帮助对方。

若车停于闹市,左侧车门不宜开启,应于右门上车,自然里座先上,外座后上;下车时相反。总之,以方便易行为宜。

3. 举止得当

与他人一同乘坐轿车时,即应将轿车视为一处公共场所。在这个移动的公共场所里,同样有必要对个人的行为举止多加约束。具体来说,应当注意以下问题。

(1) 相互礼让。上下轿车时,要井然有序,相互礼让。不要推推搡搡,拉拉扯扯,尤其是不要争抢座位,更不要为与自己的同行之人抢占座位。

(2) 动作优雅。女士登车不要一只脚先踏入车内,也不要爬进车里。需先站在座位边上,把身体降低,让臀部坐到位子上,再将双腿一起收进车里,双膝保持合并的姿势。如穿长裙,在关上门前应先将裙子理好;准备下车时,应将身体尽量移近车门,车门打开后,先将双脚踏出车外,然后将身体重心移至双脚,头部先出,然后再把整个身体移离车外。这样方显得姿态优雅。如穿低胸服装,不妨加披一条围巾,以免弯身下车时出现难为情的局面,也可利用钱包或手袋轻按胸前,并保持身体稍直。

(3) 讲究卫生。乘坐轿车时,尽量不要在车上吸烟,尤其当轿车的主人是女士时,更要倍加注意。轿车内吸烟也是引发火灾的巨大隐患。此外,也不能在车上连吃带喝、随手乱扔,杂物更不能抛出车外。在车上脱鞋、脱袜、换衣服,都很不雅。尤其不要将脚伸向前方,或者伸出窗外。

（4）注意安全。安全是出行的首要问题,因此在车上不要与驾车者海阔天空地交谈不止,以防其走神。凡上下车,开关门时应先看后行。上车落座后,应系好安全带,尽量避免在车上看书报或打瞌睡,以防出现紧急情况时,措手不及。

(四) 乘火车礼仪

火车是便利舒适又准时的交通工具,因此许多人在利用公共交通工具的时候,都会选择乘坐火车来替代飞机或巴士。要使他人不受妨碍而使大众运输更为顺畅,则应注意下列事项。

1. 候车文明

在候车室里,乘客应注意维护候车室里的环境卫生,不可乱扔垃圾、乱放行李挡住通道。不要大声喧哗,携带的物品要放在座位下方或前部,不抢占座位或多占座位,不要躺在座位上使别人无法休息。客运高峰时期,一人占多位或横躺在椅子上是非常没有修养的表现。

2. 上车依序

检票时要自觉排队,不要拥挤、插队。进入站台后,要站在安全线后面等候。要等火车停稳后,方可在指定车厢排队上车。

上车前主动向乘务员出示车票,依序上车。上车后要对号入座。并按要求放好行李,行李应放在行李架上,不应放在过道上或小桌上。男士应当帮助妇女或者老人安置好行李。如果自己的行李需要压在其他乘客行李上,应征得别人的同意。火车的座位没有严格尊卑规定,但习惯上认为,面向火车前进方向靠车窗的为上座,靠过道的为下座。

3. 举止得当

在火车座位上休息时最好不要宽衣解带。无论天气多炎热,男士都不能赤膊。乘客使用座位前的小桌时应给别人多留余地。休息时靠在其他乘客身上,或把脚搭在别人的座位上都是不合适的。

在卧铺车厢休息时,可以躺在铺位上,但要注意着装,不能衣衫不整。头部最好向着过道方向。上铺和中铺的旅客不要长时间占用下铺床位。需要坐时,要先询问对方,得到允许后,要道谢。上下床时,动作要轻。

在车厢内吃东西时应尽量避免食物发出强烈的气味。食品包装纸或包装袋不能顺手丢在椅子下边或者留在桌面上。应该把垃圾放在车厢交接处的垃圾箱内。

带孩子的乘客应该管好孩子,不能让小孩大声哭闹,或是到处乱跑,影响他人休息,也不能让其乱动别人的物品或是纠缠于人,以免引起别人的反感。

下车时,应自觉排队等候,不要拥挤。

三、乘飞机礼仪

现代社会生活中,随着人们生活水平的日益提高和交通事业的飞速发展,飞机已成为人们日常生活中一种重要的交通工具。因此,很有必要掌握乘坐飞机的礼仪。一般来说,乘飞机要注意的礼仪包括三个方面:一是登机前的候机礼仪;二是登上飞机后的机舱礼仪;三是到达目的地下飞机出机场的礼仪。

(一) 登机前的礼仪

1. 提前到达机场

乘坐飞机不要忘记携带居民身份证或护照,要密切注意天气情况,提前到达机场办理与登机相关的手续。乘坐飞机,至少应在飞机起飞前的一个小时到达机场。机场一般都设在城市的郊区,距市区较远,在安排时间时一定要预留出充足的时间,避免由于塞车等特殊情况造成迟到,延误航班,从而带来不必要的麻烦。提前到达也有充足时间完成托运行李、检查机票、确认身份、安全检查等流程。如遇到雨、雪、雾等特殊天气,应该提前与机场或航空公司取得联系,确认航班的起降时间。

2. 随身携带物品符合规定

乘坐飞机不要携带易燃易爆物品及具有腐蚀性、毒害性、放射性的危险物品,严禁携带武器弹药、管制刀具等。乘坐国内航班的旅客一律禁止随身携带液态物品,但可办理托运,其包装应符合民航运输有关规定。旅客可携带少量旅行自用的化妆品,每种化妆品限带一件,其容器容积不得超过 100 毫升,并应置于独立袋内,接受开瓶检查。在通过安检通道时应把液体物品拿在手中或放在容易拿出的地方,节省安检的时间。携带物品的重量不要超出规定范围,如果超出的话,则需办理托运手续。托运行李应捆扎牢固,包装完善,锁扣完好。手提行李一般不要超重、超大,其他行李要托运。

每位旅客免费随身携带物品的重量以 5 公斤为限。持头等舱客票的旅客,每人可随身携带两件物品;持经济舱客票的旅客,每人只能随身携带一件物品。每件随身携带物品的体积不得超过 $20 \times 40 \times 55$ 厘米。超过上述重量、件数或体积限制的随身携带物品,应作为托运行李托运。

托运行李的重量每件不能超过 50 公斤,体积不能超过 $40 \times 60 \times 100$ 厘米。超过上述规定的行李,需事先征得同意才能托运。

每位旅客的免费行李限额(包括托运和自理行李):持成人或儿童票的头等舱旅客为 40 公斤,公务舱旅客为 30 公斤,经济舱旅客为 20 公斤。持婴儿票的旅客,免费行李限额为 10 公斤。

乘坐国际航班,对行李的重量有严格限制,一般为32～64公斤(不同航线有不同的规定)。如果行李超重,要按一定的比价收费。应将金属物品装在托运行李中。

在机场,旅客可以使用行李车来运送行李。在使用行李车时要注意爱护,不要损坏。在座位上休息时,行李车不要横在通道内,以免影响其他旅客通行。

3. 积极配合安全检查

乘飞机要切记安全第一,不要拒绝安全检查,更不能为图方便而从安全检查门以外的其他途径登机。乘客应配合安检人员的工作,将有效证件(身份证、护照等)、机票、登机卡交安检人员查验。放行后通过安检门时,需要将电话、钥匙、小刀等金属物品放入指定位置,手提行李放入传送带。当遇到安检人员对自己所携带的物品产生质疑时,应积极配合。若有违禁物品,要妥善处理,不应妄加争辩,扰乱秩序。

乘客通过安检门后,注意将有效证件、机票收好,以免遗失,只需持登机卡进入候机室等待即可。

对于乘客所携带的液体物品的数量,航空公司有严格的限制。当需要携带过多的饮料、酒等物品时,应提前与相关部门确认。

4. 文明候机

在候机大厅内,一个人只能坐一个位子,不要用行李占位子。而且,注意异性之间不要过于亲密。候机厅内设有专门的吸烟区,在此之外的区域都是严禁吸烟的。

候机厅里面一般设有商店、书店等,如果等待的时间较长,可以在此浏览挑选商品,但是要注意不能大声喧哗。

(二) 乘机时的礼仪

1. 对号入座

登机后,要根据飞机上座位的标号按秩序对号入座。

飞机座位一般分为两个主要等级,也就是头等舱和经济舱。经济舱的座位设在中间到机尾的地方,占机身3/4空间或更多一些,座位安排较紧;头等舱的座位设在靠机头部分,座位相对经济舱要宽敞,但票价较高。

2. 文明乘坐

在进出舱门或是在飞机的过道上行走时,注意尽可能不要碰撞他人。放置行李时避免将行李架塞得过满,造成后到乘客的行李在行李架上无处可放,也不可将行李放在座位上,更不能占用其他乘客的座位。

在自己座位上坐好后,要关掉手机、游戏机、笔记本电脑等移动电子产品的电源,以免影响机场导航系统,危及飞机飞行安全。不要翘二郎腿或用脚踢前面座椅靠背,也不要在座位上晃动不停。

在飞机起飞和降落以及飞行期间因气流不稳出现颠簸情况时,要系好安全带,保持冷静。飞机起飞后乘客可以看书看报。邻座旅客之间可以进行交谈,但不要隔着座位说话,也尽量不要前后座说话,声音不要过大。不宜谈论有关劫机、撞机、坠机一类的不幸事件。也不要对飞机的性能信口开河,以免增加他人的心理压力,制造恐慌。飞机上的座椅可以小幅度调整靠背的角度,但应考虑前后座的人,不要突然放下座椅靠背或突然推回原位。更不能翘起二郎腿摇摆颤动,这会引起他人的反感。

飞机上不限量免费供应饮料。需要注意的是,在要饮料的时候,只能先要一种,喝完了再要,以免饮料洒落。在乘务员分发饮料的时候,坐在外边的旅客可主动询问里面的旅客需要什么,并帮助乘务员递送。

由于飞机所能承受的垃圾数量有限,所以最好不自带零食,尤其是一些带皮或核的零食。此外,不要把飞机上提供的非一次性用品带走,比如餐盘、耳机、毛毯等。

遇到飞机误点或改降、迫降时不要紧张,不要向乘务员乱发火。

在飞机上使用盥洗室和卫生间要注意按次序等候,注意保持清洁,不要占用太长时间。不能在供应饮食时到洗手间去,因为餐车放在通道中,其他人无法穿过。如果晕机,可想办法分散注意力;如若呕吐,要吐在清洁袋内;如有问题,可打开头顶上方的呼唤信号,向乘务员寻求帮助。

(三)停机后的事项

一般在飞机到达目的地前20分钟,乘务员会广播通知乘客,并要求乘客系好安全带以及关闭一切电子设备。在飞机落地后的滑行期间,不要着急站起来取行李,而应该坐在座位上安静地等候通知。

飞机降落后,要等飞机完全停稳后,乘客再打开行李架,带好随身物品,按次序下飞机。飞机未停妥前,不可起立走动或拿取行李,以免行李摔落伤人。如果有托运行李,则要到行李领取区领取行李,出机场时要向机场工作人员出示行李票,确认无误后方可出机场。

国际航班上下飞机要办理入境手续,通过海关便可凭行李卡认领托运行李。许多国际机场都有传送带设备,也有手推车以方便搬运行李。机场行李搬运员也可协助乘客。

下飞机后,如一时找不到自己的行李,可通过机场行李管理人员查寻,并填写申报单交航空公司。

四、乘船礼仪

在公务活动或者旅行途中,有时需要乘坐船只。在乘坐过程中,应该注意以下几方面的事项。

(一)提早候船

乘船时应该提前到达码头候船。同岸上的亲友话别,应掌握好时间,不要等开船了,才飞奔上船,那样既显狼狈,又很危险。

上船时应该让女士和老幼者先行,并且主动帮助其他乘客。上船时要注意安全。

(二) 安全乘船

乘船时,安全第一。乘坐客轮时,务必要具有安全意识,遵守安全规则,采取安全措施,尽一切努力,确保平安。在通常情况下,乘船必须注意的安全问题,具体涉及以下几点。

1. 行李的准备适宜

为了确保客轮的安全,一般规定乘船时不得随意携带易燃易爆物品、枪支弹药、易腐烂物品、家畜动物,以及其他一切违禁品。为了自己和他人的健康,一定要遵守此类明文规定,不要擅自偷带违禁物品上船,危及行船安全。登船之前必须接受安全检查,对此要积极配合。另外,所带行李的重量要符合有关规定,不要超过标准。

2. 上船与下船有序

上下客轮的时候,一定要注意安全问题。不要为了争时间、抢速度,有碍自己或他人的安全。

按先后次序排队上船。与长者、女士、孩子一起上船时,应请其走在前面,或者以手相扶。不要拥挤,以免危害他人的人身安全。

下船,要提前作好准备,要与其他乘客相互礼让,依次而下。与长辈、女士、孩子一起下船时,可以手相扶,或是请其走在自己身后。

上下船时,若是通过跳板或借助于小船,切勿乱蹦乱跳,而应小心行走。

3. 室外的活动适当

在轮船上进行室外活动时,安全为重,不要去明令禁止前去的地方,例如轮机舱、救生艇以及桅杆之上。一些没有扶手的甲板,也应远离。

在风浪大作或者夜深人静之时,尽量不要在甲板上徘徊,以免发生危险。未经允许,不管自己水性多么好,都不要擅自下水游泳。

(三) 文明乘船

1. 对号入座

乘船请对号入座。国内客轮的舱位,一般分为头等舱、一等舱、二等舱、三等舱、四等舱、五等舱几种,一人一座或一人一铺。不要争抢、占据不属于自己的座席,也不要随便同不相识者调换座号或铺号。

若所买的是不对号的散席船票,上船之后要听从船员的指示、安排,前往指定之处休息。

2. 尊重船员

船长是客轮的首长,没有要事不要去打扰。船员是客轮上与旅客接触最多的工作人员,应对他们的工作表示尊重。遇到船员时,应主动向对方打招呼。船员先打了招呼,要立即回应。船员帮助了自己或为自己服务时,要表示感谢。有什么困难和要求,应尽量以友善的方式向其提出来,但不要让对方感到为难,不要提过高要求,更不要抢白、挖苦、抱怨对方,或是在背后品头论足,无事生非。

对其他工作人员也都应该表示尊重。有问题请教时,态度要诚恳。需要帮助时,要善解人意,不为难对方。反应困难时,要实事求是,不要有意夸张。平时相遇时,应主动问候。

3. 交往有度

在对方没有邀请自己的情况下,不要私自探访别人的客舱。在凌晨、正午、深夜等休息时间,也不要打扰其他客舱的朋友。不要前往船员工作地点打扰,或是前往其住宿之处探访。在船上与其他乘客聊天时,要多选择轻松愉快、符合时尚流行的话题,避开海难、劫船、台风、沉船之类耸人听闻的话题。

五、乘坐电梯的礼仪

电梯可以分为自动扶梯和升降式电梯两种。电梯使用的场合不同,相关礼仪也不一样。

(一) 自动扶梯

乘坐扶梯时要搀扶老人和看好小孩。为了安全起见,上下自动扶梯应该站在到每一格楼梯的中央,不要踏到两格楼梯交界处,以免站立不稳或者摔倒。

在拥挤的楼梯上,跟随着人流,不论上楼还是下楼都应靠右侧走。

(二) 升降式电梯

乘升降式电梯时,主要要做到以下几点。

1. 文明等候

当电梯门开始关闭时,不要扒门或是强行挤入。电梯载客已满时,耐心等待下一趟。当电梯在升降途中因故暂停时,要耐心等候救援,不要惊惶失措。

2. 出入有序

与不相识者同乘电梯,进入时要先来后到;出来时应由外而里依次而出。与熟人同乘电梯,尤其是与尊长、女士、客人同乘电梯时,出入顺序则应视电梯具体情况而定:进入有人管理的电梯时,尊长、女士、客人应先进先出;进入无人管理的电梯时,尊长、女士、客人则后进先出。

3. 礼貌待人

如伴随客人或长辈乘坐电梯,可先行进入电梯,一手按着"开门"按钮,另一手按住电梯侧门,礼貌地说"请进"。进入电梯后,按下客人或长辈要去的楼层按钮。若电梯行进间有其他人员进入,可主动询问要去几楼,帮忙按楼层。到达目的楼层时请客人或长者先出电梯。

4. 保护隐私

乘坐电梯时,不可有粗鲁的举止。如有外人,切忌高谈阔论,也不要谈论他人隐私或是商业机密等。

拓展阅读

驾 车 礼 仪

当今,公路上的车流量越来越大,相应的交通问题也越来越多。干干净净的路面,忽然从车窗"飞出"一块果皮、一只塑料袋等,这些行为应该坚决杜绝。作为一名机动车驾驶员,我们有必要懂得并遵守相关的驾车礼仪。

驾驶汽车需要注意以下几方面的礼仪规范。

一、有效保养汽车

汽车的诞生,改变了人们的生活,为人们提供了一种安全、快速、舒适的交通工具。随着经济的发展,汽车已经走进了寻常百姓家,越来越多的人在出行时会驾驶车辆。

但是,事情都有其两面性。汽车给生活带来便捷的同时,也可能会带来一些麻烦。再先进的汽车,也可能出现故障,这就要求我们了解自己的车辆,定期进行维护和保养,让它处于一种良好的运行状态。

1. 有效保养,定期检查

要养成经常检查车辆的习惯。检查包括轮胎、机油、冷却液、刹车系统、灯光、仪表等常规内容,还需要定期到专业的修理厂进行检查。在季节变化的时候,也要做相应的保养和检查。

2. 行驶中留意车辆的状态

车辆的行驶状况,往往可以通过一些小的细节反映出来。驾驶车辆的时候,需要经常留意仪表盘,同时也要留心车辆所发出的异常声音,及时发现隐患,这样可以防患于未然。

3. 停车后的检查

车辆停放后,可以留意其是否有跑、冒、滴、漏油的现象,也要注意轮胎的气压以及排气筒的排气状况是否正常。

发生故障要及时到专业机构进行修理,不能马虎了事,听之任之,以免发生安全事故。

二、遵守交通法规

道路是所有行路者的共同资源。随着车辆的不断增多,路况变得越来越复杂。这就要求所有的驾驶者都要严格遵守交通法规,才能保障道路的畅通。遵守交通法规也是保证人们生命财产安全的必要条件。

1. 严禁酒后驾车

酒精的刺激,会使人的反应能力急速下降,当遇到突发事件的时候,会影响人的判断和反应能力。因此要严格遵守"酒后不驾车,驾车不饮酒"的规定。

2. 不要超速行驶、疲劳驾驶

在城市里的很多道路都有明确的限速标志,这些限定是结合当地的路况以保证车辆安全行驶,为了自身和他人的安全,要严格遵守限速规定。

另外,驾车之时,应该保证头脑清醒,体力充沛。疲劳驾驶是安全的大敌,极易发生事故。

3. 遵守交通标志标线和交通指示灯

交通标志标线和交通指示灯,是指示车辆和行人各行其道、依序行驶的基本标志,是保障道路安全和畅通的基本条件。所有道路参与者都应该遵守相关规定。

4. 禁止驾驶过程中接打移动电话

驾驶过程中接打移动电话,会严重影响驾驶者的反应能力。因此,驾驶中接打移动电话(或收发短信)在我国以及很多国家的交通法规中都是严格禁止的。

5. 驾车先系安全带

实践证明,系安全带是车辆行驶过程中保证车内人员安全最有效的方法之一。因此养成驾车先系安全带的好习惯很重要。但是,当儿童乘坐车辆时,需要配合专用的儿童座椅才能使用安全带,否则发生交通事故的时候,安全带不仅不能保护儿童,反而会加剧儿童的受伤程度。

三、行车礼仪

除了要遵守交通法规外,在行驶过程中,驾驶员还要注意相应的行车礼仪。

1. 文明驾驶,相互礼让

现在道路上的车越来越多,而道路的发展速度远远赶不上车辆的增加速度。于是,道路拥挤、交通堵塞变得越来越严重。这要求我们每一名驾驶员,在驾驶车辆时,都要遵守交通秩序,做到文明驾驶,相互礼让,这样才能保证交通顺畅。

2. 避免飙车

路上行车,大家都为了尽早到达目的地。但是如果每个人都一味想着自己能快点,却不顾他人,这势必造成相互"竞赛""你追我赶"的局面。更有甚者,把道路看作赛车场,相互飙车,甚至互相别来别去。这不仅危及自己和他人的安全,还严重影响了整个道路的秩序,更严重的还会造成双方的矛盾,进而引发冲突。

3. 合理使用汽车灯光和笛声

一辆车的灯光和笛声有其固定的作用,如果使用不当就可能失礼了。比如一定时间内频繁地按车喇叭,就像一个人不停地大喊大叫一样,是很不礼貌的行为。在交通拥堵时按喇叭、晃大灯不仅无济于事,还会让人烦躁。

天暗时,要开示宽灯;天黑时,要开大灯;对面来车要关闭远光灯;转弯、停车、启动要打转向灯;雾天要开启雾灯;车辆发生故障要使用双闪指示灯;特殊车辆要开启警灯;等等。

为了要控制噪音污染,在很多大城市,高峰期不允许按汽车喇叭。尽量不要过多地鸣喇叭。如果必须要按喇叭,也不要一个劲地猛按。

4. 雨天、雪天、雾天要减速慢行

在雨雪雾等特殊天气行车,更要多加注意以下行车规则。

(1) 开启雾灯,提示前后车辆。

(2) 车速要降低。特殊天气里,人们的视线普遍受到很大的影响,要注意保持车距,控制车速。对于路边打伞或穿雨衣的行人要注意避让。

(3) 转弯处要多加注意。由于道路积水或积雪,会使得路面十分湿滑,转弯处要避免车辆侧滑或失控。

(4) 遇到积水路段要缓慢通过。车辆涉水会使刹车系统的控制能力下降,因此遇到积水路段,更要缓慢通过。也可以避免将积水溅到路边的行人身上。

(5) 特殊天气,交管部门可能会对某些路段实行临时管控,比如高速公路可能会封闭,要听从交警的指挥。

四、车内礼仪

1. 注意车内环境

一辆车内部的环境反映了主人的修养,脏兮兮的车辆会严重影响个人形象。驾驶员要注意自身的着装,不要以为车内是私人空间,而忘乎所以,甚至有些男性在天热的时候光着膀子开车,这是不雅的行为。还有,为保持车里新鲜的空气,在车内不要抽烟。

可以在车内备一些餐巾纸等生活物品,方便他人使用,也可以备一些报刊等读物,方便乘客阅读。

有的人喜欢驾车时播放一些音乐。舒缓轻柔的音乐会让驾车人心情平和,有利于驾驶的安全。相反那些刺激震撼快节奏的音乐会让驾驶者心情急躁,不知不觉可能就提高了车速。播放着轰鸣的音乐招摇过市也会影响他人。

2. 稳速行进,保证乘客的安全和舒适

车辆在行驶过程中,势必会颠簸或摇晃,这就要求驾驶者要留意路上情况,平稳驾驶车辆,这样才会让乘客感觉舒适。要是频繁急加速、急刹车、急转弯就会让大家东倒西歪、前仰后合。车上如有老、孕、病乘客,或者有晕车的乘客,更加要求驾车的平稳性。

3. 照顾乘客上下车

驾驶员一般是后上先下,以照顾其他乘客。尤其乘客是长者、女士、来宾时,驾驶员要主动为他们开关车门。在乘客上车前要在车外等候并为之开门。一只手开门,另一只手垫在车门顶上。在老幼者上下车的时候,应该主动搀扶。

第二节 舞 会 礼 仪

舞会,是现代文明社会人际交往、沟通的一种形式。是一种高雅的社交活动,也是公共关系中不可缺少的交际手段。高雅的舞会有优美动听的音乐,舒适典雅的布景,神秘变幻的灯光,清新怡人的空气,是人们结交朋友,进行文化生活和休闲娱乐的好去处。它不仅有益健康,还能促进人与人之间的交往和增进友谊。舞会的气氛轻松愉悦,但舞会的组织、参加舞会的礼仪依然不可忽视。

一、舞会的组织

要使舞会举办得成功,取得好的效果,在举办前要精心做好各项准备工作,时间的选择、场地的安排、人员的邀请以及曲目的顺序等均应考虑周到。

(一) 选择适当的举办时间

舞会是对外交往中高雅又重要的交际联谊活动,一般在周末、节假日或重大活动开幕式、闭幕式的晚上举行。时长以两小时左右为宜,通常安排在晚上8点至10点,这个时间段工作压力相对较小,便于大家尽情地娱乐而不会影响第二天的工作,邀请客人也容易成功。

(二) 挑选合适的舞会场地

舞场的选择首先要考虑其大小。舞场的大小,应根据客人数量安排。舞场过小,客人有拥挤感,不便于翩翩起舞,而舞场过大时,整个舞场空空荡荡,又显得气氛不够热烈。另外,舞场的布置要突出"欢快""热烈"的气氛,场地空间可用彩色花环、飘带、彩灯等加以装饰。灯光的亮度及颜色应调整好,既不能太亮,也不能太暗。太亮了影响气氛,太暗了容易使人感到压抑。同时,还要准备好音响和音乐,也可以请乐队来演奏,舞场四周应摆放足够的桌椅,以供来宾在跳舞间隙就座休息。如果是比较重要的酬宾舞会,可免费供应饮料,还可以放一些糖果之类的小食品。总之,舞场的布置要求典雅大方,营造良好的氛围,创设优雅的环境,以提高人们的参与兴致。

(三) 安排合理的曲目

跳舞必须有舞曲伴奏,所以舞曲的选择对客人情绪的影响是很大的。好的舞曲能够创造出高雅、欢快、美妙的舞场气氛,受到参与人员的欢迎,把舞会推向高潮。舞会主办者可以选择一些民族乐曲或世界名曲作为伴奏曲,也可选择一些受大众欢迎的流行乐曲作为伴奏曲。选择舞曲,应根据参会对象而定。舞曲也要丰富多彩,各种舞步的舞曲可以穿插播放,音量要适中,不宜过大或过小。

二、参加舞会礼仪

(一) 个人修饰礼仪

参加舞会之前,进行适当个人形象修饰是有必要的,个人形象要符合舞会礼仪要求。

1. 仪容

在仪容方面,舞会的参加者均应妆容干净整洁,并梳理适当的发型。舞会前不要吃蒜、韭菜等带刺激气味的食品,也不要喝酒或大量吸烟,满口异味会影响个人形象,也影响交际效果。

2. 服饰

参加舞会时无论男士还是女士都应衣着得体,整洁大方。切忌衣冠不整、奇装异服,或浓妆艳抹、打扮怪异。

男士宜穿比较正规的西装,如传统的深蓝色、灰色西装。即使是夏天,男士也应穿长裤去参加舞会,穿西装短裤、沙滩裤去跳舞是不礼貌的。男士还要把头发梳理整齐,胡须剃干净,皮鞋擦亮。戴帽子、墨镜,或者穿拖鞋、凉鞋、旅游鞋参加舞会是不礼貌的。

女士可以穿裙摆较大、长及脚踝的裙子,使舞姿更飘逸动人。女性职业套装一般不适宜于舞会。舞会上女士佩戴精致华美的首饰也可为仪容增色不少。舞会上建议女士穿上高跟鞋,步态、舞姿更动人,还可以避免因穿长裙显得拖沓。

3. 仪态

在舞会上应时刻注意自己的仪态。肌肉要松弛,姿势要自然,不要过于紧张。跳舞姿态应为脸部朝向正前方,眼睛余光照顾四周,凭感觉转换身体方向。切忌不断转头或低头看脚的姿态。

4. 化妆

参加舞会前,可根据情况修饰个人妆容。男士化妆的重点,通常是美发、护肤和祛味。女士化妆的重点,则主要是美容和美发。与家居妆、上班妆相比,舞会妆可以浓一些,因为舞会大都安排在晚间,舞会强烈的灯光会使皮肤发青,变得灰暗。按照礼仪标准,要求宾客容貌应明艳亮丽,光彩照人,这也是对其他宾客的尊重。如果参加化装舞会,化装舞会的妆容仍应讲究美观、自然,切勿搞得怪诞神秘,令人咋舌。在正规的舞会上,头发最好盘起来,梳成发髻;参加一般的舞会,则发型随意,可以是直发,也可以是蓬蓬松松的长波浪卷发。

(二) 邀请舞伴礼仪

邀请他人跳舞时,应当文明、大方、自然,并且注意讲究礼貌。千万不要勉强对方,尤其是不要出言不逊,或是与其他人争抢舞伴。一般由男士邀请女士跳舞,男士可以走到女士面前,目光温和地注视着她,微微欠一欠身,礼貌地问:"我可以请你跳舞吗?"当听到女士说"可以"的时候,男士则应试探性地伸出右手,如果女士并没有马上把手递给他,他可以顺势说一声"请",然后让女士走在前面,由她在舞场中选一个地方,再由男士带着她跳舞。当一曲舞毕后,男士应把女士送回原来的座位,并向她表示感谢或称赞对方舞技不错。

(三) 共舞礼仪

跳舞是一项精彩的娱乐活动。当你和舞伴配合默契地随着音乐翩翩起舞时,会感受到一种因和谐而产生的愉悦。以娴熟的舞步、优雅的举止赢得一批新朋友时,跳舞又成了一项社交活动。进入舞池后,就可跟随舞曲曲式和节奏起舞。姿态要端正,身体要正直、平稳,切勿轻浮,但也不需要过分严肃,双方眼睛要自然平视,目光应从对方右肩上方穿过。不可面面相觑,不要摇摆身体,不要凸肚凹腰,不要把头伸到对方肩上。一般男舞伴的右手搭在女舞伴脊椎位置,不要搂过脊椎,高低可以根据双方身材而定。男士高的,可以搂得高一些,注意这时女士要把左手搭得低一些,甚至搭在大臂中下部。千万不要把女舞伴右臂架起来,既不雅观也不舒适。男士右手不要搂得过紧,以力量大小变化来领舞,不要按得太紧太死,甚至把女方的衣服揪起来,很不雅观。女士也要放轻松,不要把全身的分量都压在舞伴身上。如果女士发现舞伴故意搂紧自己或某支舞曲放个没完没了,使自己很不舒服,女士可以礼貌地说:"我有些累了,想休息一下了。"

跳舞时,旋转的方向应是逆时针行进,这才不致碰到别人。如碰到别人,要致歉,或微微点一下头表达歉意。如不小心踩到对方的脚,要说一声"对不起"或"不好意思"。

(四) 拒绝邀请礼仪

通常情况下,舞会上女士不会拒绝邀请。若感觉很累或不想跳舞,可态度诚恳地对邀请者婉言拒绝,如"对不起,我已经有舞伴了,谢谢你"或"抱歉,我想休息一会儿"等,而不应出言不逊,不在乎他人感受,或刚拒绝一男士,便答应另一位邀舞者,并与之翩翩起舞,这样是不尊重前者的表现。因此女士婉转拒绝某位男士的邀请后,一曲未终,不要和别的男士共舞。

女士面对男士的邀请,千万别不予回应,无论是出于腼腆还是出于清高,这样都会让男士觉得尴尬。

如果女士已接受某位男士的邀请,应对再来邀请者应表示歉意。如果自己愿意同他跳舞,可以告诉他下曲再与之共舞。

如果两位男士同时邀请一位女士跳舞,最礼貌的做法是同时礼貌拒绝两位邀请者,也可以先同其中一位跳舞,并对另一位男士礼貌地说:"对不起,下一曲与您跳好吗?"

三、参加舞会应注意的事项

(一)讲究仪表服饰

参加交谊舞会的人,要做到衣冠整洁,服饰合体。男士穿戴庄重,女士衣着可鲜艳些,切忌穿拖鞋、背心、短裤入场。为避免舞伴闻到汗臭或其他异味,可在衣着上洒些香水。

因为交谊舞是社交性强的男女双人舞,在衣着服饰方面应多讲究。男士的最佳选择是西装革履。西服颜色宜深,以全套黑色衣服配白色衬衣和深色领带最为庄重。女士以穿连衣裙为最佳选择。因为连衣裙的腰部紧身合体能充分展现女性的曲线;其裙摆舒展宽大,既便于腿部作舞步动作,又使舞姿更具飘逸美。

(二)注意邀舞礼貌

舞曲声起,男士应主动邀请女士跳舞。邀舞的标准姿势是:端庄地站立在女士座前,右手前伸,含笑点头致意。女士一般不应拒绝,如果不会跳某种舞,或者身体不适宜跳过快的节奏,或因疲劳而想休息一曲,可含笑婉言说明原因,加上"对不起""请原谅"等语。女士不应见到有人来邀就扭头转身。

女士邀舞,可用目光或言语示意,不必像男士那样端庄站立。女士邀请男士,男方不得拒绝。

如女士陪同丈夫或父母来跳舞,男士邀舞时应先向其丈夫或父母致意,舞毕送至原位并致谢。男士如察觉女士有固定舞伴或不愿受邀,则不要勉强。

(三)举止文明得体

在舞厅内不要随地吐痰,不要口叼或耳架香烟,不要冲别人打哈欠和喷嚏,不能有任何不文明的粗俗举止。

与对方跳舞时,要按标准舞姿握抱,不要靠得太近,搂得太紧;不要乱扭乱转,横冲直撞,双方吐气要轻,不能直喷对方面部。

(四) 谈吐高雅有度

在舞厅内不能讲粗痞话,不能大声喧哗嬉闹,更不要打情骂俏,言语挑逗。身处社交场合,吐词用语应注意有礼貌和修养。

同陌生人跳舞,以含笑不语为宜。入座休息时,不宜与陌生人过多攀谈,或追问工作和家庭情况,更忌言谈生硬失礼。

(五) 男导女随协调

跳交谊舞,要求男伴善于引导,女伴善于跟随,二人协调一致。男导女随动作的协调一致,取决于两个因素:一是所跳舞步对双方来说都是熟悉的;二是舞步信息的传递、接受和反应必须是准确和礼貌的。

舞步信息的传递和接受,主要靠双手。按国标舞的严格要求来说,除拉丁舞中男女分身后靠两手传递信息外,凡相互握抱的舞姿,则主要靠轻微相贴的腰胯部来传递信息,因为舞伴手臂只能连同而不能脱离身躯去进退运转。在男导女随中,要注意以下几点:

(1) 男伴不要带女伴跳她所不会的高难动作。

(2) 男伴要控制好前推、后拉、左拧、右扭等引导动作的力度,通过力度的控制来准确掌握进退步幅和转体角度的大小。

(3) 女伴要有跟随意识,善于敏捷地接受男伴引导的信息并作出反应,不要事先臆断舞步的运行,更不要带领男伴按自己的意图来跳。

(4) 双方都要注意观场应变。舞步乱套时,可停下来另从节拍起舞。互相碰撞时,或止步后行,或就地踩节拍,或转变方向,或收折下落相握的两只手,主要由男伴来掌握。但当碰撞来自男伴身后时,女伴要用左手急按男伴肩背,以示应变。当碰撞已从对方身后到来时,发现的一方可用手快速挡隔。

拓展阅读

国际标准交谊舞常识

国际标准交谊舞,又称"体育舞蹈",原名称作"社交舞"(Ballroom Dancing),为欧洲贵族在宫廷举行的交谊舞会,法国革命后,国际标准交谊舞流传民间至今。它起源于12世纪德国和奥地利民间舞蹈,并在其基础上发展演变而成。12世纪中期,欧洲皇室将一些民间舞蹈加以规范,形成上流社会独享的"宫廷舞"。随着历史的发展,"宫廷舞"逐步进入平民社会生活中,成为社交活动中的内容,故称为"社交舞"(又称"交际舞"),由于受宫廷舞的影响,舞姿庄重典雅、舞步严谨、动作规范,被称为欧洲风格的交谊舞。第二次世界大战后,美国人将该舞蹈播撒到全球各地,并形成一股跳舞热潮,至今不衰。

经历一百多年的发展,"社交舞"从"社交"发展为"竞技",将单一的舞种发展为摩登舞、拉丁舞两大系列的十个舞种,并在1904年成立了"英国皇家舞蹈教师协会"。这个组织将当时欧美流行的舞姿、舞步、方向等整理成统一标准,制定了有关舞蹈理论、技巧、音乐、服装等竞技的标准,公布为"国际标准交谊舞"(简称"国标舞"),为世界各国所遵循,英国的黑池甚至成了"国标舞"的圣地。

国标舞中的拉丁舞包括:桑巴,伦巴,斗牛,恰恰,牛仔。这五个舞种无论在社交场合还是在体育舞蹈比赛中都广为流传。一般是一位男士和一位女士一起跳。持握姿势各有不同,有时亲密相拥,有时舞伴相互单手相握。这些舞中的姿势都已经标准化和分类成各种不同的级别以便于教和学,有国际上统一的用语、技术、节奏、拍子。

17世纪至18世纪,欧洲舞蹈传入拉丁美洲。在古巴,随着切分音节奏的流行,变成了哈巴涅拉舞(一种类似于探戈的舞蹈)。后来,随着与酒吧音乐节奏的融合,切分音变得越来越强。1795年这种节奏就已在巴西使用,其中有一首歌(《情歌》)在19世纪的欧洲很流行。复杂的切分音节奏,现在已经成为所有拉丁舞的特征。

——1924年,英国伦敦,由英国发起欧美舞蹈界人士,在广泛研究传统宫廷舞,交谊舞及拉美国家的各式土风舞的基础上,对此进行了规范和美化加工,于1925年正式颁布了华尔兹、探戈、狐步、快步四种舞的步伐,总称摩登舞。并将此种舞蹈首先在西欧推广并进行了比赛,继而又推广到世界各国,受到了许多国家的欢迎和喜爱。

——1950年,英国"黑池",由英国世界舞蹈组织(ICBD)主办了首届世界性的大赛"黑池舞蹈节(BLACKPOOL DANCE FESTIVAL 1950)",并把规范后的舞蹈命名为国际标准交谊舞,以后每年的五月底,在英国的"黑池"举办一届世界性的大赛。随着此种舞蹈在世界的不断推广,自身也得到了发展,摩登舞中又增加了维也纳华尔兹。

——1960年,非洲和拉美一些国家的民间舞经过了规范加工后又增加了拉丁舞的比赛,拉丁舞也有五种舞:伦巴、恰恰、桑巴、牛仔、斗牛。摩登舞和拉丁舞风格迥异。

——摩登舞除了探戈外,都源于欧洲大陆,它的音乐时而激情昂扬,时而缠绵性感,动作细腻严谨,穿着十分讲究,体现欧洲国家男士的绅士风度和女士们的妩媚。男士需身着燕尾服,白领结;女士则以飘逸,艳丽的长裙表现出她们的华贵、美丽、高雅、闺秀之美态。

——拉丁舞除斗牛舞外,都源于美洲各国,它的音乐热情洋溢,奔放且具有节奏感。以淋漓尽致的脚法律动的引导,自由流畅,展现女性优美线条,气氛迷人,生动活泼,热情奔放,充分表达了青春欢乐的气息,男士展现剽悍刚强、气势轩昂、威武雄壮的个性美。

第三节 旅游礼仪

随着人们生活水平的逐步提高,外出旅游已经成为人们日常生活中必不可少的组成部分。然而许多人在出游时不遵守公德秩序,给我们的旅游环境造成了污染和破坏。我们在出游时一定要注意一些细节问题,在到达一处景点时,要先了解在这些景点旅游的相关注意事项,在出游时时刻提醒自己出游的文明礼仪。

一、旅游观光礼仪

在旅游观光过程中,我们应遵循下列礼仪规则。

1. 爱护公共财物

山川名胜和历史古迹是不可再生的宝贵自然资源和文化遗产,应倍加珍惜。不可攀折花木,不得随意涂写刻画,不要触摸珍贵的文物展品,不能戏弄游览景点的动物,在山林中还应注意防火。不要随地吐痰、乱扔烟头。不要采折花卉、践踏草地,不要在树木、建筑物上乱刻、乱画。不要以树木为承重载体做各种运动,在照相时不要拉扯树木的花枝。

游玩时注意爱护公物。大到公共建筑、设施和文物古迹,小到花草树木,都要倍加珍惜和爱护,不能随意损坏。不能在墙、碑、柱等建筑物及树木上乱写、乱画、乱刻、乱悬挂。

2. 维护环境整洁

游客在旅游观光时有维护环境整洁的责任与义务,在需要安静游览的地方,不要随意大声喧哗、嬉笑打闹。在外野餐时,不要将食物残渣随地乱扔,一定要将垃圾收拾干净,集中丢弃在垃圾箱或垃圾点。若乘船游玩,不要将垃圾随意扔到水面,不要污染景点内的水资源,保持水域的环境卫生。

3. 以礼相待,主动谦让

旅游途中,如走在狭窄的曲径、小桥、山洞时,要主动给老弱妇孺让道,不争先抢行。如果不小心冒犯了他人,应及时致歉,不要与之发生纠纷;如果是随团队旅游,一定要听从导游的安排,应征得导游同意方可离队;在自由浏览时不可玩得忘乎所以而误过归队时间,让全队人担心、等待。

4. 遵守公共秩序

旅游途中,遇到购票或观看某景点的人较多时,要自觉遵守公共秩序,应自觉排队,不要前拥后挤,制造混乱。不要独自前往禁行之处"探险"。

5. 注意个人形象

游山玩水时服饰要舒适自然,运动装、休闲装皆可,但不要赤身露体,有碍观瞻;不要围观、尾随陌生人;年轻情侣、新婚夫妇结伴游玩,自然是亲密无间,但在大庭广众之下,过于亲昵的举动都是有失礼节的。要入乡随俗,尊重当地的风俗习惯和一些宗教习俗,否则可能会因小事而酿成大错。

二、入住宾馆的礼仪

旅游时,我们在休息时大多都选择入住宾馆,但宾馆毕竟不是家,它只是你暂时租用的一个地方。一些必要的规定和礼仪是需要注意的。

1. 预约礼仪

外出旅行或出差要提前预定宾馆,既方便自己,又利于宾馆的管理。在信息高度发达的今天,预定宾馆的方式也是多种多样的。电话、网络、信函、电传都是可以的,如比较常用的电话预定,在确定了要入住的宾馆后,可以拨打他们的电话,告知你的要求以及入住和停留的时间,入住的人数,房间的类型,申请住房人的姓名和到达宾馆的大概时间,并问清房价,万一比预定时间到达晚了,应尽快打电话联系,否则预定会被取消。

2. 登记入住礼仪

到达了目的地之后,可以直接去预约好的宾馆,进入大堂后,到前台登记预约信息,如带了大量的行李,服务生会帮助搬运行李,你可以礼貌地谢过之后去登记入住。

假如前面有正在登记的顾客,应该静静地按顺序等候。与其他客人保持一定的距离,不要贴得太近。

入住宾馆要出示身份证或护照等证件。

在登记完并拿到钥匙之后,你就可以步行或乘电梯去房间了,乘电梯应主动为后来的客人扶住门。尽量减少给别人带来麻烦。

入住前要查看紧急出口和安全出口,进入房间后可以确定下自己是否需要更多的毯子、衣架、电源插座、毛巾等,及时和工作人员沟通,不要等到晚上再要,因为晚上的值班服务人员可能会较少。

大厅和走廊是宾馆生活中的主要公共场合,不要穿着睡衣或浴衣转来转去。

此外,还应该注意在宾馆不要大声说话和吵闹,也不要乱跑乱跳。

遇到雨雪天气,要收好雨伞,把脚上的泥清理干净再进入宾馆。

3. 客房礼仪

虽然打扫客房是服务员的工作,但是也要注重保持清洁卫生,废弃物品要扔到垃圾桶里。东西尽量摆放得整洁有序。

在洗手间,不要把水弄得整个洗台到处都是。

如要连续住上几天,可以留一张纸条给客房服务员,告诉他们,床单和牙刷不必天天都换,牙膏和洗发水也可以等用完了再换新的,这样的客人一定会受到宾馆的尊重和欢迎。

千万不要把现金或珍贵的物品放在房间里,要把它放在前台的保险箱里。房间里的保险箱要设定密码。

电视的音量要适中,注意不要影响别人休息。

在房间用餐完毕,要用餐巾纸将碗、碟擦干净,放在客房外的过道上方便服务人员收拾。

淋浴的时候,浴帘的下部要放到浴缸里面,不要把地弄湿了。

洗发膏、牙刷、肥皂、信封、信纸之类的小用品可以带走,但要注意有些物品是有偿使用的。

若在宾馆接见朋友,与朋友相聚时也应该注意时间,会客时间不宜太长,一般不要超过晚上11点。还应该注意交谈的声音不宜过大,以免影响到别的客人的休息。

4. 离店礼仪

结账离店是入住者和宾馆的最后一次接触,怎么样才能给人留下一个美好印象?在走之前,可以先给前台打个电话通告一声,假如行李很多,就可以请他们安排一个人来帮忙提行李。

不要从宾馆拿走毛巾、睡衣或其他物品。

假如不小心弄坏了宾馆的物品,不要隐瞒抵赖,要勇于承担责任并予以赔付。

结账完毕,应礼貌地致谢,道别。

拓展阅读

中国著名旅游景点及古代文化常识集锦

四大名亭:安徽的醉翁亭、北京的陶然亭、长沙的爱晚亭、杭州西湖的湖心亭。

四大名园:北京的颐和园、河北的承德避暑山庄、苏州的拙政园、苏州的留园。

四大名楼:湖北武汉的黄鹤楼、湖南岳阳的岳阳楼、江西南昌的滕王阁、山东蓬莱的蓬莱阁。

四大佛教名山:山西五台山、四川峨眉山、安徽九华山、浙江普陀山。

江南的四大名园:豫园(上海)、蠡园(江苏无锡)、锡惠公园(无锡)、梅园(无锡)。

四大石窟:甘肃敦煌的敦煌莫高窟(千佛洞)、山西大同的云冈石窟、河南洛阳的龙门石窟、甘肃天水的麦积山石窟。

四大名绣：江苏苏绣、湖南湘绣、四川蜀绣、广东粤绣。

四大名塔：河南登封的嵩山寺塔、山西应县的释迦塔、云南大理的千寻塔、山西洪洞的飞虹塔。

四大书院：河南嵩山书院、江西白鹿洞书院、河南睢阳书院、湖南岳麓书院。

四大瀑布：黄果树瀑布、陕西的黄河壶口瀑布、吉林的长白山瀑布、浙江的大龙湫瀑布。

五大佛：东有江苏无锡的灵山大佛、西有四川乐山大佛、南有香港天坛大佛、北有山西大同的云冈大佛、中有河南洛阳的龙门石窟。

五大名泉：镇江金石天下第一泉、无锡惠山天下第二泉、杭州虎跑天下第三泉、苏州虎丘天下第四泉、济南趵突天下第五泉。

五大淡水湖：鄱阳湖（江西）、洞庭湖（湖南）、太湖（江苏）、洪泽湖（江苏）、巢湖（安徽）。

七大古都：北京、西安、洛阳、开封、安阳、南京、杭州。

十大名山：安徽黄山、江西庐山、陕西华山、四川峨眉山、山东泰山、福建武夷山、吉林长白山、新疆天山、山西五台山、台湾玉山。

十大古镇：浙江乌镇、江苏周庄、安徽西递宏村、福建泰宁、山西张壁、四川李庄、浙江南浔、江苏同里、广东黄姚、云南和顺。

十大古迹：万里长城、北京故宫、苏州园林、乐山大佛、曲阜三孔、秦始皇兵马俑、承德避暑山庄、敦煌莫高窟、布达拉宫、洛阳白马寺。

十大旅游城市：西安、北京、成都、大连、杭州、昆明、苏州、哈尔滨、拉萨、香港。

安徽黄山四绝：奇松、怪石、云海、温泉。

江西庐山三绝：悬崖、瀑布、云雾。

台湾阿里山三大奇观：日出、云海、森林。

吉林长白山三宝：貂皮、鹿茸、人参。

河南嵩山六最：最古老的北魏嵩岳寺砖塔，最早的禅宗寺院少林寺，现有规模最大的塔林、柏林，树龄最高的汉封"将军柏"，现有规模最大的元代观星台，现有最古老的汉三阙。

四川九寨沟五绝：翠海、彩林、叠瀑、雪峰、藏情。

三山：安徽黄山、江西庐山、浙江雁荡山。

五岳：东岳泰山（山东）→雄、西岳华山（陕西）→险、南岳衡山（湖南）→秀、北岳恒山（山西）→幽、中岳嵩山（河南）→峻。

四海：渤海、黄海、东海、南海。

四桥：广济桥(广东)、赵州桥(河北)、洛阳桥(福建)、卢沟桥(北京)。

思考与练习

一、简答题

1. 步行时应该遵守哪些规则？
2. 乘坐小轿车时座次安排应讲究哪些礼仪规范？
3. 在舞会上邀请舞伴应该遵守哪些礼仪规范？
4. 旅游观光时应该遵守哪些礼仪？

二、案例分析

1. 春节前，李军和张华乘坐火车回家，车上人山人海。李军和张华上车后，两人就开始聊天，并不时发出大笑声。夜半时分，两人好不容易有了个座位，坐下来后，两人便开始嗑瓜子，并把瓜子壳随手扔在车厢内。

请问：李军和张华在乘坐火车时哪些做法欠妥？乘坐火车时应该遵守哪些礼仪规范？

2. 邓小姐在一个周末应邀参加舞会，她进行了精心的打扮，穿上了超短裙，化着浓妆、涂上极为鲜艳的口红。可在舞会现场，邓小姐感觉到别人在用异样的眼光打量自己，她不知道自己哪里不妥。

请问：邓小姐的表现有何不妥之处？参加舞会时应讲究哪些礼仪？

3. 一位年轻人打算去长白山风景区旅游，那天天气炎热，他已经走得精疲力竭，可四望无人，也不知距离目的地还有多远，正在失望之时，看到远处走来一位老人。年轻人走上前去，便说："喂，这里离长白山风景区还有多远？"老人目不斜视地回答："二里。"年轻人精神倍增，快步前行，可是走啊走，走了好几个二里也没见到长白山，这时他愤怒地骂起了老人。

请问：老人为什么不告诉年轻人到长白山的真实距离？问路时应该注意哪些礼仪？

第六章 家庭礼仪

学习目标

1. 掌握基本的做客与待客礼仪。
2. 了解家庭成员之间相处的礼仪。
3. 熟悉邻里相处的礼仪规范。

家庭是建立在婚姻和血缘关系基础上的亲密合作、共同生活的小型群体,是适应人类自身生产需要而出现的社会生活组织形式。家庭是社会的基本单位,与社会联系十分密切,是社会生活的基础。正如孟子所言:"天下之本在国,国之本在家。"家庭就是社会的缩影,是社会的细胞。家庭健康稳定的存在和发展能对社会起到促进与稳定作用。如古人所说"一家仁,一国兴仁;一家让,一国兴让"。要使家庭健康稳定地存在与发展,就必须处理好家庭成员之间、亲属之间以及与其他社会成员、组织之间的相互交往关系。而家庭礼仪正是维持家庭生存和实现幸福的基础,是促进家庭成员之间形成和谐的关系的桥梁与纽带。

所谓家庭礼仪指的就是人们在长期的家庭生活中,用以沟通思想、交流信息、联络感情而逐渐形成的约定俗成的行为准则。它是巩固和维护家庭正常关系的纽带,也是增强家庭凝聚力的强大精神支柱。古语言"父子和而家不败,兄弟和而家不分,乡党和而争讼息,夫妇和而家道兴"。可见"和"是人际交往的关键,相互谦恭行礼是家庭和谐兴旺的基础。因此,掌握家庭礼仪具有极为重要的现实意义。不仅有助于维持家庭生存和实现家庭幸福,也有助于维护社会的安定与和谐。

第一节 做客与待客礼仪

走亲访友是人际交往中最基本、最常见的一种社交方式。如:每逢节假日,到亲戚、好友、长辈家作例行拜访;或是受长辈委托,到亲朋家中递送物品、传递信息;等等。这些拜访活动,虽然普通,但无论哪种拜访都是一种双向的活动,在此过程中,宾主各需遵守其做客和待客的常规礼仪。

一、做客有礼

登门拜访最重要的一条,就是客随主便。要做到客随主便,有以下几个问题需要我们注意。

(一) 有约在先

当我们需要拜访他人时,一定要提前约定,不要做不约而至的不速之客。无约登门常常会打乱他人的日程和安排,让人措手不及。要做到有约在先,主要有以下三个要点。

1. 约定时间

约定拜访,应是在两厢情愿的基础上进行,得到对方许可后,首先要和对方讲清楚自己到达的时间,最好还要讲清楚停留的时间。让对方提前做好安排,使对方的其他日程安排不会受到影响。

2. 约定人数

预约拜访时,宾主双方都应该让对方知晓具体人数以及各自的身份。而且一经约定,不宜随便对人员进行变动,以免干扰事先做好的计划和安排。

3. 约定主题

一般而言,拜访他人之前,拜访的目的、谈话的主要内容等,均应提前予以确定。

(二) 登门有礼

1. 如约而至

拜访时间约定后,就应该严格遵守,准时到达。既不宜过早到,让对方措手不及;也不要迟到,让对方等待。不要轻易改变约定时间,如遇特殊情况,需要推迟或取消拜访,应尽快告知对方,并说明原因,表示歉意。

2. 先行通报

进门之前,先要敲门或按门铃,敲门要用食指,力度适中,有序敲三下,等待回音。若无应声,可稍加力度,再敲三下。如有应声,再侧身隐立于右门框一侧,待门开时再向前迈半步,与主人相对。在征得主人同意后,方可入门。若拜访时,遇到主人家门是敞开的,也应有序敲门三下;不打招呼就擅自闯入,是非常不礼貌的。

3. 及时问候

入室之后,应及时问候主人。如遇到主人的家人或其他人在场时,应该主动向对方问候,而不宜视而不见、不理不睬。

(三) 为客有方

登门拜访时,怎样才能做到为客有礼,不失方寸呢?

1. 注意物品的搁放

拜访时如带有物品或礼品，或随身带有外衣和雨具等，应该搁放到主人指定的地方，而不应当乱扔、乱放。

2. 讲究就座有礼

进屋随主人招呼入座后，如果主人是年长者或上级，主人不坐，自己不能先坐。主人让座之后，要及时道声"谢谢"，然后采用规矩的礼仪坐姿坐下。不要太过随便，即使是十分熟悉的朋友。架二郎腿、双手抱膝、东倒西歪等都是不礼貌的行为。若主人送上茶水，应从座位上起身或欠身，双手接过，并向主人表示感谢。

3. 控制拜访时间，掌握谈话技巧

拜访者一般不宜在主人家待的时间太久，要根据情况控制好逗留的时间，顺访一般不超过 20 分钟，专访一般不超过一小时。作为客人，还应掌握好交谈的技巧。与主人交谈要善于察言观色，选择时机表明拜访的目的。

4. 尊重主人的生活习惯

到别人家拜访，应尽量适应主人的习惯。如主人客厅里没有摆放烟灰缸，说明主人没有吸烟的习惯，应尽量克制不吸烟。如果主人没有主动邀请，最好不要到主人客厅以外的其他房间去。

5. 掌握告退时机

拜访时，一定要注意适时告退。如原来已经约定时间，则应按时告退；如果没有约定时间的，一般以一个小时为限；如遇到主人有急事，比如，他的单位临时通知开会，或者家里又来了别的客人，都应该及时主动告辞。

告退前，应向在场人员礼貌道别，并表示感谢，不要流连忘返。

二、待客有道

(一) 接待前的准备

1. 环境的布置

如果事先知道有客人来访，要提前打扫门庭，以迎客人，并备好茶具、烟具、饮料等，也可根据自己的家庭条件，准备好水果、糖、咖啡等。

2. 服饰的准备

在家中接待客人，服饰应是具有一定档次的休闲装，这样显得比较亲切、随和。即使是十分熟悉的客人，也应换上便衣。另外，如果是女主人则要施淡妆，这样能够显现出对客人的一种尊重。

(二)迎客的礼仪

1. 主动迎接

主人应按事先约定的时间,提前站在门口迎接。并要和所来的客人一一握手问候。

2. 及时介绍

如果来的客人比较多,应按照介绍的礼节进行介绍。若家里还有其他人,则都要进行简要介绍。然后,热情地招呼客人入座。

(三)待客的礼仪

客人进屋后,首先请客人入座,一般应将最佳的位置让给客人坐。待客人入座后方可上茶。可事先请教客人的喜好是茶、咖啡,还是其他饮料。如有点心招待,应先将点心端出,然后再奉茶。上茶时注意水温不宜太烫,以免客人被烫伤。同时,当有两位以上客人时,端出的茶色要均匀,并配合茶盘端出,左手捧茶盘底部,右手扶茶盘的外缘,还要按辈分或地位奉茶。一般先敬年长者,地位高者。如有点心则应放到客人右前方,茶杯应摆在点心右边。倒茶水时要注意茶倒七分满,上茶时应向在座人说声"打扰一下",再以右手端茶,从客人右方奉上,面带微笑,双手奉上,眼睛注视对方,并说"请喝茶"。敬烟要注意不要用手直接拿烟嘴,若客人不吸烟不要勉强。若要端上水果,如梨、苹果等应削皮递给客人;西瓜、菠萝等应去皮,切块用水果盘端送给客人。若当着客人的面削皮,刀口应朝内,并要注意手不要碰到水果肉。

若在接待客人过程中又有其他客人来访,则可简单介绍并一同接待。如果有事需与其中一方交谈,则应向另一方坦诚相告。万一主人有急事要办,应向客人说明并表示歉意。

在接待中要善于得体地与客人交谈。态度要诚恳,不要频频看时间,或显出厌倦或不耐烦的神情。

(四)送客的礼仪

1. 婉言相留

无论是接待什么样的客人,当客人准备告辞时,一般应婉言相留,这虽是客套辞令,但也必不可少。

2. 送客有道

对于一般客人及普通拜访的客人,应起身送客至门外或电梯口,待客人走出很远或看不见时,再返身,轻轻关上房门,不要使其发出声响。

对于比较重要的客人,可以送至电梯口或楼下或大门口,送上电梯或自备车。待电梯门关上,或车离开之后,再返回。

对于非常重要的客人,应将客人送至车站、机场或码头。在飞机场应在客人进入安检口道别后,再返回;在车站或码头应在客人上车或上船并道别后,再返回。

拓展阅读

家庭礼仪的基本特点[①]

家庭礼仪的基本特点主要表现在以血缘关系为基础、以感情联络为目、以相互关心为原则、以社会效益为标准四个方面。

第一,以血缘关系为基础。家庭礼仪主要体现在家庭成员之间,而家庭成员之间的关系是人类社会中最为普遍的关系,以血缘关系、感情关系为核心。因此,在家庭礼仪的形成、建立和运用过程中,必须从血缘关系这一基本点出发。

第二,以感情联络为目的。家庭礼仪的主要职能并非以个人形象的塑造为侧重点,而是通过种种习惯形成的礼节、仪式来进一步沟通感情,俗话说"亲戚亲戚,不走不亲",就是强调亲友间的感情除了血缘关系的基础外,还需要通过一定的礼仪手段来维持、强化和巩固。婚嫁喜庆、乔迁新居、寿诞生日等种种快乐,通过礼仪的传播,可以使更多的人体会和享受到。这一传播过程的最终目的就是加强感情联系。

第三,以相互关心为原则。之所以说"母爱是最伟大、最神圣的爱",是因为母爱的主要内涵是无私的奉献和无微不至的关怀。要衡量一件事或某一行为是否符合家庭礼仪要求,只要分析一下双方之间是否存在相互关心的成分,真诚的祝贺、耐心的劝导、热情的帮助本身就是合乎礼仪的。

第四,以社会效益为标准。不同的时代环境、不同的区域、风俗,礼仪存在着很大的差异。家庭礼仪也一样,因为它受多种因素的影响,家庭活动中的许多礼节、仪式也是变化发展的,如封建社会的婚礼有拜堂入洞房等繁文缛节,而当今出现了许多集体婚礼、旅游结婚等新的婚礼形式。但有一点却是可以肯定的,那就是要评判某一种家庭礼节、仪式是否是进步的、合乎礼仪规范的,就要看它是否能产生很好的社会效益。

第二节　家庭成员之间的礼仪

家庭成员是家庭生活的主体,也是家庭礼仪的具体操作者。可以说,家庭礼仪在某种程度上就是成员礼仪,成员礼仪主要指成员之间的礼仪规范,如夫妻之间的礼仪、父母子女之间的礼仪、兄弟姐妹之间的礼仪等。

一、夫妻之间的礼仪

夫妻是一种没有血缘、只有姻缘的关系。夫妻关系虽然不如血缘关系稳定,但

[①] 鲁琳雯.现代礼仪实用教程[M].银川:宁夏人民出版社,2007:224.

却是家庭人际关系的主体和核心,是血亲和姻亲的基础。有人认为,夫妻之间不必讲什么礼仪,讲礼仪反而觉得见外。其实,夫妻关系正因为特别亲密才十分容易发生矛盾,而夫妻礼仪恰恰是夫妻关系中一种不可缺少的润滑剂,是调适夫妻关系的一种妙方。

那么,夫妻之间要讲究哪些礼仪呢?

1. 相互尊重

夫妻之间的正常关系,应当是一种平等关系。而夫妻之间的平等关系,必须建立在相互尊重的基础之上。没有相互尊重,夫妻之间就难有平等可言,因而也是不正常的。

相互尊重,就夫妻生活而言,应着重注意以下几点:其一,要相互尊重对方的人格。男方不搞"大男子主义",女方不搞"夫人专政"。一方不要随便怀疑对方,不要贬低对方家庭及家庭成员,夫妻间不要求全责备、斤斤计较。其二,要相互尊重对方的个性。每个人的性格不可能与别人完全相似。对夫妻而言,重要的是要彼此适应。其三,要相互尊重对方的兴趣。夫妻之间的事业、爱好并不一定完全一样,但是对对方的正当兴趣,必须持理解和宽容的态度,并且要注意彼此适应。

2. 相互信任

夫妻要相互信任,首先要彼此之间多交流。遇到问题,要告诉对方;取得成绩,要与对方分享欢乐;拿不定主意,更要与对方多多商讨。千万不要拒绝沟通,故作神秘。其次,允许对方保守个人隐私。夫妻之间,有时也存在难言之隐。因此,对对方要持宽容的态度,要体谅对方的难处,不要事事较真,样样"打破砂锅问到底"。最后,要力戒猜疑。聪明的人,不会没事找事,自寻烦恼,对自己的配偶疑神疑鬼。在这一点上过了头,必定会伤害对方。

3. 相互忠诚

爱情是排他的,夫妻关系则更是如此。因此在夫妻之间相互忠诚于对方,是绝对必要的。要在夫妻关系方面相互忠诚,首先体现在"爱"字上。要一如既往地爱护对方,并且想方设法深化对对方的感情。与此同时,要坚决抵制来自外界的诱惑。不以任何借口放纵自己,不存非分之念,不做不忠之事。若是在婚姻之外再去寻求情感慰藉,则是极不道德的行为,会严重影响夫妻感情。

4. 相互谅解

夫妻之间,需要相互支持,相互帮助。但是彼此之间的相互谅解,从某种意义上讲,是更为重要的。谅解对方,就是体贴对方。

要对配偶真心实意地爱护、支持,就必须对其行为举止予以谅解。不要总是站在自己的立场上去看问题、出主意、想办法,遇事要善于设身处地地替对方多想一想。尤其应当注意,对待家庭中的各种问题要事先商量,口径一致,尤其在对子女的教育问题上更应如此,同时对对方已经做了的事加以体谅,应注意"大事不糊涂,小事不计较"。

夫妻长期在一起生活,为了和睦相处,必须对对方的缺点和失误大度一些,不能过于指责和挑剔。生活中夫妻双方性格、爱好、生活方式等存在着差异是正常的,当这种差异发展成为矛盾时,必须以一方的妥协才能告终。这时,只能是有一方妥协,才能化解矛盾,否则可能导致矛盾激化。

5. 相互帮助

夫妻之间应该相互支持、相互帮助。遇到不顺心的事,要相互安慰、相互鼓励,不要雪上加霜。夫妻也应共同承担家务事,丈夫不应该把家务都推给妻子,而作为妻子也不应该娇气,把自己能做的事都推给丈夫。对家务事可以做出不同的分工,这样做起来有条有理,忙而不乱。即使丈夫再忙,在适当的时候,帮妻子做一些小的家务活,也说明了你对她的关心、对家庭的责任心,无疑会使夫妻感情更加默契、关系更加和谐。

6. 相互礼让

夫妻关系是家庭关系的核心,只有夫妻之间和睦相处,家庭才会有幸福。要谋求幸福的家庭关系,夫妻间必须学会以礼相待,互敬互爱。夫妻长期相处,难免发生口角,为尽量避免夫妻间争吵,或降低争吵程度,应注意这几点:一是切忌口出秽言。生活中夫妻间争吵时,不免出口伤人。众所周知,夫妻关系以感情为纽带。要发展夫妻的感情,必须相互尊重,双方的相互咒骂、侮辱与对骂,无疑对夫妻感情的发展有极大的影响。二是忌翻旧账。夫妻间发生争吵,说话应注意分寸,要尊重对方,宽宏大量,不要翻旧账,否则只能激化矛盾,扩大事态,导致夫妻关系的破裂。三是忌说过头话。夫妻吵架时,要就事论事,说一些"过头话"只能刺伤对方的心,即使夫妻重归于好,每当想起对方说的一些"过头话"也会感到心寒。

讲究夫妻礼仪,是在家庭中提倡文明行为,也是防止夫妻产生矛盾的一种文明手段。从周恩来和邓颖超总结出的夫妻之间关系处理的"八互"经验:互敬、互爱、互学、互助、互让、互谅、互慰、互勉,我们更应该懂得夫妻间正由于是最亲密的人,所以更应该学会互相尊重和欣赏,真正做到"相敬如宾"。

二、父母子女间的礼仪

在父母与子女之间,礼仪不仅是重要的,而且是必须的。父母对子女要慈爱,子女对父母要尊重、要孝敬。

(一) 父母对子女的礼仪

对于自己的子女,父母负有培养与管教的双重责任。用任何借口去推卸培养子女的责任,都是一种失职,是为法、理、情所不容的。父母对于子女的教育,也是为了爱护子女。所以,父母对子女的礼仪,主要体现在以下两个方面。

1. 言传身教、悉心培养

培养子女,是父母义不容辞的责任。子女的健康成长,有赖于父母的栽培;而子女的成才,又是父母的殷切希望。父母对子女的培养应该从大处着眼,从小处着手,在言传和身教方面下好功夫。常言道:"近朱者赤,近墨者黑""有其父,必有其子"。父母的文化素养、性格爱好、言行举止等,往往在子女身上产生潜移默化的影响。子女身上总刻着父母性情的烙印,他们对家长的一言一行、一举一动都看在眼里,记在心里,不断进行模仿。因此,父母与子女之间进行必要的交流和沟通是大有裨益的。

对于子女,父母应当诲人不倦,注重双方的语言交谈,通过彼此敞开心扉的谈话,及时交流思想,并且有意识地进行批评、指点或帮助,这就是我们经常说的言传。

对子女的言传教育,一方面,需要父母的真心。跟子女交谈,不是为了应付,而是为了尽到责任,是为了解子女的心声,所以,交谈时要力求真诚,力戒虚伪。要通过交谈、沟通,帮助子女树立真、善、美的意识,做到既不忘教育之本,又能让子女容易接受。

另一方面要有耐心。不论自己多忙多累,都要抽取时间,多与子女交谈。子女,尤其是年幼的子女,害怕被人冷落。父母若是只管自己的事情,而无暇顾及子女,甚至反感对方的打搅,就会使子女感到委屈,不利于他们的健康成长。因此,父母对子女的言传必须经常、细致、耐心。

与言传相比,身教有着更加现实的意义,即要求父母以身作则,身体力行,有意识地发挥自身的示范作用。

父母对子女的培养,以身作则最为重要。父母的举止言行,就好比一面镜子,不但可以正自己,还可以正子女。假若父母口是心非,言行不一,当面一套背后一套,必将给子女带来恶劣影响。

与之相反,父母若是言行一致,凡事身体力行,就会为子女树立良好的榜样。身教甚于言教,每一个做父母的人,对于自己在子女面前的示范作用,绝对不应被低估或忽视。在日常生活中,父母说话要算数,任何时候都不要对子女撒谎。许诺子女的事,要尽量兑现。

2. 严加管教、相互尊重

溺爱子女或放纵子女,是父母的大忌,其最大的恶果,是使子女失去了约束,而自己也终将自食后果。因此,父母对于子女,必须负起管教之责。常言道:"子不教,父之过。"一般来讲,父母对子女的管教,要注意两条:一是对子女必须负责;二是对子女应该尊重。

对于子女,父母必须全面地负责。给予子女生活上的关怀、学习上的督促、工作上的指点,这些都是基本的伦理要求,由不得父母愿意不愿意或子女高兴不高兴。父母对子女负责,首先必须对其处处严格要求,发现不足和过错,要及时予以指正,以便于防微杜渐。对于子女在人际关系中出现的问题,尤其是与他人产生矛盾瓜葛时,更不可护短,或对子女的短处熟视无睹。

父母不能对子女娇生惯养、百依百顺。在条件允许的情况下,要支持子女经常接受考验和挑战,培养他们的动手能力。不要处处包为代办。"娇是害,严是爱",真正对子女负责的父母,是会从子女的长远发展考虑的。所以,父母对子女的严加管教,无论从哪一方面来讲,都是十分必要的。但是,"严"并不是无原则的,不是动辄摆架子,随口训人、骂人、动手罚人、打人,这样只会给子女带来逆反心理。父母要注意摆事实,讲道理,以理服人,而非以势压人。

良好的家庭环境,并不排除家长对子女的批评教育,但要讲究方式方法,要循循善诱,启发引导,少批评、训斥和唠叨,尽量不要当着外人的面批评子女,否则会使子女觉得在众人面前丢了脸,容易产生没脸见人、破罐子破摔的想法。父母平时应注意观察和表扬子女的优点,多鼓励他们。对子女提出的问题,父母要尽量给予答复,让他们从小就树立自尊心和自信心。教育子女要善于抓住时机,采取正确有效的方法。但在现实生活中,在子女不求上进或犯错误之时,绝大多数父母都会采取一定的方式予以教育和帮助,听之任之的父母是极少的,问题在于,有些父母企图仅仅以"爱心"来感化子女,结果"慈爱"过度,变成了溺爱,不但未使子女上进或改正缺点,反而使其更加不在乎。有些父母则对子女过于严厉,动辄训斥、责骂,甚至采用暴力解决的方式,这常使子女产生逆反心理。

因此,父母对子女的管教应建立在态度的友善和人格的尊重之上,特别是在向信息化迈进的现代社会,新事物、新观念层出不穷,行业竞争日趋激烈,人们的生活节奏越来越快。胸怀大志的青年人奋发上进,学知识、学技能、学外语、学管理,学任何有价值的东西,工作也比较繁忙。这种背景下,家长既要关心子女的衣食住行,而且还要尊重他们的价值观念,这才有利于他们的健康成长和长远进步。

(二) 子女对父母的礼仪

从总体上说,当今社会子女与父母的关系在向平等方向发展。年轻人都希望自己有个良好的成长环境,很羡慕民主和谐的家庭气氛。其实,作为年轻人自身在家庭中的言行,对于营造温馨的家庭气氛有着极为重要的作用,只是还有一部分尚未意识到这一点。那么,作为子女对待父母,应该注意哪些礼仪呢?

1. 尊重父母

子女对待父母,应当以尊重为先,认真做到言行一致,表里如一,一以贯之。

与父母讲话、办事时,一定要讲礼貌,守规矩,时时刻刻按照礼仪规范行事。

对于父母的批评与指教,子女应洗耳恭听,认真接受。即使言词有些偏差,做子女的也应该理解父母,切不可强词夺理,当场顶撞,或是不屑一顾,扬长而去。

不要过分夸大与父母的"代沟",更不能一味认定父母"守旧""顽固""落伍"等。要懂得从父母的管教中汲取智慧和经验,才是最明智的。

2. 孝敬父母

孝敬父母,是中华民族的美德,是子女应尽的义务之一。对父母的养育之恩以"反哺"相报,乃是做儿女的天职。孝敬父母不仅指物质上、生活上的扶助和照料,还包括精神上的慰藉。

目前,我国的社会养老保障制度还有待完善,不少父母的晚年生活仍依赖子女赡养。这也是法律的规定,不得推辞。不能虐待父母,也不得干涉父母的私事。父母晚年时若身体健康状况欠佳,这种情况下更需要关爱,更需要老少两代和谐相处。

3. 关心父母

父母养育子女,并不是为了将来子女如何报答自己。但是,和其他人一样,父母也需要关心,尤其需要子女的关心。谁都有衰老的一天,谁都有需要子女关心的日子。

关心体贴父母,尤其要留心父母的健康状况,这是对父母最大的关心。越是身体不好的人,越需要子女的关心。对患病的父母,一定要悉心照料他们的衣食起居,随时嘘寒问暖,给予老人更多的关心。成年的子女,除了完成自己的工作外,还要主动挑起家庭的重担,为父母分忧,尽量减轻父母的负担,让辛苦了大半辈子的父母享受一下清闲。

4. 体谅父母

父母为了事业和家庭,为了子女而辛勤地工作。随着年龄的增长,身体会逐渐衰老,可能就没有过多精力关注自身的穿着修饰,或许还会产生某些不良的生活习惯。作为晚辈,要设身处地地替他们考虑,充分理解和体谅父母,时时注意关心父母的健康和生活。同时,父母有自己的社会、人情、利益开支,更有自己的思想感情,子女应为父母的幸福着想,支持理解他们。

三、兄弟姐妹之间的礼仪

古语道:"兄道友,弟道恭;兄弟睦,孝在中。财物轻,怨何生?言语忍,忿自泯。"

一个家庭,能否愉快和幸福,兄弟姐妹的和睦相处,占据了举足轻重的地位。如果兄弟姐妹之间能互相体贴关心,互相帮助,产生矛盾时不争不吵,互谅互让,这样的家庭环境,必然十分幸福。但是,在生活中,兄弟姐妹朝夕相处,要做到处处符合礼仪,也并不是一件容易的事。在处理兄弟姐妹之间的关系时,最重要的就是要注意加强团结、彼此爱护、相互尊重三大问题。

1. 加强团结、相互宽容

要搞好团结,就要讲究宽容,要强调谦让。所谓宽容,就是不要听不得逆耳之言,见不得逆己之事,更不要听别人的是非之言。既然是兄弟姐妹,彼此之间就应以宽大为怀。和兄弟姐妹之间,没有必要搞什么竞争攀比,更不要有什么争风吃醋、挑拨离间。和兄弟姐妹打交道,必然也会涉及物质利益问题。在涉及兄弟姐妹之间的财、物问题时,做适当谦让,是为了促进和兄弟姐妹之间的团结,对上无愧于长辈,对下无愧于晚辈。

2. 彼此爱护、互相帮助

兄弟姐妹,本是同根生。彼此之间的爱护,应该是无条件的、不图回报的,不仅仅是物质利益的支援方面,还包括精神情感的沟通方面。在力所能及的前提下,对于兄弟姐妹的爱护,尤其是对于其中急需爱护之人的爱护,应当多多益善。对于来自兄弟姐妹的爱护,必须要领情,不要将对方的爱护,尤其是出于爱护的目的所进行的批评、指责,视为一种负担,而要勇于接受,乐于接受。

兄弟姐妹之间的互相帮助,不但是人之常情,而且是绝对必要的。第一应该体现在生活上。在日常生活之中,大家要互帮互助,相互提携,共同创造美好幸福的生活。见到兄弟姐妹生活上有困难而置之不理,不合人之常情。第二应该体现在工作上。在这个方面,要提倡能者多劳,弱者得助,尽力而为,共同发展。第三应该体现在思想上。遇到对外人难以诉说的苦恼,可以跟兄弟姐妹多聊一聊。对于兄弟姐妹在思想、情感方面的问题,要及时加以点拨。需要强调的是,在帮助兄弟姐妹时,要倾注全力。而在寻求兄弟姐妹的帮助时,则不宜强求。另外,互助还须建立在合理、合法的基础上。徇私枉法,乃是兄弟姐妹互助之大忌。

3. 彼此礼让、相互尊重

有人认为,既然兄弟姐妹之间用不着那么生疏,想说什么就说什么,所谓"言者无意,听者有心",经常就是看来没什么的话,严重伤害了别人的自尊心,从而为亲情关系留下伤痕。这就要求我们在和兄弟姐妹说话的时候,哪怕是分内的、教育的话,也要讲究方式、方法,进行适当的婉转表达,以体现对对方起码的尊重。

拓展阅读

家庭成员称呼四忌

在现代家庭中,家庭成员之间的称呼虽不必像古代那样过于拘谨,但也要讲究称呼亲切,语气情真,否则可能会造成矛盾,甚至引起家庭纠纷。

一、忌乱称呼

有的子女由于父母娇惯,不称呼自己的父母为"爸爸""妈妈",常称呼父母为"老爷子""老头子""老太太""老太婆",甚至直呼父母的姓名等,表现出对长辈的不尊重。有的夫妻不称呼公婆或岳父母为"爸爸""妈妈",而称呼"你爸""你妈"。这种乱称呼的现象,无疑会使家庭秩序发生混乱,不讲究长幼尊卑,不尊重长辈,影响家庭成员间的感情。

二、忌称呼不适

家庭成员间的称呼既要讲究文明礼貌,又要亲切生动,因此,家庭成员间通常称呼爱称或昵称,体现出成员之间亲密无间的关系。比如"亲爱的""老大""莹莹""当家的""宝贝"等,既充满着亲切感,又可以增进家庭成员之间的感情,体现出家的温馨、融洽与和谐。但有的家庭成员不管对方接不接受,不管地点、场合,一律称呼爱称、戏称。例如,有一位丈夫平时在家里总爱戏称自己身体较胖的妻子为"肥肥"。在一次朋友聚会中,这位丈夫当着一些朋友的面叫着妻子的戏称,妻子觉得丢了面子,回家后跟丈夫大吵了一架。

三、忌不称呼

有的人性格比较内向,或由于其他原因,见到自己公婆、岳父母或兄弟姐妹,什么也不称呼,只"嘿嘿"一笑了事。有的夫妻不称呼对方的姓名,只一味地"嘿""喂""嗨"。长期对长辈不称呼,很容易引起老人的误解。夫妻双方不称呼也显得互相不够尊重。

四、忌粗俗称呼

粗俗地称呼对方,这种情况通常发生在家庭成员间产生矛盾时。例如,有的青年人因为父母不能满足自己的要求,便与父母大动干戈,称呼父母时用词不当。有的父母在训斥孩子时,称子女为"小兔崽子""小王八羔子"等。甚至吵到激烈时,双方会搬出最难听、最野蛮的字词来称呼对方。这种粗俗称呼,必定火上浇油使矛盾升级,破坏家庭成员间的感情,造成不应有的家庭矛盾和纠纷。

第三节 邻里之间的礼仪

邻里关系是一种很重要的人际关系,可以说,有家庭就有邻里。常言道:邻里好,赛金宝。《南史》中记载着这样一则故事:说有个叫宋季雅的人买了一栋房子,位于著名学者吕僧住宅的旁边。房价十分昂贵,共要一千一百万钱。有人对宋季雅说:这房价太高了,而宋季雅说:"不贵不贵,因为我希望与吕僧做邻居,所以一百万买房,一千万是买邻的。"这个故事生动说明了邻里关系在中国人心目中的重要性。

人在社会上生活,都有左邻右舍,搞好邻里关系,既能增加相互的友谊,又有利于各自的家庭生活;反之,邻里关系处理不当,不仅会影响街坊邻里的安定,而且还会败坏社会风气。因此,要与邻里和睦相处,形成一种互敬、互信、互助、互让、互谅的邻里关系。

一、邻里关系处理的原则

1. 相互了解

人们常说:"远亲不如近邻,近邻不如对门。"可见由于邻里之间接触频繁,往来不少,处理好相互之间的关系是极其重要的。若是以邻为壑,拒绝与邻里发生任何联系,是轻率而失当的。要跟邻里建立良好的关系,首先必须相互之间有所了解。相互了解,是处理好邻里关系的基础。因为唯有彼此知根知底,才会相互交融。

2. 互相信任

邻里相处信任是第一位的。遇到鸡毛蒜皮的生活琐事,不要互相猜疑,勾心斗角,通过坦率交换意见,妥善地协调解决各种矛盾。特别要注意为人要宽容,处事要谨慎,不要总是把眼睛盯着别人家里的私事,说三道四,搬弄是非,不仅破坏了邻里团结,也降低了自己的人格。

3. 互相体谅

邻里关系要讲究礼让友好地和睦相处,不为区区小事而斤斤计较,多体谅别人家的难处,发生矛盾时双方都要礼让、谦让,设身处地为对方着想。同时,要严于律己,主动承担责任,多做自我批评,要保持冷静,不要发怒,说理要和气。要学会尊重别人,语言更要讲文明。邻里争吵,旁观者要劝解,幸灾乐祸是极不道德、极不文明的行为。清朝郑板桥的家人与邻居为建房问题发生纠纷,写信要在外地当县令的郑板桥出面干预,郑板桥回信说:"千里修书为一墙,让他三尺又何妨。"家人得此信后,果真礼让三尺,邻居见此,也让三尺。结果两家之间由此和睦相处。相让的几尺地倒成了友好的通道。

可见,邻里间的和睦是靠平时日常生活中每件小事的正确处理而培养的,是以所有邻里家庭及其成员的礼貌言行为基础的。

4. 互相关心

明朝礼部尚书杨翥居住在京城,喜欢骑驴代步。他对驴子特别偏爱,每天上朝回家,他常常不顾家人的劝阻,亲自为驴子擦洗梳理,给驴子喂上等的饲料。关驴子的房子就在他的住房旁边,半夜总要起床看一两次,生怕那宝贝驴子受什么委屈。杨翥的邻居是一位老头,快六十岁了,老来得子,自然倍加疼爱。可是,这孩子有个毛病,一听到杨翥的驴子叫就哭个不停,搞得全家人都不得安宁。眼看那孩子一天天消瘦下去,父母伤透了脑筋,就把这件事告诉了杨翥。杨翥二话没说,忍痛把自己心爱的驴子卖了,外出或上朝都靠步行。由此可见,邻里之间,需要相互关心,互相爱护。只要真正做到了这一点,就会使邻里关系"更上一层楼"。要善于从日常生活中的点滴小事做起。如代为看门,看护老人、孩子,协助料理家务,送药送医,等等,看起来事小,却都是对邻里抱有关爱之心的具体体现。日常生活中,邻里间要互相关照。当邻居家遇有婚丧嫁娶,要尽可能给以帮助,对邻居的老人和小孩,要给予尊重和照顾,特别是孤寡老人,当他们遇到困难时,要及时给予帮助。

二、邻里间的礼仪

(一) 居住的礼仪

现在人们大多居住楼房,邻里相距较近,房间比较集中,每户对别人都有一定的影响。因此文明的居住环境,要靠每个家庭来共同创造,其中的道德准则便是:凡事都应设身处地为他人着想。讲究居住礼仪与邻居和睦相处,有益于改善人们的日常生活质量。让我们要互相关心和体谅,顾及他人,以诚相见,共同创造一个美观、整洁、宁静、友好的居住环境。下面分别介绍楼上、楼下住户以及在公共楼道应该遵守的礼仪规范。

1. 住在楼上

(1) 不要在室内制造噪音,影响楼下住户。如搬动桌椅要轻些,尽量不在屋里砸东西;不要穿会发出较大声响的鞋在屋里走来走去,最好一进门就换上拖鞋、布鞋等不会发出响声的鞋子,不要在屋里乱跑乱跳或将东西用力往地上扔,家庭娱乐要注意时间,要尽量将电视机、音响的音量开小一些,午休、深夜时不要发出较大声响,等等。

(2) 不要往楼下倒污水或扔脏物。在阳台上浇花草时,小心不要把水洒到楼下,以免污染下面住户晾晒的衣物及室外环境;放在阳台栏杆边沿的花盆或其他杂物应固定好,避免被风刮落或不慎碰落,造成伤害。

(3) 不要在拖地的时候,把地板弄得水淋淋的,以免渗到楼下的天花板上。做饭洗菜时注意,不要把什么东西都往下水道里扔,如果发生堵塞,会给整栋楼的住户带来麻烦。

2. 住在楼下

(1) 住在楼下容易受一些影响、干扰,因而要有一些宽容、谅解的精神。尽量给楼上提供一些方便。如楼上的邻居晾的衣服刮到楼下,应主动告知楼上的邻居或亲自送到楼上去。

(2) 遇到楼上有时往下扔东西、泼水,甚至弄脏了晾的衣物;楼上拖地或洒水弄湿了天花板;正在学习或父母上夜班回来补觉,楼上长时间发出噪音时,可以敲开他家的门,礼貌地提醒他们,向他们说明情况,请他们关照一下。但不可采取过激行为。

(3) 住在一楼,尽量不要养鸡、兔等家禽,可以多种些花草。因为不管多么注意,养家禽或多或少是要影响别人的,特别是夏天到了,会产生细菌,很不卫生。也不要在一楼的小院子里点火烤东西,影响楼上的住户。

3. 公共楼道

（1）楼道属于公共地方，上下楼梯，脚步尽量放轻些，不要跑上跳下打打闹闹，不要在楼道大声喧哗、吵闹。尤其是在清晨、午休、深夜，以免影响惊扰邻居。

（2）保持楼道整洁。不在楼道里丢弃果皮纸屑，不要乱写乱画；倒垃圾时，要格外小心，不要让垃圾撒到楼道里，一旦撒出立即清扫干净。

（3）不要占用楼道。在楼道里堆放杂物，停放自行车、电动车等，这都是不应该的，会影响他人正常通行。

（二）邻里相处的礼仪

俗话说："行要好伴，住要好邻。"邻里之间，抬头不见低头见，接触十分频繁，处理好邻里关系，做到互敬、互信、互助、互让，和睦相处，不仅有利于各自的工作、学习和生活，使大家过得愉快，有利于各家的生活幸福，而且也有利于社会的安定团结。具体而言，应该做到以下几点。

（1）正确称呼。一般来说，比自己父母辈分大的称呼爷爷、奶奶；与自己父母同辈但比父母大的，称呼伯伯、伯母；与自己父母年龄相仿或比父母小的，称呼叔叔、阿姨。

（2）礼貌招呼。人们在日常交往中见面时首先相互致意，通常称为招呼，在招呼的同时还可加问候。见面打招呼问候，是很平常的礼节，也是男女老幼皆知的起码常识。招呼问候的礼节较为多样，可以有点头、握手、拱手、鞠躬等。伴随这些招呼问候的礼节，也就有多种多样的招呼问候语。邻居之间抬头不见低头见，接触频繁，因此，招呼问候的频率比较高。以时间而论，有早、午、晚的招呼问候；以地点而论，有楼道、路上、菜场、车内等的招呼问候。一般而言，邻居因为经常见面，招呼问候的礼节最常见的是点头、微笑、挥手，较长时间才见的邻居也可行握手礼。伴随着招呼问候的礼节，邻居之间的招呼问候语也应因时、因地、因人和因事而异，可以即兴发挥，选择恰如其分的语言，运用自然得体。邻居间见面频繁，招呼问候语一般宜简短，如：早晨见面，互相道"早安！""您早！"等；午间相逢，互道"午安！""午睡了吗？"等；晚上相见，可互道"晚上好！""回来了！"等。

（3）主动让路。在楼道里或窄小地方遇长辈，要主动让路，请长者先走。遇到老人上下楼梯，应上前去搀扶。见到邻居提、搬重物，要主动让路，不能抢上抢下或挤上挤下，还应主动询问是否需要帮助。

（4）借用邻居的东西时要有礼貌。应轻轻敲门，等主人开门后用请求、商量的口气说明来意，归还时要表示谢意。另外，要注意应双手接、递所用的东西。借邻居家的东西要小心使用，十分爱惜，不要弄坏弄丢。如果损坏则要主动赔偿，并赔礼道歉。如果主人不要求赔偿，除了当面赔礼道歉外，最好以别的方式弥补人家的损失。借用的东西使用完之后应及时归还，不要忘还，更不能让邻居来要。如需延长借用的时间，应向邻居说明,经同意后再继续使用。一般较贵重的东西,最好不去借用。

三、邻里交往禁忌

每一家都有自己的邻居,每一家又都是别人家的邻居。邻居交往有两大特点:一是常常见,二是生活琐事多。这就决定了邻里之间要常常注意避免发生无原则的矛盾。

一忌以邻为壑。有些人心眼小、私心重,在邻里生活中总怕邻居沾了自己的光,反过来自己却总想找机会沾别人家的光,甚至明里暗里做那些损害邻居利益的事。比如,倒垃圾时,不要把垃圾放在邻家的垃圾里等人来收,把邻家堆放垃圾的地方弄得很脏。这在邻里交往中是不可取,其结果只能在邻居中孤立自己。

二忌"各扫门前雪"。在邻里交往中,持这种态度的人不在少数,以为邻居间避免矛盾的办法就是不要相互介入对方家务事,自家管自家最好,如处理不当少数人家甚至会发展到"老死不相往来"的地步。其实,邻里之间自顾自的做法绝不是上策,俗话说,远亲不如近邻。邻里之间应该主动帮忙,互相照应。

三忌在邻居间说长道短,搬弄是非。邻居交往,所谈多是家常琐事,稍不注意,就会扯到邻居的长短是非上来,这是邻里团结的一个很大威胁。当然,如果是为了解决邻里不和,大家谈一谈,共同想办法搞好团结,这是正常的。如果只是要挖苦、嘲讽、攻击别的邻居,有意挑拨邻里关系,这绝不是应取的态度。要做到不打听、追问邻居的隐私,不做八卦传声筒,不和爱八卦邻居的人走得太近,避免不必要的麻烦。

四忌无端猜疑。有时候,邻里纠纷不是有人挑拨产生的,而是纠纷的一方无端猜疑导致的。一家人也免不了有思想上的分歧,何况邻里间要做到完全消除戒备,没有任何疑心,这恐怕也不是现实的。关键在于,是合理猜想还是无端起疑。前者多是理智考虑,后者则多是感情用事,所以无端猜疑最容易产生误会,给邻里关系造成不利影响。

五忌自以为是。邻里交往中发生矛盾,应多做自我批评,但有些人总喜欢推卸责任,指责别人,自以为是,以自我为中心。这在孩子教育方面体现得最明显。邻居间孩子发生了不愉快,有些家长总是偏袒自己的孩子,态度强硬,这样表面上是护孩子,其实是害了孩子,助长了孩子的蛮横心理,而且恶化了邻里关系。所以,在邻里交往中自恃常有理实际上伤害很大。

六忌纵容护短。纵容护短一般都体现在对待孩子上。现在大多数家庭都是独生子女,都十分疼爱自己的孩子,担心孩子受人欺负,一见孩子哭,就心疼。一旦自己的孩子和邻居的孩子玩耍时出了点问题,就不分青红皂白,一味护着自己的孩子,这非常容易使邻里不和睦。这时,做父母的不能偏袒孩子的缺点和不足。即便自己的孩子没有错,也要放宽度量、明事理、与人为善。

拓展阅读

邻居间首次交谈方式

邻居之间的首次交谈对邻里关系的处理很重要,彼此之间都会在首次交谈中形成对对方的"第一印象"。如果在首次交谈中气氛融洽、言语得体,邻居之间就会形成良好的第一印象,将为以后的邻里交往奠定良好的基础。反之,如果话不投机,将给以后的交往带来不良影响。新老邻居之间的首次交谈,可以采用下面几种方式。

一、招呼式

老住户看见新邻居搬进新居后,可主动打招呼:"您刚搬来吧""搬家真不易,累坏了吧""有什么要帮忙的,别客气""忘带了什么东西,尽管来我家拿""来喝口水,歇一会儿"。这些诚挚、热情的招呼语,表达了老住户对新邻居因搬入新居的关心。同样,新住户也可以向老住户主动打招呼:"很抱歉,可能影响您休息了吧""不好意思,打搅您了,还请您包涵""请您多多关照"。这些坦率真诚的招呼语,表达了新住户对老住户的尊敬之情和搞好邻居关系的良好愿望,也有助于消除老住户对搬入的新邻居的戒备之心。

二、介绍式

新老邻居之间可以利用互相介绍的方式相互认识,增进相互了解。彼此之间可以简单地介绍一下各自的姓名、工作单位和职业等,便于互相称呼,进而互相交往。

三、求教式

新住户搬入一个新地方,人地两生疏,可主动向老住户求教有关生活等方面的事项。诸如新居所在地社区的名称和管辖机关,属何街道、何派出所、何居委会,以上这些单位办公地点何在,社区内有何幼儿园、中小学,购物、买菜哪儿方便,外出交通道路状况如何,车辆停放手续如何办,等等,这些求教的话语能使老住户感到自己对新邻居有所帮助。新住户多用"请您多多指教""还望您多多帮助"等敬重谦恭的言语,常常能使老住户对新邻居产生好感,这就拉近了新老邻居之间的距离。

四、探询式

新老邻居在初次见面后,为进一步增进友邻关系,可互相探询各自家庭的一般状况。诸如"我能帮你什么忙""你家孩子多大了"等,这些探询表明新老邻居的关系能深入一步,彼此之间能较快地融洽起来。但是切记这种探询不能冒昧唐突,越级出格,触及邻居的隐私。尤其不能涉及诸如"你收入多少"等话题。因为初来乍到,新老邻居在心理上尚有距离,探询一些隐私的越级出格的话语,易使邻居之间产生尴尬甚至恼怒的感觉,同时也是一种无礼的表现。

> 思考与练习

一、问答题

1. 迎送客人要讲究哪些礼仪?
2. 夫妻之间应该遵守哪些基本礼仪?
3. 作为子女,对父母要讲究哪些礼仪?
4. 结合自身实际,请你谈谈你是如何处理好邻里之间关系的?

二、案例分析

1. 刘先生住在圭塘路,在他的宿舍楼后,有一个城中村,那里的不少业主都建起了楼房,其中部分楼层是用来出租的。但租房的人大都从事服务业,通常要深夜才回来。深夜里,这些人并不顾及周围邻居已经熟睡,一路上大声说笑着,进屋后每天都要大音量地打开电视机等,弄出很大的声响,有时还通宵达旦地玩麻将、唱卡拉OK等。刘先生实在无法忍受,便找到那些租房者狠狠教训了一顿,可事后,他们依然我行我素。

请分析这个案例中的刘先生和租房者的行为是否符合邻里礼仪规范?如果你是刘先生,你会怎样处理与租房者的关系?

参 考 文 献

1. 彭安玉. 中国古代制度文化[M]. 南京：南京大学出版社，2020.
2. 黄婧，丁黎明. 实用沟通与礼仪[M]. 成都：电子科技大学出版社，2020.
3. 王雪梅. 服务礼仪[M]. 重庆：重庆大学出版社，2021.
4. 史兴松. 国际商务礼仪[M]. 北京：对外经济贸易大学出版社，2020.
5. 谢丽英. 新编基础礼仪教程[M]. 长春：吉林人民出版社，2019.
6. 张义明，易宏军. 中国传统文化概论[M]. 西安：西北大学出版社，2019.
7. 杜巍. 职业礼仪与形象设计[M]. 北京：北京理工大学出版社，2019.
8. 孙淑艳，兰福. 商务礼仪[M]. 北京：北京理工大学出版社，2017.
9. 马春庚，梁琳. 大学生礼仪与修养[M]. 北京：北京理工大学出版社，2018.
10. 书宏海，葛明雄. 礼文化与公务礼仪[M]. 兰州：甘肃人民出版社，2016.
11. 闫秀荣，张立华. 现代社交礼仪[M]. 北京：人民邮电出版社，2015.
12. 何艳梅，刘常飞. 现代礼仪[M]. 成都：电子科技大学出版社，2015.
13. 刘静，郑银雪. 礼仪修养[M]. 济南：山东科学技术出版社，2014.
14. 关彤. 社交礼仪[M]. 海口：南海出版公司，2010.
15. 徐东，唐斌. 礼仪规范教程[M]. 西安：电子科技大学出版社，2009.
16. 史金红，李晓红. 现代礼仪[M]. 天津：天津科学技术出版社，2009.
17. 樊丽丽. 实用生活礼仪常识[M]. 北京：中国经济出版社，2009.
18. 陈光谊. 现代实用社交礼仪[M]. 北京：清华大学出版社，2009.
19. 李道魁. 现代礼仪教程[M]. 成都：西南财经大学出版社，2009.
20. 张晓梅. 晓梅说礼[M]. 北京：中国青年出版社，2008.
21. 胡锐，边一民. 现代礼仪教程[M]. 杭州：浙江大学出版社，2004.

后　　记

伴随着中华民族文化的伟大复兴,从素有"礼仪之邦"美称的文明古国走向世界的中国人,以一种彬彬有礼的风貌和温文尔雅的气度出现在世界政治、经济、文化的舞台上,受到世人的瞩目。当今,每一个人尤其是每一个青年大学生把优雅风度、提高修养、完善人格、提升品位作为自己的美好愿望与不懈追求。因为他们懂得,社交礼仪是一个人在人际交往过程中必备的基本素质和交际能力。在当今社会人际交往中,社交礼仪发挥的作用日益重要。通过社交,人们可以沟通心灵,建立深厚友谊,获得支持与帮助;通过社交,人们可以互通信息,共享资源,促进事业成功。而当人人都讲道德、讲礼仪、有修养、有品位时,我们生活的社会就一定会更加和谐、更加进步、更加美好。

《社交礼仪(第二版)》一书是社交礼仪课程教学团队多年教学与研究的成果。本书绪论部分介绍了礼仪的含义及特征、原则与功能,以及礼仪的修养。绪论后设六章,分别为个人礼仪、交往礼仪、通联礼仪、餐饮礼仪、公共礼仪、家庭礼仪,每章分三到五节具体阐述,每节后均有知识拓展栏目,操作性强的知识点配有视频教学。本书内容安排几乎涵盖社交礼仪的方方面面,虽不能说是一本社交礼仪大全,但力求成为一本较为周全的社交礼仪工具书。不过,限于本人的学识水平,加之时间仓促,书中难免有疏漏和不妥之处,恳请广大专家、教师和读者予以批评、指正。

本书在编写过程中,学习、借鉴和引用了不少专家、学者的研究成果;得到了李青林、易瑾然、李宏庚同学的支持;编辑孔凡女士也给予了不少指导和帮助,在此一并致以诚挚的感谢。倘发现未能注明资料出处的,敬请读者指出,以便在重印时予以补注。

编　者

2022 年 5 月 28 日于长沙